쇼펜하우어와 **원효**

쇼펜하우어와 원효

초판 1쇄 발행 2020년 3월 30일
초판 2쇄 발행 2020년 8월 10일
_

지은이 박찬국
펴낸이 이방원
편 집 윤원진·김명희·안효희·정우경·송원빈·최선희
디자인 손경화·박혜옥·양혜진
영 업 최성수 **기획·마케팅** 정조연
_

펴낸곳 세창출판사
신고번호 제300-1990-63호
주 소 03735 서울시 서대문구 경기대로 88 냉천빌딩 4층
전 화 723-8660 **팩 스** 720-4579
이메일 edit@sechangpub.co.kr **홈페이지** http://www.sechangpub.co.kr/
블로그 blog.naver.com/scpc1992 **페이스북** fb.me/scp1008 **인스타그램** @pc_sechang
_

ISBN 978-89-8411-932-1 93100

이 도서의 국립중앙도서관 출판예정도서목록(CIP)은 서지정보유통지원시스템 홈페이지(http://seoji.nl.go.kr)와
국가자료종합목록 구축시스템(http://kolis-net.nl.go.kr)에서 이용하실 수 있습니다.(CIP제어번호 : CIP2020012263)

• 이 저서는 2015년 정부(교육부)의 재원으로 한국연구재단의 지원을 받아 수행된 연구임 (NRF-2015S1A6A4A01013300)

쇼펜하우어와 원효

박찬국

세창출판사

불교와 서양철학의 비교연구를 장기간에 걸쳐서 수행해야 할 연구 과제 중의 하나로 삼게 된 지도 벌써 10년이 넘었다. 그동안 필자는 꾸준히 불교와 서양철학을 비교하는 책들과 논문들을 발표해 왔다. 『쇼펜하우어와 원효』는 『원효와 하이데거의 비교 연구』(2010), 『니체와 불교』(2013)에 이어 세 번째로 출간되는 책이다. 위의 다른 책들과 마찬가지로 『쇼펜하우어와 원효』도 쇼펜하우어와 원효 사이의 유사성과 차이를 나열하는 것을 넘어서 두 사상가 사이의 생산적 대화를 매개하려고 시도했다. 쇼펜하우어의 사상을 통해서 원효의 사상을 보완하려고 하는 한편, 원효의 사상을 통해서 쇼펜하우어 사상에서 보이는 내적인 모순을 해결하려고 했다. 그리고 이러한 대화를 통해서 궁극적으로는 인간과 세계에 대한 우리의 이해를 심화시키려고 했다.

고형곤 선생과 김형효 선생의 연구에도 불구하고, 우리나라에서는 불교와 서양철학을 비교하는 연구와 관련해서는 아직 연구자들도 부족하고 연구 성과도 크지 않다. 필자의 이 책이 이러한 척박한 연구 상황을 타개하는 데 일조할 수 있기를 바란다.

끝으로 시장성을 고려하지 않고 이 책의 출간을 선뜻 맡아 주신 세창출판사의 이방원 사장님과 책을 아름답게 만들어 주신 임직원 여러분께 깊이 감사드린다.

2020년 3월

박찬국 씀

I.

들어가면서

1. 쇼펜하우어와 원효, 비교연구의 필요성

이 책은 쇼펜하우어의 사상을 한국의 대표적인 불교사상가인 원효와 비교하는 것을 목표하고 있다. 주지하듯이 쇼펜하우어는 서양철학자들 중에서 불교를 가장 긍정적으로 보았을 뿐 아니라 심지어 자신의 철학과 불교가 동일한 내용을 갖는 것으로 본 사상가다.

쇼펜하우어는 모든 고통의 원인을 욕망에서 비롯되는 것으로 본다. 이와 함께 그는 고통으로부터 벗어날 수 있는 궁극적인 길을 욕망을 부정하는 금욕주의에서 찾고 있으며, 이러한 금욕주의는 욕망을 근절하려는 욕망조차도 버리는 것에서 완성된다고 보고 있다. 쇼펜하우어는 이러한 자신의 사상이 불교의 사상과 동일하다고 보았으며, 자신이 말하는 '모든 종류의 욕망을 극복한 상태'가 바로 불교가 말하는 열반이라고 보았다.

쇼펜하우어는 이렇게 자신의 사상과 불교의 근본적인 동일성을 확신하면서 자신이 설파하려고 했던 사상이 이미 동양에서 2500여 년 전에 존재했다는 사실에 대해서 경탄을 금치 못했다. 쇼펜하우어는 장차 인도 불교에 대한 문헌이 유럽에 본격적으로 소개되면 인도 불교에 대한 서양인들의 생각이 근본적으로 변화될 것이라고 예견했다. 쇼펜하우어는 심지어 자신이 도달한 철학적인 결론을 진리의 기준으로 삼는다면 자신은 불교를 모든 종교 중에서 가장 훌륭한 종교로 간주할 수밖에 없다고 말하고 있다. 쇼펜하우어는 때로는 자신을 불교도로 자칭하기까지 했다.[1]

불교에 대한 쇼펜하우어의 이러한 평가는 인도와 인도의 전통사상에 대해서 헤겔을 비롯한 대부분의 서양철학자들이 내리고 있는 부정적인 평가와 좋은 대조를 이루고 있다. 예를 들어 헤겔은 이렇게 말하고 있다.

"인도에는 참된 종교도 윤리도 법도 정의도 존재하지 않는다."[2]

글라제나프와 같은 사람은 인도에 대한 헤겔의 이러한 평가가 영국의 동인도회사가 인도에 대해서 퍼뜨렸던 악의적인 선전의 영향을 크게 받은 결과라고 말한다. 동인도회사는 인도에 대한 영국의 지배를 정당화하기 위해 인도 문화를 타락한 것으로 선전했다는 것이다.[3] 그러나 필자는 인도에 대한 헤겔의 부정적인 평가는 대부분의 서양인이 가지고 있었던 동양에 대한 편견을 반영하고 있다고 생각한다. 공자를 근대계몽주의를 선취한 사상가로 평가했던 크리스티안 볼프(Christian Wolff)나 주역에 큰 관심을 가졌던 라이프니츠를 제외하고는 쇼펜하우어 이전의 서

---

1 Arthur Schopenhauer, *Ein Lebensbild in Briefen*, Angelika Hübscher hg., Insel Verlag, 1987, 89쪽, 255쪽.

2 Hegel, *Philosophie der Weltgeschichte*, Georg Lasson hg., 377쪽 참조(Helmuth von Glasenapp, "Die Weisheit Indiens bei Schopenhauer und in der neueren Forschung," *Jahrbuch der Schopenhauer-Gesellschaft*, 1961, 58쪽에서 재인용).

3 Helmuth von Glasenapp, "Die Weisheit Indiens bei Schopenhauer und in der neueren Forschung," *Jahrbuch der Schopenhauer-Gesellschaft*, 1961, 58쪽 참조.

양사상가들은 대부분 동양의 문화를 저급한 것으로 보는 편견에 사로잡혀 동양의 철학이나 종교에 대해 아무런 관심도 갖지 않았다. 서양사상가들은 특히 불교에 대해서는 거의 관심을 갖지 않았고 그리스도교를 불교보다 우월한 종교로 보았다.[4] 20세기 이전에 활동했던 서양의 유명한 철학자들 중에서 불교를 높이 평가한 사람은 쇼펜하우어뿐이다.

따라서 불교에 대한 쇼펜하우어의 높은 평가는 서양의 철학사에서 극히 예외적인 것이었으며, 쇼펜하우어는 불교에 대한 서양인들의 시각을 긍정적인 방향으로 전환하는 데 가장 큰 기여를 했다고 볼 수 있다. 쇼펜하우어의 명성이 유럽 전역에서 높아지면서 인도 철학과 불교에 대한 서양인들의 관심도 높아지게 되었다. 니체와 같은 사상가가 불교에 관심을 갖게 되고 불교를 그리스도교보다도 더 우월한 종교로 보게 되었던 것도 쇼펜하우어의 영향이 컸다고 할 수 있다.[5]

---

[4] 나치에게도 큰 영향을 끼쳤던 체임벌린(Chamberlain)의 불교 이해를 살펴보면, 근대의 서구인들이 불교를 어떤 식으로 보고 있는지를 확인할 수 있다. 그는 부처를 서양문화와는 정반대되는 퇴화된 민족의 문화를 대표하는 것으로 보는 동시에, 부처를 '삶의 긍정'이라는 서양의 가치에 대립되는 '삶의 부정'이라는 동양의 가치를 구현한 사람으로 파악하고 있다. 그는 부처의 삶을 '살아 있는 자살'이라고 규정하면서 이렇게 말하고 있다.

> "[부처의 삶은] 우리가 생각할 수 있는 최상의 경지의 자살이다. 왜냐하면 부처는 죽기 위해서, 결국 다시 태어남이 없이 죽기 위해, 니르바나, 즉 무로 들어가기 위해서만 살기 때문이다." Houston Stewart Chamberlain, *Die Grundlagen des neunzehnten Jahrhunderts*, Erste Hälfte, 1922(이동희, 「근대 독일 철학자의 대립적 불교 이해와 수용」, 『헤겔연구』 29, 2011, 201쪽에서 재인용).

쇼펜하우어가 읽었던 불교 연구서들인 H. H. Oldenberg의 *Buddha, sein Leben, seine Lehre, seine Gemeinde*(1881)나 C. F. Koeppen의 *Die Religion des Buddha, vol.1 — Die Religion des Buddha und ihre Entstehung*(1857)도 불교가 내세지향적이며 따라서 현세에 대한 염세적 태도를 보이고 있다고 보았다. 박용희, 「독일 불교학자들의 불교인식—불교연구 초기단계 두 독일 문헌학자를 중심으로」, 『독일연구』 36, 2017, 62쪽 참조.

[5] 불교에 대한 니체의 평가에 대해서는 니체, 『안티크리스트』, 박찬국 옮김, 아카넷, 2013, 20번, 21번, 23번 참조할 것. 니체는 그리스도에 비해서 "불교는 백배나 더 냉정하고, 더 진실되고, 더 객관적이다"(『안티크리스트』, 23번)라고 말하고 있다.

쇼펜하우어는 이렇게 서양인들이 불교에 큰 관심을 갖게 하는 데 큰 기여를 하였지만, 다른 한편으로는 서양인들이 쇼펜하우어의 철학을 통해서 불교를 이해하게 되는 상황을 조성했다고도 할 수 있다. 처음에는 쇼펜하우어에게서 크게 감명을 받았지만 궁극적으로는 쇼펜하우어를 신랄하게 비판하게 되는 니체만 해도 쇼펜하우어의 눈을 통해서 불교를 이해하고 있다. 니체는 불교가 현실세계를 고통으로 가득 찬 바다로 보면서 현실로부터 내면적인 평화로의 도피를 설파하는 염세주의적인 철학이며, 건강하고 적극적인 생명력을 상실해 버리고 삶에 지쳐 버린 노인들을 위한 철학이라고 보았다.[6] 불교에 대한 니체의 이러한 이해와 평가는 쇼펜하우어가 자신의 철학과 동일시했던 불교를 준거로 하고 있다고 볼 수 있다. 이와 함께 니체는 불교에 대한 자신의 비판은 쇼펜하우어에 대한 비판이기도 하다고 말했다.

불교를 염세주의적인 현실도피사상으로 보는 쇼펜하우어식의 견해가 서양인들의 불교 이해에 끼친 영향은 이렇게 지대하다. 그만큼 쇼펜하우어의 철학을 불교와 비교하는 것은 단순히 두 사상을 비교하는 것에 그치지 않고 서양인들이 불교에 대해서 갖는 인식을 바로잡기 위해서도 필수적으로 요청된다.

그런데 주지하듯이 불교 내에는 다양한 흐름이 존재하므로 쇼펜하우어의 사상을 불교의 모든 흐름과 비교할 수는 없다. 따라서 이 책에서는 불교의 다양한 흐름을 회통시키려고 했던 원효를 불교를 대표하는 사상가로 보면서 쇼펜하우어와 비교할 것이다. 그러나 원효와 쇼펜하우어를 본격적으로 비교하는 작업으로 들어가기 전에 불교의 다양한 흐름들이

---

6 니체, 앞의 책, 22번 참조.

공통으로 받아들이고 있는 불교의 근본교리와 쇼펜하우어를 먼저 비교할 것이다.

2. 그간의 연구 동향에 대한 비판적 고찰

주지하듯이 불교는 우리가 살고 있는 세상을 고통으로 가득 찬 바다, 즉 고해(苦海)와 같다고 본다. 쇼펜하우어도 그의 나이 17세 때 인생을 고통에 가득 찬 것으로 보게 되었다. 성공한 상인이었던 쇼펜하우어의 아버지는 쇼펜하우어가 상인이 되기를 바랐지만, 정작 쇼펜하우어는 상인이 되고 싶어 하지 않았다. 아버지는 쇼펜하우어가 장차 상업학교에 입학하여 상인이 되는 과정을 밟으면 유럽여행을 하게 해 주겠다고 제안한다. 유럽여행을 하고 싶었던 쇼펜하우어는 아버지의 제안을 받아들여 여행을 하면서 유럽 도처에서 벌어지고 있는 불행한 일들은 목격하게 된다. 그 결과, 그는 삶의 본질은 고통이란 생각에 도달하게 된다.

쇼펜하우어는 자신이 17세의 나이에 이러한 생각을 품게 된 것을 부처가 젊은 나이에 병든 자와 노인 그리고 죽은 사람을 보고서 삶의 본질을 고통으로 통찰하게 된 것과 동일한 사건으로 간주하고 있다. 그는 삶을 고통이라고 보게 되면서 자비롭고 선한 신이 세상을 창조했다는 그리스도교의 가르침을 더 이상 믿지 않게 되었다. 오히려 그는 고통스러운 이 세계는 이른바 자비롭고 선한 하느님의 작품일 수 없으며 피조물의 고통을 즐기려는 악마의 작품과 같은 것이라고 생각하게 되었다.

세상을 고통으로 가득 찬 것으로 보면서 쇼펜하우어는 이러한 고통의 원인과 그 극복방안을 탐구하는 것을 필생의 철학적 과제로 삼게 되었다. 심지어 쇼펜하우어는 세상의 고통을 보면서 이러한 고통의 원인과 그 극복방안에 대해 의문을 품는 것이 모든 철학의 진정한 출발점이라고 보았다. 아리스토텔레스는 철학의 출발점을 경이라고 보았지만, 쇼펜하우어는 이러한 경이는 세계 안에 존재하는 고통과 악을 보면서 생긴다고 보았다. 쇼펜하우어와 마찬가지로 부처도 삶이 고통이라는 사실에 충격을 받고, 그러한 고통의 원인을 탐색하고 고통을 극복할 수 있는 길을 모색하기 위해 구도의 길을 걷게 된다. 불교는 고통을 떠나서 평안을 얻는 것, 즉 이고득락(離苦得樂)을 목표로 하는 것이다.

쇼펜하우어는 흔히 염세주의 철학자로 규정되고 있지만, 그의 염세주의는 삶과 세상 자체가 고통이라고 보는 무조건적인 염세주의라기보다는 불교와 유사하게 일종의 조건적인 염세주의라고 할 수 있다. 그는 불교와 마찬가지로 우리가 맹목적인 욕망에 사로잡혀 있는 한 우리의 삶과 세계는 고통에서 벗어날 수 없지만, 우리가 욕망의 굴레에서 벗어날 때는 고통에서 벗어나 지복의 상태를 실현할 수 있다고 본다. 또한 쇼펜하우어는 불교와 마찬가지로 우리가 욕망의 노예상태에서 벗어나 욕망을 극복할 수 있다고 본다. 이 점에서 쇼펜하우어와 불교는 문제의식과 목표 그리고 그 목표를 실현할 수 있는 방법에서 큰 유사성을 갖고 있다고 볼 수 있다.

쇼펜하우어와 불교 사이에 존재하는 이러한 유사성 때문에 그 둘을 비교하는 그동안의 연구 대다수는 양자의 근본적인 동일성 내지 유사성을 드러내는 데 집중해 왔다. 이러한 연구들은 양자의 근본사상을 동일한 것으로 보는 쇼펜하우어의 견해를 받아들이고 있다고 볼 수 있다. 예를 들어 국내에서는 김문환이 「쇼펜하우어 미학사상—미적 무욕성과 열반」에서, 그리고 김진이 「쇼펜하우어와 초기불교의 존재 이해」에서,

해외에서는 Michael Eckert가 "Ästhetische Übergänge in Metaphysik und Mystik"에서, Yasuo Kamata가 "Schopenhauer und der Buddhismus"에서, Christopher Ketcham이 "Schopenhauer and Buddhism"에서, B. V. Kishan 이 "Schopenhauer and Buddhism"에서, Tony Lack이 "Aesthetic Experience as Temporary Relief from Suffering"에서 양자의 사상을 근본적으로 동일한 것으로 보면서 그것들 사이의 유사성을 드러내는 데 집중하고 있다.[7] 그리고 Karl Hubertus Eckert는 "Grundveränderung in unserem Wissen und Denken"에서, Arthur Hübscher는 "Schopenhauer und die Religionen Asiens"에서 쇼펜하우어와 불교 사이에 일정한 면에서 차이가 존재한다는 것을 인정하면서도, 쇼펜하우어가 불교의 핵심사상을 제대로 파악하고 있으며 양자 사이에 근본적인 동일성 내지 유사성이 존재한다고 보고 있다.

그러나 필자는 쇼펜하우어와 불교 사이에는 유사성도 존재하지만 이러한 유사성 못지않게 근본적인 차이가 존재한다고 생각한다. 특히 쇼펜하우어의 사상은 우리가 간과할 수 없는 내적인 모순을 갖고 있으며 이러한 내적인 모순을 해결하는 실마리를 불교, 특히 원효의 사상이 제공한다고 생각한다. 물론 해외에서 발표된 연구들 중에서는 Peter Abelsen의 논문 "Schopenhauer and Buddhism"이나 Hellmuth Kiowsky의 논문 "Parallen und Divergenzen in Schopenhauers Ethik zur buddhistischen Erlösungslehre"와 Giok Son의 책 *Schopenhauers Ethik des Mitleids und die*

---

[7] 예를 들어 김진은 이렇게 말하고 있다.

"쇼펜하우어와 불교사상은 전체적인 사상체계가 일치하고, 이론적인 세계 이해와 실천적인 지향가치가 유사하다." 김진, 「쇼펜하우어와 초기불교의 존재 이해」, 『동서철학연구』 30, 2003, 191쪽.

*indische Philosophie*처럼 쇼펜하우어와 불교 사이의 유사성 외에 차이를 드러내고 있는 연구들도 있다. 그러나 이 책에서 행하려고 하는 것처럼 쇼펜하우어의 형이상학과 인간관 내의 근본적 모순을 드러내면서 그러한 모순을 극복할 수 있는 사상적인 기초를 불교, 특히 원효가 제공할 수 있다는 사실을 드러내려고 한 연구는 없었다고 여겨진다.

3. 연구 내용

쇼펜하우어는 불교가 자신의 철학과 본질적으로 동일한 내용을 설파하고 있다고 보았다. 따라서 쇼펜하우어의 철학에 대한 소개는 그 자체로 이미 그가 이해한 불교에 대한 소개가 된다고도 할 수 있다. 실로 쇼펜하우어는 불교에 대해서 상세하게 고찰하고 있지는 않으며, 자신의 사상이 불교의 사상과 근본적으로 동일하다고 말하고 있을 뿐이다. 따라서 쇼펜하우어의 불교 이해에 대한 필자의 비판은 쇼펜하우어의 불교 해석에 대한 비판이라기보다는 쇼펜하우어의 철학과 불교가 근본적으로 상이한 철학적 입장에 서 있다는 사실을 보여 주는 방식으로 행해질 것이다. 물론 필자는 양자 사이에 일정한 동일성 내지 유사성이 존재한다는 것을 부정하지는 않는다. 그러나 양자 사이에는 이러한 동일성과 유사성에 못지않은 차이가 존재하며 이러한 차이로 인해서 양자의 철학적 입장은 근본적으로 상이한 것이 된다고 본다.

이와 관련하여 이 책은 일차적으로는 쇼펜하우어와 불교 사이에 존재하는, 특히 쇼펜하우어와 원효 사이에 존재하는 유사성과 차이를 분석하는 것을 과제로 할 것이다. 그러나 이러한 분석은 양자의 유사성과 차이를 단순히 나열하는 것을 넘어서 양자 사이의 생산적인 대화를 매개하는 방식으로 행해질 것이다. 쇼펜하우어의 철학은 내적인 모순에도 불구하고 세계와 인간에 대한 예리한 통찰을 담고 있으며, 이러한 통찰은 불교가 수용해야 할 중요한 자산이 될 수 있다.

다른 한편으로 이 책은 인간과 세계에 대한 쇼펜하우어의 견해를 불교, 특히 원효의 견해와 비교함으로써 원효의 철학을 통해서 쇼펜하우어 사상의 내적인 모순을 극복하려고 할 것이다. 이 점에서 불교, 특히 원효의 철학은 쇼펜하우어 철학이 귀를 기울여야 할 중요한 통찰을 포함하고 있는 셈이다. 따라서 이 책은 쇼펜하우어의 사상과 불교사상 간의 생산적인 대화를 매개함으로써 인간과 세계에 대한 우리의 이해를 심화시키는 것을 궁극적인 목표로 한다.

II.

인생의 고통과
그 극복방안에 대한
쇼펜하우어의 사상

1. 의지와 표상으로서의 세계

1) 의욕하는 존재로서의 인간

서양의 전통철학은 이성을 인간의 본질로 보면서 이성의 가장 핵심적인 부분을 의식적인 사고능력 내지 지성에서 찾았다. 그러나 쇼펜하우어에 따르면 우리의 의식적 사고와 지성은 사실 자신이 의식하지 못하는 욕망의 도구에 지나지 않는다. 이 점에서 쇼펜하우어는 인간을 이성적 동물로 보는 전통철학과는 달리, 인간을 욕망과 의지의 동물로 본다. 우리의 의식적 사고는 자신이 객관적이고 보편적인 진리를 지향한다고 생각하지만, 사실 그것의 근저에는 개인의 이익을 관철하려는 이기주의적인 의지나 종족보존에의 의지 그리고 안락과 쾌락에의 의지가 작용하고 있다는 것이다.

전통적인 서양철학에서는 의지에 대해서 이야기하더라도 이성적 의지에 대해서 말한다. 이에 반해 쇼펜하우어는 의지를 맹목적인 것으로 본다. 그것은 끊임없는 결핍감에 시달리면서 자신의 결핍감을 채우기 위해서 경우에 따라서는 온갖 잔악한 행위도 서슴지 않을 수 있다는 것이다. 이러한 의지는 인간에게 원초적으로 주어져 있는 것으로서, 의식적 사고와 지성의 지배를 받지 않는다는 점에서 맹목적인 것이다. 오히려 그것은 지성에게 무엇을 알아낼지를 지시한다.

자신의 생존과 가족이 위험에 처했을 때, 다시 말해 우리의 생존의지와 종족보존의지가 난관에 봉착할 때 우리의 지성은 가장 활발하게 작동한다. 이러한 사실은 인류가 개발해 낸 과학과 기술의 많은 것들이 전쟁 상황에서 생겼다는 사실에 의해서도 입증된다. 전쟁 상황에서 사람들은 자신과 가족 그리고 자신이 속한 집단의 생존을 위해서 사력을 다하여 과학과 기술을 발전시키게 되는 것이다. 지성은 의지가 자신을 관철하기 위해서 필사적이 될 때 최대의 능력을 발휘하며, 이 경우 지성은 의지가 자신이 부딪힌 난관을 타개하기 위해서 이용하는 도구로서 기능하고 있는 것이다.

지성은 의지에 종속되어 있기 때문에 어떤 사람을 설득하기 위해서도 올바른 논변을 개발하기보다는 그 사람의 이익에 호소해야 하는 경우가 많다. 상대방을 설득하기 위해서는 정교한 논리를 들이대기보다는 상대방이 원하는 것을 재빠르게 간파하여 그것을 충족시켜 주겠다고 약속하는 것이 중요한 것이다. 또한 우리는 자신의 이익을 변호하기 위해서 그럴듯한 논리를 개발해 내는 경우가 많다. 이런 의미에서 쇼펜하우어는 '지성은 의지의 노예'라고 말한다.

그러나 의지는 맹목적인 것이어서 자신이 원하는 것을 획득하기 위해서는 지성을 필요로 한다. 이런 의미에서 쇼펜하우어는 의지는 '지성이라는 절름발이를 어깨에 메고 가는 힘센 장님'이라고 말한다. 예를 들어 우리가 아름다운 이성(異性)을 보고 사랑에 빠졌을 경우 그 이성의 사랑을 획득할 수 있는 방법을 강구해 내는 것은 의지가 아니라 지성이다. 이 점에서 의지는 장님과 같지만, 지성이 무엇을 도모해야 하는지를 정하는 것은 의지이며, 지성으로 하여금 의지가 원하는 것을 획득할 수 있는 방법을 찾아내도록 몰아대는 것도 의지이다. 지성은 의지에 의존하는 절름발이와 같으며, 의지는 장님과 같지만 지성을 통제하는 '힘센' 장님인 것이다. 이와 관련하여 쇼펜하우어는 또한 '의지가 왕이라면 지성은 외무부 장관에 지나지 않는다'라고 말하고 있다. 왕이 어떤 나라와의 외교에서 실현해야 할 목표를 정하면 외무부 장관은 그 목표를 실현할 수 있는 방법을 강구해야 하기 때문이다.

지성은 이렇게 의지에 종속되어 있는바, 우리는 종종 욕구할 이유가 있기 때문에 욕구하는 것이 아니라 욕구하기 때문에 욕구해야 할 이유를 찾아내곤 한다. 인간은 살아가면서 자신의 유한함과 무력함을 느끼지 않을 수 없기 때문에 무한하고 전지전능한 신이라는 관념을 만들어내어 그것에 의존하고 싶어 한다. 즉 신이란 관념은 유한하고 무력한 자신의 삶에 힘을 불어넣고 싶은 인간 자신의 욕망에서 비롯된다. 그러나 신이라는 관념을 믿는 사람들은 이 관념이 그러한 욕망에서 비롯되었다고 생각하지 않고, 신이 원래 존재하기 때문에 우리는 그러한 관념을 믿고 그것을 숭배해야만 한다고 생각한다. 이런 의미에서 쇼펜하우어는 우리 인간은 자신의 욕망을, 다시 말해 인간의 허약함과 무력함을 입증하는 욕망을 은폐하기 위해서 철학이나 신학을 만들어 낸다고 말하고 있다.

인간의 경우에는 의지를 관철하는 데 의식적인 지성을 동원하기 때문에 흡사 자신의 생존과 종족보존을 위한 노력이 지성의 판단에 입각한 의식적인 결단에 의한 것처럼 보인다. 다시 말해서 우리는 의식적인 지성이 의지를 인도한다고 생각하는 것이다. 그러나 위에서 본 것처럼 사실 의식적인 지성은 결국 생존과 종족보존에의 의지에 의해서 이용되는 도구에 불과하다.[8] 따라서 우리의 의지가 의식적인 지성을 통해서 인도

된다고 보는 것은 본말을 전도하는 것이다.

2) 세계의 궁극적인 근거로서의 의지

쇼펜하우어는 의지를 우리의 의식적인 사고의 근거로 보는 것을 넘어서 인간뿐 아니라 우리가 감각적으로 경험할 수 있는 세계, 곧 현상계의 근저에 놓여 있는 궁극적 실재로 보고 있다. 이러한 궁극적 실재를 쇼펜하우어는 칸트의 용어를 빌려서 '물자체'라고 부른다. 현상계의 모든 현상은 물자체로서의 의지의 표현이라는 것이다. 쇼펜하우어에게 의지는 인간뿐 아니라 세계의 모든 현상을 설명하는 핵심적인 개념이다. 이런 의미에서 쇼펜하우어에게 의지는 인간학적인 개념일 뿐 아니라 형이상학적인 개념이다.

의지를 세계의 궁극적인 근거로 보는 쇼펜하우어의 형이상학도 서양의 주류 전통철학과 대립된다고 할 수 있다. 서양철학에서는 전통적으로 인간을 이성적 동물로 보면서 인간의 본질을 이성에서 찾는 동시에 세계의 궁극적인 근거도 선한 이성을 본질로 갖는 신이나 절대정신에서 찾는 경향이 우세했다.

나중에 보겠지만, 쇼펜하우어는 세계의 궁극적인 근거인 물자체로서의 의지를 우리가 내적으로 경험하는 의지나 욕망과는 분명히 구별하고 있다. 그럼에도 쇼펜하우어는 이러한 의지의 본질을 우리가 내적으로 경험하는 의지와 유사한 것으로 보고 있으며, 그것의 본질을 이러한

---

8 쇼펜하우어, 「의지와 표상으로서의 세계」(『세상을 보는 방법』에 수록됨), 권기철 옮김, 동서문화사, 2005, 749쪽 이하 참조.

경험적인 의지로부터 유추하고 있다. 쇼펜하우어는 우리의 경험적인 의지의 본질을 자기보존과 종족보존을 향한 맹목적인 의지로 규정하면서, 물자체로서의 의지의 본질도 이에 입각하여 '생을 향한 맹목적 의지(Wille zum Leben)'라고 규정하고 있다.

3) 표상으로서의 세계

우리가 살고 있고 감각적으로 지각하는 세계에서 우리는 신체를 갖는 개체로서 나타난다. 그리고 우리는 이 세계가 우리 자신과 같은 개체들로 이루어져 있으며 이러한 개체들이 시간과 공간 속에서 하나의 위치를 차지하면서 서로 인과적으로 영향을 미치고 있다고 본다. 단적으로 말해서 우리는 모든 개체가 시간과 공간상에서 서로 인과적으로 작용을 미치는 세계 속에 살고 있다고 생각하는 것이다. 우리는 이러한 세계가 실재 그 자체라고 생각하면서 이 세계 안에서 겪는 일들로 힘들어하거나 기뻐한다. 그러나 쇼펜하우어는 이러한 세계가 실재 자체가 아니고 시간과 공간 그리고 인과율을 인식형식으로 갖는 우리의 지성에 의해서 표상된 세계, 즉 우리에게 나타나는 현상계에 지나지 않는다고 말한다.

우리가 지각하는 모든 객체는 시간과 공간 속에서 나타나며 서로 인과적으로 작용을 미치는 것으로서 나타난다. 우리는 흔히 시간과 공간 그리고 사물들 사이의 인과관계가 우리의 인식형식이 아니라 우리 외부에 존재하는 실재라고 생각한다. 그런데 그것들이 우리의 외부에 존재할 경우, 우리가 그것들을 인식하려면 일차적으로 그것들이 우리의 감각기관에 나타나야만 한다. 그러나 우리의 감각기관에 나타나는 것은 감각자료일 뿐이지 시간이나 공간 그리고 인과관계는 아니다.

구체적으로 말해서 시각에는 명암이나 색이, 청각에는 소리가, 후각에는 냄새가, 미각에는 맛이, 촉각에는 딱딱하거나 부드러운 느낌이 나타날 뿐이지 사물들이나 사건들 사이의 시간적·공간적 관계와 인과관계는 나타나지 않는다. 어떤 것이 앞에 일어났는지 뒤에 일어났는지, 어떤 사물이 위에 있는지 아래에 있는지, 그리고 어떤 사건이 다른 사건을 야기했는지와 같은 사물들 사이의 인과관계는 감각기관에는 나타나지 않는 것이다. 따라서 시간과 공간 그리고 인과율은 우리의 주관적인 인식형식이지 우리 외부에 존재하는 것들이 아니다.

시간과 공간은 주관적인 인식형식들이기에 그것들에서 감각적인 내용을 제거해도 우리는 그것들을 추상적으로 생각할 수 있을 뿐만 아니라 직접적으로 직관할 수도 있다. 이 점에서 그것들은 감각적으로 경험되는 대상이 아니라 감각적 경험 이전에 주관에게 존재하는 직관형식이다.[9] 시간과 공간 이외에 쇼펜하우어는 우리의 사고를 규정하는 근본적인 형식을 '충분근거율'이라고 부르고 있는데, 인과율은 충분근거율 중의 하나다. 충분근거율은 주관의 인식형식이기 때문에 주관은 그것을 감각적 경험 이전에 알고 있다.[10]

예를 들어 충분근거율 중의 하나인 인과율은 주관의 보편적인 사고형식이기 때문에 어떤 객관을 인식하기 이전에도 이미 우리는 모든 사건은 원인을 갖는다고 생각한다. 따라서 인과율은 우리가 지각하는 모든 사건에 대한 우리의 인식을 규정한다. 우리는 어떤 사건을 보면 항상 그것의 원인이 있다고 생각하면서 그 원인을 묻게 되는 것이다. 우리가 지

---

9 쇼펜하우어, 앞의 책, 567쪽 참조.
10 쇼펜하우어, 앞의 책, 563쪽 참조.

각하는 사건들 사이에서 보이는 필연적인 인과관계는 우리에게 감각적 경험 이전에 주어져 있는 인식형식인 인과율에 근거를 두고 있다.

충분근거율에는 네 가지가 있다. 첫째는 '생성의 충분근거율'로서, 이 경우 생성이란 변화하는 세계를 가리키며 일반적인 감각적 경험에서 나타나는 세계를 가리킨다. 생성의 충분근거율은 감각적으로 경험되는 어떠한 사물도 충분한 근거 없이는 생성되지 않는다는 법칙이며, 흔히 인과율이라고 불린다. 이 경우 원인은 어떤 상태의 직전상태를 가리킨다. 예를 들어 렌즈로 햇빛을 모아 종이에 불을 일으켰다면, 렌즈로 빛을 모은 것이 종이에 불이 붙게 된 원인이다. 그러나 렌즈는 그대로 두었는데 햇빛을 가린 구름이 바람에 제거됨으로써 불이 붙었다면, 구름이 제거되었다는 것이 종이에 불이 붙게 된 원인이 된다. 즉 어떤 결과 이전의 마지막 상태가 원인이다. 따라서 앞의 예에서 어떤 특정한 상태가 아니라 렌즈나 햇빛과 같은 객관을 원인으로 보는 것은 잘못된 것이다. 이는 인과법칙이라는 것은 결국 변화, 즉 어떤 상태의 출현이나 소멸과 관련되는 것이기 때문이다. 이 인과율을 생성의 충분근거율이라고 부르는 이유는 인과율이 사물의 생성과 소멸을 규정하는 법칙이기 때문이다. '생성의 충분근거율'은 물리학적 설명이 사물의 생성과 소멸을 설명할 때 원리로 삼는 것이다.

둘째는 '인식의 충분근거율'로서, 이 경우 인식이란 사유를 통한 개념적인 인식을 가리킨다. 이러한 개념적인 인식은 판단으로 나타나는데, 인식의 충분근거율은 하나의 판단이 참이 되기 위해서는 충분한 근거를 가져야 한다는 법칙이다. '인식의 충분근거율'은 판단과 판단 사이의 근거와 귀결관계를 밝히는 논리적 설명이 원리로 삼는 것이다.

셋째는 '존재의 충분근거율'로서, 이 경우 존재는 시간과 공간을 가리킨다. 존재의 근거는 수학적 인식에서 어떤 대상이 그와 같이 존재하는 근거를 가리킨다. 예를 들어 정삼각형의 세 변의 길이가 동일한 근거는 세 각이 동일하기 때문이다. 수학적 인식의 대상은 생성되지 않고 불변적으로 존재하기 때문에 수학적 인식이 탐구하는 근거를 쇼펜하우어는 존재의 근거라고 부르고 있다. 공간과 시간은 각 부분이 상호 간에 어떤 관계를 맺고 있으며, 한 부분은 다른 부분을 규정하고 한정한다. 따라서 공간적인 존재인 점, 선, 면, 물체는 그것들이 다른 것들에 대해서 갖는 위치에 의해 규정된다. 시간적인 존재인 순간은 그 이전의 순간이 규정하는데, 모든 수는 그 이전의 수를 자신의 존재근거로 갖는다.[11] 시간과 공간의 부분들이 이렇게 서로를 규정할 때 작용하는 법칙이 존재의 충분근거율이다. 수학적 설명은 존재의 충분근거율을 설명의 근거로 삼는다.

넷째는 '행위의 충분근거율'로서, 모든 행위는 동기를 갖는다는 법칙이다. 이 경우 행위는 욕망이 동기가 되어 일어나는 모든 것을 가리킨다. '행위의 충분근거율'은 심리학적 설명이 원리로 삼는 것이다.[12]

시간과 공간 그리고 충분근거율과 같은 인식형식들은 감각적 경험에 의해서 획득된 것이 아니라 감각적 경험 이전에 주관에 이미 존재하면서 어떤 대상에 대한 감각적인 경험을 가능하게 하는 것이라는 점에서 선험적인 것이다. 이러한 인식형식들은 어떤 대상에 대한 감각적인 경

---

11 쇼펜하우어, 앞의 책, 565쪽 참조.
12 위의 네 가지 충분근거율은 서로 혼동되어서는 안 된다. 예를 들어 우리는 어떤 사람이 자신이 진 빚을 왜 갚는지를 그 사람의 뇌에서 일어나는 신경생리학적 현상으로 설명할 수 없다. 심리학적 설명과 인과적 설명은 다른 것이다. 로버트 L. 윅스, 『쇼펜하우어의 『의지와 표상으로서의 세계』 입문』, 김효섭 옮김, 서광사, 2014, 51쪽 참조.

험을 가능하게 하는 것이기 때문에 주관에 존재하는 보편적인 인식형식일 뿐 아니라 주관에 의해서 인식되는 모든 대상 내지 객관에게 나타나는 일반적인 형식이기도 하다. 다시 말해서 주관에게 모든 객관은 특정한 시간과 공간에 있으면서 어떤 근거를 갖는 것으로서 나타나는 것이다.

쇼펜하우어는 우리가 지각하며 살고 있는 세계가 이렇게 주관적인 인식형식인 시간과 공간 그리고 인과율과 같은 충분근거율에 의해서 구성된 세계라고 본다. 이런 의미에서 그 세계를 실재 자체가 아니라 우리의 지성에 의해서 표상된 세계, 즉 표상으로서의 세계라고 부르고 있다. 쇼펜하우어는 『의지와 표상으로서의 세계』를 "세계는 나의 표상이다"라는 말과 함께 시작하고 있지만,[13] 이 말은 우리가 지각하고 사는 세계는 실재 자체가 아니라 나에 의해서 표상된 세계라는 것을 의미한다. 여기서 '나'란 인식하는 주관인 지성을 가리킨다. 객관이란 어디까지나 주관에 의해서 표상된 것으로서만 존재하기 때문에 인식하는 주관이 사라지면 객관도 사라진다.

쇼펜하우어는 어떤 객체에 대한 단순한 지각 내지 직관조차도 충분근거율 즉 생성의 충분근거율인 인과율에 입각한 지성의 작용이라고 본다. 지성은 막연하고 무의미한 잡다한 감각자료들을 단번에 통일된 대상으로 종합한다. 눈, 귀, 손이 감각하는 것은 어떤 통일된 객체가 아니라 단순한 감각자료다. 이러한 감각자료들은 마치 여러 색깔이 뒤섞인 팔레트처럼 우선은 혼란된 상태로 주어진다. 따라서 감각들이 주어져도 지성이 없으면 통일된 형태를 갖는 객체에 대한 지각은 주어지지 않는

---

13 쇼펜하우어, 앞의 책, 560쪽 참조.

다. 예를 들어 내가 책상을 만질 때 감각자료들이 주어지지만 이것만으로는 책상이라는 총체로서의 표상은 아직 성립하지 못한다. 그러한 감각자료들을 토대로 하여 책상이라는 대상을 지각하는 것은 지성이다.

지성은 잡다한 감각적 자료들을 어떤 특정한 대상에서 비롯된 것으로서 파악한다. 특정 대상에 대한 지각은 잡다한 감각적 자료들이라는 결과에서 그것들을 일으킨 원인을 인식하는 것으로서 이미 지성의 작용이다. 지성은 인과율이라는 인식형식에 입각하여 우리들의 몸에 생긴 감각들의 원인을 알아낸다. 이러한 인과관계는 주관과 객관 사이에 성립하는 것이 아니라 우리의 몸이 직접 받아들이는 감각자료와 지각의 대상인 객관 사이에서 성립한다. 즉 인과관계는 주관과 객관 사이에 있는 것이 아니라 객관들 사이에 성립하는 것이다.[14]

시각을 예로 들어 보면, 시각을 통해서 망막에 비치는 것은 명암과 색일 뿐이지 모습, 위치, 원근과 같은 것은 아니다. 지성은 망막에 거꾸로 나타난 감각적 인상을 바로잡는다. 만일에 감각만으로 세계가 인식된다면 대상은 망막에 나타난 대로 거꾸로 보일 것이며 또 망막에 대상이 있는 것으로 볼 것이다. 지성은 망막에 나타난 감각적 인상의 원인에로 이행하여 세계를 인식하는 것이다. 이러한 사실은 간단한 실험으로도 알수 있다. 우리가 발을 벌리고 그 사이로 머리를 숙여 다리 사이를 통해 뒤를 보면 모든 것이 거꾸로 나타나야 할 텐데 그렇지 않다. 이 이유는 모든 것이 거꾸로 되었지만 지성만은 거꾸로 서지 않았기 때문이다. 또한 우리는 두 개의 눈을 가지고 있기 때문에 두 개의 망막에 영상을 갖게 된다. 그러나 우리는 두 개의 영상이 하나의 동일한 대상에서부터 생

---

14 쇼펜하우어, 앞의 책, 570쪽, 579쪽 이하 참조.

겠다는 사실을 안다. 이러한 사례들에 입각해 볼 때 대상에 대한 직관은 감각이 아니라 지성에 의한 것이라는 사실을 알 수 있다. 감각은 평면적인 데 반해 지성이 지각하는 대상은 3차원을 가진 입체다.[15]

어떤 형태의 감각이든 그것은 감각기관 내에서 일어나지, 우리 밖에서 일어나지는 않는다. 지성이 자신의 인식형식인 인과율을 적용할 때에야 비로소 주관적인 감각이 객관적인 직관으로 변하게 된다. 지성은 공간이라는 인식형식의 도움을 받아서 감각의 원인을 감각기관 밖에 투사할 수 있게 되는 것이다. 이렇게 함으로써 지성에게는 비로소 외계가 생긴다. 감각기관은 단지 조야한 감각자료를 공급할 뿐이다. 지성은 이 감각자료를 가지고 자신의 고유한 인식형식인 시간, 공간, 인과율의 형식을 통해 규칙적으로 변화하는 객관적인 물질세계를 형성한다. 따라서 외부세계에 대한 직관은 감각의 산물이 아니라 지성의 산물이다.

지성에게는 직관의 형식으로서 공간이 미리 존재하고, 또한 변화의 형식으로서 시간과 변화 과정을 규제하는 인과율이 미리 존재한다. 모든 감각적 경험에 앞서서 이러한 형식들이 존재하는바, 위장이 경험을 통해서 소화기능을 배우지 않은 것처럼 뇌의 기능인 지성도 그러한 인식형식을 적용하는 방법을 경험 이전에 알고 있다. 만약 갑자기 뇌가 마비되어 지성이 작용하지 않아도 감각만은 의식 속에 남아 있을 수 있다. 왜냐하면 감각은 단지 소재일 뿐이며 이것으로부터 뇌에서 작용하는 지성에 의해서 대상에 대한 지각이 창조되기 때문이다.

쇼펜하우어의 이러한 인식론은 기본적으로는 칸트의 철학을 토대로

---

15 쇼펜하우어, 앞의 책, 571쪽 이하; 박범수, 『쇼펜하우어의 생애와 사상』, 형설출판사, 1984, 56쪽 이하 참조.

하고 있다. 칸트는 우리에게 사물이 주어질 때 공간과 시간이라는 직관형식 아래에서 주어진다고 보았다. 따라서 모든 사물은 특정한 공간적인 위치와 크기를 가지고 나타나며, 특정한 시점에서 나타났다가 사라진다. 사람들은 보통 사물 자체가 그렇게 공간적인 성격과 시간적인 성격을 가지고 나타난다고 보지만, 칸트는 그러한 공간과 시간은 우리가 사물을 직관하는 형식이라고 본다. 만약 천사와 같은 존재가 있다면 그것은 우리와는 전혀 다르게 사물을 직관한다는 것이다. 따라서 칸트는 우리가 지각하는 세계는 실재 자체가 아니라 그러한 실재 자체가 공간과 시간이라는 형식 아래에서 나타난 현상계에 지나지 않는다고 본다. 아울러 우리는 이렇게 공간과 시간이라는 형식 아래에서 나타나는 감각자료들을 인과율과 같은 지성의 사유형식을 통해서 종합한다. 이와 함께 공간과 시간에서 나타나는 모든 것은 인과율의 지배를 받으며 항상 어떤 원인에 의해 야기된 것으로서 나타난다.

그런데 쇼펜하우어는 지성과 이성을 구별하면서, 지성은 인간뿐 아니라 동물에게도 보인다고 말하고 있다. 지성의 작용은 개념의 매개를 통해서 반성적이고 간접적으로 수행되는 것이 아니라 직관적이고 직접적으로 수행된다고 보면서, 인간뿐 아니라 동물에게도 이러한 지성이 존재한다고 본다. 섬세함과 정확성의 정도에는 차이가 있지만, 모든 동물은 지성을 가지고 있다는 것이다.[16] 이 점에서 쇼펜하우어는 칸트와 의견을 달리한다고 볼 수 있다.[17] 강아지가 책상 위에서 뛰어내리지 않으

---

16 쇼펜하우어, 앞의 책, 580쪽, 583쪽 참조.
17 바로 여기에 쇼펜하우어가 칸트가 거론한 범주들 중에서 단일성, 다수성, 전체성, 실재성, 부정성, 제한을 범주로 인정하지 않고 오직 인과율만을 범주로 인정하는 이유가 존재한다. 쇼펜하우어가 보기에 인간 이외의 동물들은 단일성, 다수성, 전체성, 실재성, 부정성, 제한

려고 하거나 달리는 자동차를 보고 피할 수 있는 것은 강아지에게도 인과관계를 파악하는 지성이 있기 때문이다. 동물에게 지성이 없다면 동물을 훈련시키는 일은 불가능할 것이다. 가장 하등의 동물도 지성을 갖고 있다. 왜냐하면 동물은 모두 객관을 인식하고, 이러한 인식이 동기가 되어 동물의 운동을 규정하기 때문이다.

지성은 동물과 인간 모두에게 동일한 방식으로 존재하며 도처에서 동일하고 단순한 형태를 갖고 있다. 즉 그것은 인과관계를 인식하면서 결과에서 원인으로 이행하고, 원인에서 결과로 이행하는 것이다. 지성은 단지 '하나의' 기능, 다시 말해 원인과 결과의 관계에 대한 직접적인 인식을 가질 뿐인 것이다. 현실세계에 대한 직관, 현명함, 총명함, 그리고 발명의 재능과 같은 것은 이러한 유일한 기능이 나타난 것에 불과하다. 그러나 모든 동물 가운데 인간에게는 지성을 넘어서 이성이라는 특별한 인식능력이 존재한다. 직관보다 더 고도의 힘을 가진 이 새로운 인식능력은 직관적인 것에 입각하여 비직관적인 추상적 개념들을 형성한다. 인간은 이러한 이성을 갖는다는 점에 의해서만 동물과 구별된다.[18]

이와 관련하여 쇼펜하우어는 표상을 경험적인 것과 추상적인 것으로 구별하고 있다. 경험적 표상은 경험적인 지각을 가리킨다. 이에 반해 추상적인 표상은 여러 경험적 표상에게서 공통된 점을 추상하여 만들어 낸 표상이다. 추상적 표상은 보통 '개념'이라고 불린다. 개념은 추상적인 표상이기 때문에 개념을 통해서는 직관적이고 명확한 인식을 얻을 수

이란 범주를 지니고 있지는 않지만 테이블이나 의자, 나무, 음식, 다른 동물을 어려움 없이 지각해 낸다. 이런 의미에서 쇼펜하우어는 동물과 인간이 공유하고 있는 유일한 범주를 인과율로 본다. 로버트 L. 윅스, 앞의 책, 57쪽 참조.
[18] 쇼펜하우어, 앞의 책, 601쪽 참조.

없으며, 추상적이고 논증적인 인식을 얻을 수 있을 뿐이다. 개념은 사유될 수 있을 뿐 지각될 수는 없다. 개념은 직관적 표상에서 직관적인 것을 사상하고 보편적인 요소만을 남겨 놓은 것이다. 예를 들어 물이라는 개념은 그것의 직관적인 요소인 흐르는 성질을 갖지 않는다. 추상의 과정이 심화될수록 사유의 내용도 공허하게 되며 빈곤하게 된다. 이 점에서 개념은 환상과 다르다. 개념으로서의 개는 색깔이 없지만, 환상으로서의 개는 색깔과 크기를 갖는다.

인간은 이성을 통해서 추상적인 개념들과 이러한 개념들로 구성된 추상적인 지식 내지 판단을 형성할 수 있다. 추상적인 지식은 직관적인 지식을 더 유용하고 더 재생 가능하며 더 소통 가능하고 종종 더 정확한 새로운 형식으로 변형시킨다. 우리가 자연적인 물체의 변화와 운동의 인과적 연관을 지성을 통해서 직접적이고 직관적으로 인식하더라도, 그러한 직관적 인식을 타인에게 전달하는 것은 그것이 개념들을 통해서 고정된 후에야 비로소 가능하게 된다.

개념들은 언어로 표현된다. 언어는 개념과 마찬가지로 직관적이 아니라 추상적인 것이며, 시간과 공간 속에 자리하는 개별적 표상이 아니라 보편적인 표상이다. 직관적 지식은 전달이 불가능하고 일시적인 반면에, 언어로 표현된 추상적 지식은 전달 가능하며 영구적으로 보존될 수 있다. 인간은 언어를 통해서 직관적인 경험들을 체계화하고 후세에 전달함으로써 동물세계에서는 볼 수 없는 높은 문화를 형성할 수 있었다. 그런 한에서 이성적인 인식은 직관적인 지식을 능가한다.[19]

직관의 세계에서는 깜깜한 밤에 나무를 인간으로 잘못 보는 것처럼

---

19 쇼펜하우어, 앞의 책, 599쪽 참조.

일시적으로 가상(Schein)이 현실을 왜곡할 수 있다.[20] 그러나 추상적 표상의 세계에서는 갖가지 종교와 철학 등의 오류(Irrtum)가 수 세기에 걸쳐서 지배하면서 인간을 노예로 만들기도 한다.[21] 모든 가상은 경험적인 직관 속에 나타나는데, 이러한 직관은 이성의 어떠한 논증에 의해서도 극복할 수 없으며 세심하게 살펴보는 직관에 의해서 극복될 수 있다. 이성의 논증은 단지 오류, 즉 충분한 근거를 갖지 않는 판단을 거기에 대립하는 참된 판단, 즉 충분한 근거를 갖는 판단을 통해서 극복할 수 있을 뿐이다. 따라서 '진리'에 대해서는 이성의 미망으로서의 '오류'가 대립하며, '경험적 실재'에 대해서는 지성의 미망으로서의 '가상'이 대립한다.

4) 의지로서의 세계[22]

(1) 남녀 간 사랑의 본질로서의 종족보존에의 의지

쇼펜하우어는 우리가 표상하는 개체들의 이면에 하나의 통일적인 우주적 의지가 존재한다고 보면서, 이러한 의지야말로 실재 자체라고 말하고 있다. 통일적인 우주적 의지는 특정한 시간이나 특정한 장소에 존재하지 않으며 자신의 존재를 위해서 다른 원인을 필요로 하지 않기 때문에 인과율의 지배도 받지 않는다. 우리가 흔히 실재라고 착각하는 현상계는 바다로 치면 무수한 거품 내지 물방울들로 이루어진 세계다. 우리는 무수한 거품이나 물방울의 이면에 하나의 통일적인 거대한 바다가

---

20 쇼펜하우어, 앞의 책, 584쪽 이하 참조.
21 쇼펜하우어, 앞의 책, 597쪽 참조.
22 이 부분은 졸고 「쇼펜하우어의 형이상학적 욕망론에 대한 고찰」(『철학사상』 36, 2010), 87~98쪽의 내용을 수정 보완한 것임을 밝혀 둔다.

있음을 망각하고 이러한 거품이나 물방울을 실재라고 생각하면서, 그것들이 갖는 고통과 기쁨의 색깔에 일희일비하면서 산다.

개체들로 이루어진 현상계의 이면에 하나의 통일적인 우주적 의지가 있다고 보는 쇼펜하우어의 형이상학적 의지관은『의지와 표상으로서의 세계』2권 44장「연애의 형이상학(Metaphysik der Geschlechtsliebe)」에서 가장 이해하기 쉽고 가장 설득력 있게 제시되고 있다. 따라서 여기서는 남녀 간의 사랑에 대한 쇼펜하우어의 견해를 실마리로 하여 그의 형이상학적 의지관을 살펴보고자 한다.

쇼펜하우어에 따르면 남녀 간의 사랑이란 결국 서로의 신체에 대한 성적인 욕망의 표현이고, 이러한 성욕이란 본질적으로는 종족보존에의 의지에 불과하다. 남녀가 서로 사랑에 빠질 때 서로는 상대방의 아름다움을 찬탄하면서 상대방을 배려한다. 이 경우 사람들은 자신들이 이성적인 주체로서 상대방의 아름다움을 객관적으로 인식하고 자유로운 의지에 따라서 상대방을 배려한다고 생각한다. 그러나 그러한 행위의 근저에는 종족번식에 대한 본능적인 욕구가 작용하고 있다.

사랑에 빠진 두 남녀는 미처 깨닫지 못하는 경우가 많지만, 그들의 사랑은 사실 자신들의 2세를 낳는 것을 유일한 목적으로 하고 있다. 남녀 간의 사랑에서 일어나는 모든 일은 그러한 목적을 실현하기 위한 수단에 불과하다. 남성이 여성을 아름답게 보는 것은 여성의 신체를 갖고 싶어 하는 성욕 때문이다. 남자가 성욕에서 벗어나 있으면 여성을 아름답게 볼 일도 없다. 쇼펜하우어는 이러한 성욕의 본질을 결국 종족보존에의 욕구라고 보는데, 이러한 종족보존에의 욕구가 남성으로 하여금 여성을 아름답게 보도록 현혹함으로써 여성과 결혼하도록 몰아대고 그 여성을 통해서 낳은 2세를 위해 헌신하게 한다.

또한 남자들은 누구나 아름답고 건강한 이성을 찾는데, 이는 그러한 이성이 자신보다 더 건강하고 재능 있는 2세를 낳아 줄 것을 기대하기 때문이다. 또한 사람들은 자신에게 결여되어 있는 점을 소유하고 있는 상대방에게 반하고 그 상대방을 아름답게 보는데, 이 역시 자신의 2세가 자신이 가진 결함을 갖지 않기를 원하기 때문이다.

더 나아가 종족보존에의 의지는 부모로 하여금 자신의 자식들을 세상에서 가장 귀중한 존재로 보이게 함으로써 자식들의 생존을 위해서 모든 희생과 헌신을 다하게 만든다. 고슴도치에게도 자기 자식은 예쁘게 보인다는 말이 있듯이, 부모의 눈에 자기 자식은 자기 자신보다도 더 소중한 존재로 보이고 자신이 온갖 희생을 다 바쳐도 아깝지 않은 고귀한 존재로 보이는 것이다.

그런데 종족보존에의 의지는 왜 이렇게 상대 이성이나 자식을 객관적으로 보지 못하게 하고 그것들에 대해서 환상을 갖게 만드는가? 이는 일차적으로 우리가 살고 있는 이 세계에서는 모든 존재자가 개체로서 존재하고, 이러한 개체들은 자신의 생존을 가장 중요한 것으로 보기 때문이다. 다시 말해서 모든 개체는 이기적이고 자기중심적인 것이다. 모든 개체는 일차적으로는 이렇게 이기적이고 자기중심적인 존재이기에, 개체들로 하여금 이기심을 넘어서 종족의 유지에 헌신하게 만들기 위해서 자연은 상대 이성이나 자식에 대한 환상을 심어 줄 필요가 있는 것이다.

개체는 이러한 환상에 속아 넘어가, 사실은 종족에게만 이로울 뿐 자신에게는 온갖 노역만을 강요하는 일을 자신의 행복으로 착각한다. 그는 자신의 종족보존욕망과 종족의 노예로 존재하면서도 자신의 자발적인 욕구를 위해 자유롭게 애쓰고 있다고 생각하게 된다. 사람들은 흔히 동물은 본능에 따라서 살고 인간은 본능을 초월했다고 생각하지만, 인간에게도 종족보존의 본능은 동물의 그것 못지않게 강력하다. 이러한 본능적인 욕망은 언뜻 보면 개체가 자신이 원하면 자유롭게 가질 수도 있고 버릴 수도 있는 것처럼 생각되지만, 사실 개체는 그러한 욕망의 주체가 아니라 오히려 노예일 뿐이다. 따라서 성욕을 충족시켰을 때 개인은 자신의 욕망을 채웠다고 생각하지만, 실은 종족이 득을 보고 있는 것이다.

이러한 사실은 인간에 대해서뿐 아니라 동물에 대해서도 타당하다. 동물들도 종족보존에의 의지가 조성하는 환상에 사로잡혀서 새끼를 위해 자신을 희생함으로써 결국 종족만을 이롭게 하고 있다. 새가 둥지를 짓는 일이나 꿀벌이나 개미가 식량을 모으는 일도 모두 후세와 종족보존을 위한 것이다.

그런데 쇼펜하우어는 우리가 경험할 수 있는 이러한 종족보존에의 의지의 근저에는 결국 우리의 경험을 초월해 있는 우주적인 의지가 존재한다고 보고 있다.[23] 우리가 경험할 수 있는 자기보존과 종족보존에의 의지에 의해서 규정되는 세계를 쇼펜하우어는 현상계라고 부르고 있다. 쇼펜하우어가 이러한 세계를 현상계라고 부르는 이유는 이 세계를 우리의 감각에 나타나는, 다시 말해 현상하는 세계라고 보았기 때문이며, 이러한 세계의 근저에 우리가 경험할 수 없는 실재 자체가 있다고 보았기 때문이다.

(2) 물자체로서의 근원적인 의지

물론 쇼펜하우어가 말하는 우주적 의지는 우리가 직접적으로 경험할 수 있는 것은 아니며 어디까지나 사변적인 추론에 의해서 도출된 것이

---

23 쇼펜하우어, 앞의 책, 681쪽 참조.

다. 그러나 이러한 우주적인 의지야말로 진정한 실재이며, 자기보존에의 의지나 종족보존에의 의지 그리고 개체들의 신체나 지성 등은 모두 이러한 진정한 실재로서의 우주적 의지가 자신을 직간접적으로 표현한 것들에 지나지 않는다. 이러한 의지의 본질을 쇼펜하우어는 생을 향한 맹목적인 의지로 보고 있다. 이러한 맹목적 의지는 모든 생명체에서 종족보존에의 의지로 나타나면서 각 개체들로 하여금 끊임없이 자신의 짝을 찾아 개체들을 번식하게 하는 방식으로 자신을 표현한다.

앞에서 이미 언급한 것처럼 쇼펜하우어는 이러한 우주적 의지를 칸트의 용어를 빌려서 물자체라고 부르고 있다. 그러나 정작 칸트 자신은 물자체에 대한 인식이 불가능하다고 본 반면에, 쇼펜하우어는 이러한 물자체에 대해서 과감하게 사변을 전개하여 그것을 의지라고 규정하고 있다. 물론 물자체로서의 이러한 의지는 우리가 개별자로서 현상계에서 경험하는 의지와는 본질적으로 다른 것이다.

우리가 개별자로서 우리 내면에서 경험하는 의지는 이러한 물자체로서의 의지가 시간이라는 형식 아래에서 나타난 것이다. 시간과 공간이라는 형식에서 나타나는 것은 모두 개별자로서 나타난다. 이는 시간과 공간이 개별화의 원리이기 때문이다. 각각의 개체는 항상 서로 다른 시간이나 서로 다른 공간에 존재한다. 이에 반해 물자체로서의 의지는 이러한 개별화 형식의 지배에서 벗어나 있기 때문에 유일한 일자로서 존재한다. 쇼펜하우어는 개별화의 원리가 물자체로서의 통일적인 의지를 은폐한다고 보기 때문에 개별화의 원리를 '미망의 베일'이라고 부르고 있다.[24]

---

24 쇼펜하우어, 앞의 책, 940쪽 참조.

자기보존에의 의지나 종족보존에의 의지 그리고 개체들의 신체나 지성 등 우리가 내적으로 혹은 외적으로 경험할 수 있는 모든 것은 현상계에 속한다. 쇼펜하우어는 현상계를 실재 자체가 아니라 우리의 지성에 의해서 표상된 세계라는 의미에서 현상계라고 부르지만, 다른 한편으로는 그것이 물자체의 표현이라는 의미에서 현상계라고도 부르고 있다. 두 가지의 현상계는 서로 별 차이가 없어 보이지만 우리가 나중에 볼 것처럼 양자 사이에는 상당한 차이가 존재한다.

그런데 쇼펜하우어는 현상계에서도 물자체의 직접적 표현에 해당하는 것과 간접적 표현에 해당하는 것을 구별하고 있다. 영원히 존재하는 물자체와 달리 현상계의 모든 것은 생성 소멸하지만, 현상계에서 개체들은 유한한 시간을 사는 반면에 종족은 훨씬 오래 존속한다. 따라서 쇼펜하우어는 종족은 물자체의 직접적인 표현에 해당한다고 보는 반면에, 개체는 물자체의 간접적인 표현이라고 보고 있다.

물자체로서의 의지는 결국 생을 향한 의지이기 때문에 그것이 현상계에서 나타날 경우에는 각 개체가 자신의 신체를 보존하려는 의지로 나타난다. 열심히 공부하고 일하고 투쟁하는 등의 다양한 행위는 결국 자신의 신체를 최대한 안락하게 보존하는 것을 목표로 한다는 것이다. 따라서 신체의 사멸과 더불어 신체에 나타나 있던 의지도 소멸한다고 생각할 수 있다. 그러나 신체를 통해서 자신을 표현하는 의지는 성행위를 통해서 자손을 낳음으로써 신체의 사멸 이후에도 생명을 연장하려고 한다. 이런 의미에서 성욕이란 '생을 향한 맹목적 의지'를 개체의 생을 넘어서 연장하려는 것이라고 할 수 있다. 성욕을 충족시키는 행위에서야말로 생을 긍정하고 어떻게든 유지하려는 의지가 가장 순수한 형태로 나타나는 것이다. 성욕의 충족을 통한 종족보존이 생을 향한 의지의 가장 강한 긍정이라는 사실은 그것이 원시인이나 동물에게 생의 궁극적인 목표이라는 사실에서도 확인된다. 원시인도 자기보존을 일차적인 목표로 하지만 자기보존이 확보되자마자 종족의 번식에 힘쓸 뿐이며 그 이상의 노력은 하지 않는다.

우리는 앞에서 종족보존에의 의지를 물자체로서의 의지의 직접적 표현으로 보고, 개체가 갖는 자기보존에의 의지를 물자체로서의 의지의 간접적 표현이라고 보았지만, 우리의 욕망과 감정 그리고 사고 사이에서도 이러한 위계가 성립한다고 볼 수 있다. 종족보존에의 의지로서의 성욕이 물자체로서의 의지의 직접적 표현이라면, 상대 이성을 아름답다고 느끼는 감정이나 그 상대방을 어떻게 하면 자신의 것으로 만들 수 있는지에 대해서 생각하는 것 등은 물자체로서의 의지의 간접적인 표현이다.

(3) 의지의 표현으로서의 신체

그런데 쇼펜하우어는 어떻게 해서 물자체가 의지와 같은 것이라는 결론에 도달하게 되었을까? 쇼펜하우어는 시간 속에서 일어나는 우리의 경험적인 의지와 그것의 표현인 신체적인 움직임 사이의 관계에서 유추하여 물자체의 본질과 현상계 사이의 관계를 파악할 수 있다고 보았다. 이 점에서 쇼펜하우어는 자신의 형이상학은 유추에 입각한 것이지만 경험과 무관하게 자의적으로 사변을 전개한 것이 아니라 경험에 의거하고 있다고 보았다.

우리는 감정이나 욕망, 의욕 등을 내면에서 직접 느끼면서 그것을 '자신의' 감정이나 욕망, 의욕으로 경험한다. 그리고 이러한 것들은 신체를 통해서 표현된다. 이 경우 신체는 우리 자신의 의지가 직접적으로 표현된 것이다.[25] 따라서 우리가 신체를 이해하는 두 가지 방식이 존재할 수 있다.

첫째로 우리는 신체를, 객관적인 다른 사물들과 마찬가지로, 외부에서 표상할 수 있다. 이 경우 신체는 다른 객관적인 사물들과 마찬가지로 자연적인 인과법칙에 따르는 것으로 나타난다. 그것은 외부에서 충격이 가해지면 상처를 입고 시간이 가면서 노화한다.

둘째로 우리는 신체를 인간 의지의 표현으로 이해할 수 있다. 어떤 의지의 작용과 그에 상응하는 신체의 움직임은 동일한 것이다. 의지활동은 신체적인 움직임과 별개로 존재하면서 신체적 운동을 인과적으로 '초래하는' 것이 아니다. 이는 '전기'가 '번개'를 초래하는 원인이 아니라 '전기'와 '번개'가 동일한 것과 같다.[26] 또한 우리의 갈망이나 소망 그리고 감정은 신체에 직접적으로 나타난다. 예를 들어 내가 분노하면 아드레날린이 증가하고 이마에 핏줄이 서게 된다. 또한 신체는 우리의 감정이나 욕망에 직접적으로 작용한다. 맛있는 음식을 먹으면 기분이 좋아지고 성욕이 충족되면 기분이 풀린다. 신체와 의지는 동전의 양면과 같다.

신체가 이렇게 이중적인 의미를 가질 수 있는 것은 인간이 이중적인 방식으로 존재할 수 있기 때문이다. 인간이 사물들을 객관적으로 표상하는 인식 주체로만 존재한다면, 그는 자신의 신체도 단지 객체로 표상할 수 있을 뿐이며 자신의 신체적 움직임도 자기 자신의 주체적인 활동으로 경험하지 못할 것이다. 이 경우 인간은 자신의 고유한 정서, 갈망,

---

25 쇼펜하우어, 앞의 책, 666쪽 이하 참조.
26 로버트 L. 웍스, 앞의 책, 97쪽 참조.

감정과 능력에 대해서조차도 객관적인 태도를 취하면서 그것들의 작용 법칙을 냉정하게 표상할 것이다.

그러나 이와 반대로 인간은 자신을 감정과 의지의 주체로 이해하면서 자신이 자신의 신체를 매개로 세계와 관계하고 있음을 느낄 수 있다. 인간은 자신의 의지작용을 객관적으로 표상할 수 있을 뿐 아니라 내면에서 직접적으로 체험할 수 있는 것이다. 이 경우 신체는 우리 자신의 의지작용의 표현으로 경험된다. 내 신체의 움직임은 내 의지의 표출로 나타나는 것이다. 특히 우리는 신체에서 느끼는 고통과 쾌감을 통해서 신체와 의지가 직접적으로 통일되어 있다는 것을 경험한다. 신체에 가해지는 자극이 생존의지나 종족보존의지 그리고 안락을 누리고 싶어 하는 의지와 같은 우리의 의지에 반할 때는 신체적인 고통이 유발되지만, 그것이 의지에 부응하는 것일 때는 신체적인 쾌감 또는 만족감이 유발된다.[27]

신체와 의지 사이의 이러한 관계는 원인과 결과 사이의 관계가 아니라 의지가 신체에서 자신을 표현하는 단순하고 직접적인 통일의 관계이다. 의지와 신체 사이에 성립하는 이러한 직접적인 통일성을 강조하기 위해서 쇼펜하우어는 심지어 "나의 신체와 의지는 하나다"라고까지 말하고 있다. 이 점에서 쇼펜하우어는 신체와 의지에 대해 반(反)이원론적인 입장을 취하고 있다고 할 수 있다. 데카르트와 같은 이원론자는 정신적인 영역과 신체적인 영역을 별개의 것으로 본다. 즉 이원론자는 의지 또는 의욕을 정신적인 영역에 속한 것으로 보는 반면에 신체의 움직임은 물리적인 영역 속에서 발생하는 것이라고 주장한다. 쇼펜하우어는 이러한

---

27 쇼펜하우어, 앞의 책, 675쪽 참조.

견해를 부정하면서 신체를 의지의 직접적 표현으로 보는 것이다.

데카르트 이래의 근대철학은 인간과 세계를 정신과 물질로 구성된 것으로 보았지만, 쇼펜하우어는 이러한 구분 대신에 의지와 지성의 구분을 내세운다고 할 수 있다. 신체가 지성의 파악 대상으로 나타날 때, 그것은 자연법칙을 따르는 물리적인 것으로 나타난다. 이에 반해 의지의 직접적인 표현으로 나타날 때, 신체는 물리적인 것 이상의 의미를 지닌다. 따라서 신체는 전적으로 정신적이거나 혹은 전적으로 물리적인 영역에 속하는 것이 아니라 두 가지 측면 모두를 나타내는 유일한 경우라고 할 수 있다.

그런데 쇼펜하우어는 우리가 만약 이렇게 자신의 신체를 객관적인 인식의 대상으로 볼 수도 있고 의지의 표현으로도 볼 수 있다면, 현상계 전체도 동일하게 파악할 수 있다고 본다. 현상계는 객관적인 인식의 객체로 파악될 수 있지만 그것의 이면에 존재하는 물자체로서의 의지의 표현으로도 파악될 수 있다는 것이다. 현상계의 이면에 존재하는 물자체는 감각적으로 지각할 수 있는 형태로 나타나지 않기 때문에 우리는 그것을 직접적으로 인식할 수 없다. 따라서 우리는 우리에게 가장 확실한 것으로 나타나는 우리의 신체와 의지 사이의 관계에서 현상계 전체와 그것의 근원 사이의 관계를 유추할 수밖에 없다. 그리고 신체가 우리의 의지의 표현인 이상, 우리는 현상계 전체의 근원에 해당하는 것도 의지와 같은 성격을 갖는 것으로 보아야 한다.

물론 쇼펜하우어는 물자체로서의 의지가 생존의지나 종족보존의지처럼 우리가 직접적으로 경험하는 의지와 동일하다고 보지는 않는다. 물자체로서의 의지란 어디까지나 유비적인 표현에 지나지 않는다. 우리가 직접적으로 경험하는 의지는 사실 시간이란 형식 속에서 나타나기 때문에 어디까지나 현상계에 속하는 것이다. 따라서 우리는 우리 자신의 의지를 전체로서 파악하지 못하고, 시간적으로 잇달아 일어나는 의지의 개별적인 작용들만을 파악할 수 있을 뿐이다. 이에 반해 물자체로서의 의지 자체는 개별화의 원리인 시간과 공간에서 벗어나 있기 때문에 일자로서 존재하고 영원하며 항상 현재 속에 존재한다.

쇼펜하우어는 물자체는 우리가 경험하는 의지에서도 시간이라는 인식형식의 베일 아래서 나타나기 때문에 완전히 인식될 수 없다는 사실을 인정하고 있다. 그러나 그는 우리의 경험적 의지를 통해서 물자체는 공간이나 인과율이라는 베일을 거치지 않고 오직 내적 경험의 형식인 시간이라는 '얇은' 베일을 거쳐서만 나타나기 때문에, 우리는 우리의 경험적 의지에 대한 고찰을 통해 물자체에 어느 정도 근접할 수 있다고 본다. 이 점에서 쇼펜하우어는 물자체에 대한 인식이 원천적으로 불가능하다고 보는 칸트와 의견을 달리한다.[28]

(4) 물자체로서의 근원적 의지와 이데아

이제 쇼펜하우어는 현상계를 인간의 표상으로 보는 데서 나아가 그것을 물자체의 간접적 표현으로서 해석한다. 물자체로서의 의지는 다양한 의지로 나타나고, 이러한 의지가 다시 신체를 통해 자신을 표현한다. 예를 들어 물자체로서의 의지는 걸으려는 의지나 종족을 유지하려는 의지 등으로 나타난다. 그리고 걸으려는 의지가 다리를 형성하고, 움켜쥐려는 의지가 손을 형성하며, 먹으려는 의지가 치아와 소화기관을 발달시키고, 종족을 유지하려는 의지가 생식기를 형성하며, 인식하려는 의지

---

28 Margot Fleischer, *Schopenhauer*, Herder Verlag, 2001, 60쪽 참조.

가 두뇌를 형성한다.[29] 따라서 물자체로서의 의지는 우리가 내적으로 흔히 경험하는 심리적인 움직임들, 예를 들어서 성욕이라든가 식욕과 같은 것은 아니다. 물자체로서의 의지는 성욕이라도 우리가 보통 경험하는 성욕이 아니라 생식기를 만들어 낸 성욕이며, 식욕이라도 우리가 보통 경험하는 식욕이 아니라 위장을 만들어 낸 식욕이다.

의지는 이렇게 우리의 신체로 자신을 객관화하는 것과 마찬가지로 인간 이외의 무기물과 생물에서도 자신을 객관화한다. 식물에게서 보이는 성장하는 힘과 번식하는 힘도 모두 의지의 표현이며, 자석이 북극을 가리키게 하는 힘이나 중력도 나타나는 방식만 다를 뿐 그것의 궁극적인 본질은 의지다.[30]

물자체로서의 근원적인 의지는 '맹목적이고 제어될 수 없는 충동'이다. 그것은 맹목적으로 자신의 삶을 추구할 뿐이다. 물자체로서의 의지가 갖는 이러한 성격은 현상계에서는 어떻게든 생존하려고 발버둥 칠 뿐 아니라 자식을 낳고 보호하려는 각 개체의 충동으로 나타난다. 대부분의 사람에게 가장 절박한 관심사는 안정적인 삶을 확보하고 가족을 부양함으로써 자신의 증식을 추구하는 것이다. 이런 의미에서 쇼펜하우어는 생식기야말로 생을 향한 의지와 종족보존에의 의지가 가장 전형적으로 구현되어 있는 신체기관이라고 본다.[31] 이는 생식기가 영원한 삶과 창조를 상징하기 때문이다. 두뇌가 지성, 즉 인식을 대표하는 것이라면 생식기는 의지, 즉 욕망을 대표하는 것이다. 신체의 모든 다른 기관이

---

29 쇼펜하우어, 앞의 책, 676쪽 이하 참조.
30 쇼펜하우어, 앞의 책, 677쪽 이하 참조.
31 쇼펜하우어, 앞의 책, 915쪽 이하 참조.

인식이나 사유의 영향을 받지만, 생식기는 단순히 자극에만 의존한다. 따라서 신체에서 물자체로서의 의지가 가장 강하게 구현되어 있는 기관은 생식기다.

쇼펜하우어는 물자체로서의 의지는 무기물로서의 중력과 전기 등의 자연력 및 식물과 동물에서는 종적인 특성들을 통해서, 그리고 인간에서는 종적인 특성과 아울러 각 개인의 성격을 통해서 자신을 직접적으로 드러낸다고 본다. 이러한 무기물과 동식물의 종적인 특성, 그리고 인간의 종적인 특성은 물자체로서의 의지가 갈수록 자신을 보다 명확하면서도 완전하게 나타내는 단계들이라고 할 수 있다. 인간의 종적인 특성에서 물자체로서의 의지는 자신을 가장 명확하면서도 완전하게 표현하지만, 이를 위해서는 그전에 자연력 및 다양한 동식물과 같은 인간 이하의 단계에서 자신을 표현할 필요가 있었다. 이 모든 단계가 서로를 보완하면서 물자체로서의 의지의 완전한 객관화가 가능하게 된다. 무기물에서 식물, 동물, 인간으로 올라갈수록 물자체로서의 의지가 자신을 더욱 명확하면서도 완전하게 표현하기 때문에 인간이야말로 맹목적인 생존의지와 종족보존의지가 가장 강한 존재라고 볼 수 있다.

자연력 및 동식물의 종적인 특성들과 인간의 종적인 특성은 물자체로서의 단일한 의지가 자신을 직접적으로 표현하는 의지활동의 형식들이라고 할 수 있다. 쇼펜하우어는 이러한 자연력 및 각 동식물의 종적인 특성과 인간의 종적인 특성을 플라톤의 용어를 빌려 '이데아'라고 부르고 있다. 이데아는 유기적이거나 무기적인 모든 사물의 근원적이고 불변적인 특성이다.

이들 이데아는 현상계에서 무수한 개체들로 나타난다. 이러한 개체들은 플라톤이 말하는 것처럼 이데아를 모사한 것이라고 할 수 있다. '이데아'가 물자체로서의 의지가 직접적으로 객관화된 것이라면, 개체는 물자체로서의 의지가 이데아의 매개를 거쳐서 간접적으로 객관화된 것이라고 할 수 있다. 이데아는 물자체로서의 의지와 마찬가지로 불변적이고 영원한 것이지만, 이데아가 시간과 공간 그리고 근거율이라는 지성의 인식형식을 통해서 흐려지면서 덧없는 개체들로 다양하게 전개된다.

물자체로서의 '의지'는 객관화될 수도 표상될 수도 없는 것이다.[32] 이데아도 물자체와 마찬가지로 공간과 시간 그리고 충분근거율이라는 인식형식에 의해서 파악될 수 없지만, 이데아는 표상될 수 있으며 특히 예술적인 직관을 통해서 통찰될 수 있다. 그럼에도 불구하고 물자체로서의 의지와 이데아들 사이의 차이는 극히 미미하다. 물자체는 어떻게 해서도 표상의 대상이 될 수 없다는 사실만을 제외하면 물자체와 이데아는 동일하다고 할 수 있다. 이는 어떤 사물들의 이데아를 파악할 때 우리는 그 사물의 궁극적인 본질을 파악하는 것에 가깝게 되기 때문이다.

의지는 무기물에서는 중력이나 전기처럼 모든 물질에 예외 없이 존재하는 자연력으로 나타난다. 이러한 자연력은 물자체로서의 의지의 직접적인 나타남이며, 인간 각 개인의 성격과 마찬가지로 근거가 없이 나타난다. 우리는 어떤 사람이 왜 그런 성격을 갖고 있는지 더 이상 물을 수 없는 것과 마찬가지로, 중력 자체가 왜 나타나는지를 더 이상 물을 수 없다.[33] 즉 이데아에 대해서는 물자체로서의 의지와 마찬가지로 인과율이 적용될 수 없는 것이다. 물자체로서의 의지와 이데아들은 개별화의 원리인 시간과 공간 그리고 인과율 밖에 존재하므로, '시간', '공간', '다

---

32 쇼펜하우어, 앞의 책, 691쪽 참조.
33 쇼펜하우어, 앞의 책, 701쪽 참조.

수성' 그리고 인과율은 물자체로서의 의지 자체에도 이데아에도 속하지 않고 오직 물자체로서의 의지와 '이데아'가 개별적으로 나타난 것들에만 속한다.[34]

따라서 중력이나 전기와 같은 무기물의 이데아, 즉 보편적인 자연력은 오히려 모든 원인과 결과에 선행하는 전제조건이며, 그것은 원인과 결과의 연쇄를 통해서 전개되며 구현되는 것이다. 예를 들어 하나의 돌이 왜 어떤 때는 중력이라는 자연력을 나타내고, 어떤 때는 강성이라는 자연력을 나타내며, 어떤 때는 전기라는 자연력을 나타내고, 어떤 때는 화학적 성질이라는 자연력을 나타내는가 하는 것은 그 돌에 영향을 미치는 외부의 원인에 달려 있다. 그러나 그러한 외부의 영향으로 인해서 나타나는 자연력은 항상 동일한 성질을 가지며, 아무리 다양한 개별 현상으로 나타나더라도 항상 동일한 방식으로 나타난다. 사과가 아래로 떨어지든 사람이 아래로 떨어지든, 중력은 항상 동일하게 모든 것을 아래로 끌어당기는 힘으로 나타나는 것이다. 따라서 자연적인 원인은 자연력 자체의 원인이 아니라, 이데아로서의 자연력이 나타나기 위한 기회를 제공하는 것에 불과하다.[35]

물자체로서의 의지가 자신을 객관화하는 고차적인 단계들을 저차원적인 단계로 환원하려고 하는 것은 자연과학의 오류다. 따라서 칸트가 뉴턴 같은 사람을 겨냥하여 풀의 줄기를 물리학적으로 설명한다는 것은 무의미하고 불가능한 일이라고 말했을 때 칸트는 옳았다. 뉴턴은 풀의 줄기를 물리적인 힘이나 화학적인 힘의 우연한 결합에서 비롯된 것으로

---

34 쇼펜하우어, 앞의 책, 663쪽 참조.
35 쇼펜하우어, 앞의 책, 709쪽 이하 참조.

보았다.[36] 그러나 쇼펜하우어는 풀의 줄기에는 무기적인 자연력과는 전혀 다른 독특한 이데아가 나타나 있다고 본다. 식물에는 목적을 사유할 정신은 없지만, 그것이 빛이나 물, 중력에 반응하는 방식은 목적지향적인 것으로서만 이해될 수 있다.

쇼펜하우어는 더 나아가 자연력들 각각도 고유한 이데아라고 본다.[37] 전기적인 인력과 화학적인 인력은 중력과는 근본적으로 다르며 중력보다 더 고차적인 이데아다. 따라서 전자는 후자로 절대로 환원될 수 없다. 이는 마치 모든 동물의 구조가 내적으로 유사하기는 하지만 서로 다른 종을 동일한 것으로 보거나 혹은 더 완전한 종을 불완전한 종의 변종으로 볼 수 없는 것과 마찬가지다.

이데아들 사이의 관계는 조화와 협력의 관계이기도 하지만 투쟁과 갈등의 관계이기도 하다. 보다 높은 이데아는 그것보다 낮은 이데아를 압도하면서 자신 안에 동화시키는 방식으로만 현상계에 나타날 수 있다.[38] 예를 들어 식물들은 햇빛이나 물과 같은 무기물을 압도하면서 그것들을 자신을 위한 영양분으로 동화시킨다. 그러나 보다 낮은 이데아는 보다 높은 이데아에 동화된 후에도 완전히 사라지지는 않고, 보다 높은 이데아가 항상 극복해야 할 부담으로 남아 있다.

---

36 쇼펜하우어, 앞의 책, 715쪽 참조.
37 이렇게 쇼펜하우어가 중력이나 전기와 같은 자연력조차도 이데아로 본다는 점에서 쇼펜하우어의 이데아론은 플라톤의 이데아론과 구별된다. 또한 쇼펜하우어는 이데아를 물자체로서의 의지의 직접적인 현상으로 보는데, 이러한 견해 역시 플라톤에게는 보이지 않는다. 쇼펜하우어는 자신의 이데아론이 플라톤의 이데아론을 계승한다고 보았지만 양자 사이에는 근본적인 차이가 존재하는 것이다. 쇼펜하우어는 자신의 '의지의 형이상학'이라는 틀 내에서 플라톤의 이데아론을 독자적으로 수용하고 있다고 할 수 있다.
38 쇼펜하우어, 앞의 책, 717쪽 이하 참조.

예를 들어 인간에서 식물적 기능에 해당하는 소화기능은 항상 많은 에너지를 소모하기 때문에 동물적인 기능을 저하시킨다. 이러한 식물적인 기능이 남아 있기에 인간은 수면을 필요로 하며 또한 무기물의 기능도 남아 있기에 결국은 죽지 않을 수 없다. 물리화학적 힘을 제압하기 위해서 쉴 새 없이 에너지를 다 소모해 버린 순간에 인간은 죽고 마는 것이다.[39]

이데아들 사이의 갈등과 투쟁은 위와 같이 하나의 개체 내에서는 각 이데아에 해당되는 기능들 사이의 갈등으로 나타나지만 또한 개체들 사이의 갈등과 투쟁으로도 나타난다. 예를 들어 거미의 이데아는 파리의 이데아와 상극관계에 있기에 거미는 파리를 잡아먹으며, 새의 이데아는 벌레의 이데아와 상극관계에 있기에 새는 벌레를 잡아먹는다.[40] 나중에 보겠지만 이데아들 사이의 이러한 투쟁은 물자체로서의 의지가 '생을 향한 맹목적 의지'이기 때문에 항상 결핍감에 시달리면서 자체적으로 갈등과 모순에 사로잡혀 있다는 데서 비롯된다.

이데아들 사이에는 이렇게 갈등과 투쟁이 존재하지만 다른 한편으로 조화와 협력도 존재하기에 각 이데아에 상응하는 기능들과 개체들 사이에 상생관계가 성립한다. 하나의 동물에서 식물적 기능과 동물적 기능은 서로 상극하기도 하지만 서로를 필요로 하고 서로를 보완한다. 식물적 기능이 잘 발휘되기 위해서는 동물적 기능이 잘 발휘되어 먹을 것을 잘 획득해야 하며, 동물적 기능이 잘 발휘되기 위해서는 소화기능이나 수면과 같은 식물적 기능이 잘 발휘되어야만 한다. 또한 개체들 사이의

---

39 쇼펜하우어, 앞의 책, 719쪽 이하 참조.
40 쇼펜하우어, 앞의 책, 720쪽 이하 참조.

천적관계는 생태계 전체의 유지를 위해서 필수적이다. 새와 벌레는 서로 상극관계에 있지만 서로를 필요로 하기도 하는 것이다. 이데아들 사이에 존재하는 이러한 합목적적인 상생관계는 그것들이 하나의 동일한 물자체에서 비롯되었다는 데서 성립한다.[41]

물자체로서의 의지가 직접적으로 나타나는 단계들로서의 이데아들은 초시간적인 것이기에 그것들 사이의 연관도 초시간적으로 이미 정해져 있다고 할 수 있다. 흙과 식물들 사이의 초시간적인 연관성 때문에 나무가 등장하기 오래전에 흙은 시·공간적으로 이미 주어져 있었다. 그러나 이는 나무가 계속해서 번성할 것이라는 사실을 함축하지 않는다. 어느 정도 시간이 지나면 나무들은 죽어 없어질 것이지만 아마도 흙은 남아 있을 것이다. 따라서 쇼펜하우어에게 현상계는 이데아들의 초시간적인 질서를 영구히 반복하는 개체들의 물결에 지나지 않는다.[42]

이와 관련하여 쇼펜하우어는 헤겔처럼 우주의 생성 과정이나 역사에 목표가 있다고 생각하는 모든 철학을 부정하게 되며, 니체와 마찬가지로 일종의 영원회귀사상을 주장하게 된다. 모든 것은 이데아의 질서에 따라서 반복될 뿐이라는 것이다. 쇼펜하우어는 또한 니체와 마찬가지로 우주의 생성 과정과 역사에 목표가 있었다면 이미 지나간 시간이 영겁의 시간이었기에 충분히 실현되고도 남았을 것이라고 주장한다. 따라서 쇼펜하우어는 어떤 목표를 향해서 우주와 역사가 진행되는 도정에 있다는 사상은 이치에 맞지 않는다고 본다.

---

41 쇼펜하우어, 앞의 책, 728쪽 참조.
42 로버트 L. 윅스, 앞의 책, 170쪽 이하 참조.

2. 고통으로서의 세계[43]

물자체로서의 의지의 욕망은 무한하며 그것은 현상계에서 각 개체들에게 존재하는 무한한 욕망으로 나타난다. 이는 물자체로서의 의지는 분해 불가능한 일자인바, 그것이 각 개체들에게 나타날 때도 조금씩 나뉘어 나타나는 것이 아니라 전체로서 나타나기 때문이다. 따라서 각 개체들의 욕망도 물자체로서의 욕망과 마찬가지로 한정이 없다.[44]

쇼펜하우어는 이렇게 욕망이 끝이 없다는 사실을 인간에게서뿐 아니라 모든 자연현상에서도 볼 수 있다고 말한다. 중력은 끊임없이 아래로 끌어당기려 하며, 고체는 자신의 화학적 힘의 해방을 위해서 용해되거나 분해되어 액체가 되려고 한다. 그리고 액체는 끊임없이 기체가 되려고 한다. 식물 역시 씨앗에서 시작하여 꽃과 열매와 같은 보다 높은 형태를 통과하면서 다시 씨앗이 될 때까지 쉬지 않고 애쓰며 이를 무한히 반복한다.[45] 그런데 욕망은 결국 결핍감에서 비롯되는 것이기 때문에 욕망에 한이 없다는 것은 결핍감에 한이 없다는 것을 의미한다. 따라서 모든 개체는 한없는 결핍감에 시달리며 그러한 결핍감을 극복하기 위해서 끊임없이 노력할 수밖에 없게 된다. 이런 의미에서 개체들의 삶이란 한없는 결핍감에 시달리면서 이를 채우기 위해서 끊임없이 노력해야 하는 삶이다.

---

43 이 부분은 졸고 「쇼펜하우어의 형이상학적 욕망론에 대한 고찰」(『철학사상』 36, 2010), 100~103쪽의 내용을 확대 심화한 것임을 밝혀 둔다.
44 그러나 다른 한편으로 쇼펜하우어는 인간의 욕망만이 밑 빠진 독처럼 무한하다고 말하는 경우도 있다. 사실상 인간 이외의 동물들은 본능적인 욕망만 충족되면 만족하는 반면에, 인간은 본능적인 욕망이 충족되는 경우에도 더 많은 것에 대한 욕망에 사로잡힐 수 있다.
45 쇼펜하우어, 앞의 책, 739쪽 이하 참조.

고등동물과 인간처럼 지성을 갖는 개체에서 물자체로서의 의지는 두 측면으로, 즉 개체의 의지와 개체가 표상하는 세계로서 나타난다. 각 개체는 자신의 의지를 가장 실재적인 것으로 생각하면서 다른 개체들은 한갓 인과율에 의해서 지배되는 객체로 간주한다. 모든 개체는 무한한 세계에서 극히 보잘것없고 무와 같은 미미한 것이면서도 자신을 세계의 중심점으로 생각하는 것이다. 모든 개체는 이 점에서 자기중심적이고 이기적이라고 할 수 있다. 각 개체는 자신의 생존과 자신이 낳은 후손의 생존을 가장 중요한 것으로 보며, 다른 모든 개체를 이를 위한 수단으로 간주한다. 각 개체는 다른 개체들이 자신을 위해서 희생해도 된다고 보는 것이다.

　따라서 개체들은 자신들의 욕망을 충족시키기 위해서 서로 투쟁한다. 동물들은 식물들을 먹이로 삼고 인간 역시 다른 인간들을 지배함으로써 그들을 자신의 욕망을 충족시키는 수단으로 삼으려고 한다. 특히 인간은 가장 위험한 무기인 인식능력, 즉 이성을 가지고 자연을 자신의 욕망을 실현시키는 수단으로 만들려고 한다. 따라서 인간의 이성이야말로 인간이 저지르는 무수한 죄악의 원천이라고 할 수 있다. 인간은 다른 인간과 동물들 그리고 식물과 무기물을 자신을 위한 수단으로 만들기 위해 온갖 간계를 꾸민다. 과학과 기술도 사실은 인간이 자연을 지배하기 위한 교활한 술책에 지나지 않는다.

　이에 반해 우리가 식물을 무구한 존재로 보는 것은 그것이 인식할 능력을 가지고 있지 않기 때문이다. 인간뿐 아니라 동물도 인과관계에 대한 직관적인 인식을 통해서 자신의 생존을 꾀하려고 하지만, 식물은 그러한 인식능력을 전혀 갖고 있지 않은 것이다. 따라서 식물은 자신의 생존을 위해서 교활한 술책을 만들어 내지 않으며 이 점에서 순진무구하다. 우리가 식물을 볼 때 편안함을 느끼는 것은 식물의 이러한 순진무구함 때문이다.

쇼펜하우어는 개체들 사이의 투쟁을 무기물과 같은 자연의 가장 낮은 단계에서도 볼 수 있다고 말한다. 자력은 쇳덩어리를 탈취하려는 중력을 에워싼다. 왜냐하면 철은 중력을 갖기 때문이며, 이것은 마치 운동을 하려는 모든 물체가 자신을 방해하는 관성과 싸워야 하는 것과 마찬가지다. 이러한 투쟁은 중심 천체와 유성 사이에도 나타난다.[46] 유성은 중심 천체에 결정적으로 의존하고 있으면서도 그것에 저항한다. 이와 함께 구심력과 원심력의 부단한 긴장이 생긴다. 이러한 긴장이 우주의 운행을 유지시키고 있으며, 그러한 긴장도 자연 전체에 만연해 있는 투쟁을 표현하고 있다.

개체들 속에 나타나는 개별 의지는 자신에게 적대적인 개별 의지들을 파괴하는 방식으로 자신의 욕망을 무한하게 실현하려고 하면서 물자체로서의 의지를 실현한다. 이렇게 볼 때 현상계로서의 자연 전체는 개체들이 한없는 결핍감에 사로잡혀서 욕망에 쫓기면서 자신과 자기 종족의 존속을 위해서 서로 투쟁하는 거대한 싸움터다. 현상계는 난폭함과 고통으로 가득한 경기장 안에서 서로 경쟁하고 투쟁하고 몰락하고 순환하며 영원히 회귀하는 개체들로 이루어진 세계인 것이다.[47]

따라서 쇼펜하우어는 이 세계를 존재할 수 있는 세계 중 최악의 세계라고 보았다. 쇼펜하우어는 우리가 선입견에 사로잡히지 않고 냉정하게 세계를 고찰한다면 세계에 우연과 오류, 우둔과 악의가 판을 치고 있다는

---

46 쇼펜하우어, 앞의 책, 721쪽 참조.
47 로버트 L. 워스, 앞의 책, 33쪽 참조.

사실을 인식하게 될 것이라고 말하고 있다. 분별 있고 정직한 사람이라면 생애의 마지막 순간에 다시 한번 인생을 되풀이할 것을 희망하지 않을 것이다. 오히려 그는 완전한 무를 택하는 것이 낫다고 생각할 것이다.

우리가 살고 있는 이 세계가 이렇듯 존재할 수 있는 세계 중 최악의 세계라는 점에서 쇼펜하우어는 이 세계는 선한 신에 의해서 창조된 것이 아니라 차라리 악마의 작품과 같은 것으로 볼 수 있다고 말한다. 이점에서 우리는 쇼펜하우어의 철학을 전도(顚倒)된 신정론(神正論)이라고 부를 수 있다. 신정론이란, 세상에 악이 존재한다는 사실과 선한 신이 이 세계를 창조했다는 사실 사이의 모순을 해결하려는 신학적이고 형이상학적인 논변이다. 선한 신이 이 세계를 창조했기 때문에 이 세계에는 악이 존재할 수 없음에도 불구하고 실제로는 악이 존재한다는 모순을 그리스도교 신학자들과 그리스도교를 변호하는 형이상학자들은 여러 사변적인 논변을 통해서 해소하려고 했다.

이러한 논변들 대부분은 우리 인간의 유한한 눈으로 볼 때 악으로 보이는 것도 신의 눈으로 보면 선의 실현을 위해서 필요한 것이라는 의미에서 궁극적으로는 선한 것이라는 생각을 주요한 논지로 삼고 있다. 신정론을 전개한 대표적인 철학자인 라이프니츠는 이러한 논지에 입각하여 이 세계는 선한 신이 창조했기 때문에 존재할 수 있는 세계 중에서 가장 완전하고 선한 세계라고 보았다. 나중에 헤겔과 같은 사상가도 이 세계의 악과 고통을 '절대정신이 자신을 전개하는 과정에서 필수적인 것'으로 보면서 정당화하고 있다. 유한한 인간의 관점에서는 악과 고통으로 보이는 것도 절대정신의 관점에서 보면 필수적인 것이라고 주장하고 있는 것이다.

쇼펜하우어는 이러한 신정론을 선하고 완전한 신이라는 허구적인 형이상학적 관념에 입각한 허위적인 이론으로 보면서, 이 세계를 가장 악한 세계라고 보았다. 이렇게 전통적인 신정론의 주장을 완전히 거꾸로 세우고 있다는 점에서 쇼펜하우어의 철학은 전도된 신정론이라고 할 수 있다.

그리스도교에서는 신이 각 개체들에 무한한 관심을 갖는다고 보는 반면에 쇼펜하우어는 물자체로서의 의지는 개체에게 아무런 관심도 없다고 본다. 물자체에게 각 개체란 결국은 자신을 나타내기 위한 계기에 지나지 않으며, 어떤 개체가 사멸해도 자신을 표현할 개체들은 넘쳐 나기 때문에 물자체는 개체들에 대해서 아무런 관심도 갖지 않는다. 자연 전체의 내적인 본질이 물자체로서의 생을 향한 의지이기 때문에 자연은 어떻게 해서든 인간과 동물이 번식하도록 한다. 자연에게 중요한 것은 종족의 보존일 뿐 개체는 문제가 되지 않는 것이다.

현상계에서 모든 개별자가 충족되지 않는 욕망에 사로잡혀 서로 투쟁하고 있다는 사실을 실마리로 하여 쇼펜하우어는 현상계의 근저에 있는 물자체로서의 근원적인 의지도 자체 내에서 불만과 고통에 시달린다고 보고 있다. 근원적인 의지 자체가 자기 자신에 대한 내적인 갈등과 투쟁과 대립으로 가득 차 있다는 것이다. 근원적 의지는 자기 자신에 대해서 분노한다. 따라서 그것은 자신을 현상계에서 표현할 때에도 개별 의지들 사이의 투쟁과 대립으로 표현할 수밖에 없다. 근원적 의지는 이렇게 현상계 내에서의 온갖 고통을 야기하지만, 이러한 고통도 자신의 표현이기 때문에 결국 고통을 받는 것도 그 자신이다. 쇼펜하우어의 염세주의는 궁극적으로는 우주의 근원마저도 자체 내에서 이렇게 서로 갈등하고 투쟁하면서 고통스러워하는 비합리적인 것으로 보는 관점에 근거하고 있다.

3. 고통으로서의 인생[48]

1) 가장 심하게 고통을 느끼는 동물로서의 인간

의지의 현상을 완전하게 구현한 존재일수록 고통도 더 예민하게 느끼게 된다. 예컨대, 식물은 아직 감성이 없어서 고통도 느끼지 못한다. 신경체계가 생겨야 고통을 느낄 수 있게 되며 또한 지능이 발달할수록 고통을 더욱 크게 느끼게 된다. 따라서 인간이 고통을 가장 크게 느끼며, 인간 중에서도 지능이 높고 인식능력이 발달한 인간일수록 고통을 더욱 심하게 느끼게 된다.[49] 이런 의미에서 쇼펜하우어는 천재야말로 가장 고통에 민감한 존재라고 하였다.

동물은 감각적 인식, 즉 직관적 표상만을 얻을 수 있는 지성밖에 갖고 있지 않기 때문에 현재의 감각에 동기를 갖는 행동을 한다. 예를 들어 동물은 불에 접하면 즉시 도망을 친다. 지성은 감성으로부터 인식을 위한 자료를 제공받지만 이러한 자료들에서는 현재에 얽매인 단순한 직관밖에는 생기지 않는 것이다.

다시 말해 짐승은 추상적인 인식능력을 결여하기 때문에 당장의 쾌락이나 고통에 따라서 행동하는 반면에, 인간은 추상적인 인식능력을 갖기 때문에 당장의 쾌락이나 고통에 따라서 행동하지 않고 이미 사라진 과거와 아직 오지 않은 미래를 생각하면서 행동한다. 예를 들어 인간들

---

48 이 부분은 졸고 「쇼펜하우어의 형이상학적 욕망론에 대한 고찰」(『철학사상』 36, 2010), 100~103쪽의 내용을 확대 심화한 것임을 밝혀 둔다.
49 쇼펜하우어, 앞의 책, 893쪽 참조.

은 미래의 희망적인 일을 생각하면서 현재의 결핍을 기쁘게 감수할 수 있다. 또한 짐승들은 죽을 때에야 죽음을 알지만 인간은 언제나 죽음에 대해서 고뇌할 수 있다.

그러나 인간은 이렇게 지성을 넘어서 이성을 갖기 때문에, 다시 말해서 현재의 사슬에서 벗어나 있기 때문에 동물보다도 더 큰 불안과 고통을 겪게 된다. 인간에게는 대부분의 고통이나 기쁨의 원인이 현재에 있는 것이 아니라 과거에 대한 기억이나 미래에 대한 불안 속에 있다. 사람들은 과거의 기분 나빴던 일 때문에 괴로워하거나 미래에 대한 불안 때문에 잠을 못 이룬다. 선생님에게 매를 맞고 있을 때의 고통보다 더 고통스러울 수 있는 것이 바로 매 맞을 차례를 기다리면서 두려움에 떠는 일이라는 사실은 누구나 한번쯤 경험했을 것이다.

바로 이러한 사실 때문에 "매도 먼저 맞는 것이 낫다"라는 말이 나온 것이며, 에픽테토스는 "인간을 불안하게 하는 것은 어떤 사건이 아니고 그 사건에 대한 생각"이라고 말하고 있다. 인간은 이성적 능력 때문에 경우에 따라서는 정신적 고통을 신체적 고통보다도 더 크게 느끼게 되는 것이다. 사람들이 종종 극심한 정신적 고통으로 인해 머리를 벽에 부딪치거나 자신을 때리는 등 자해를 하는 것은 신체적 고통을 통해서 정신적 고통에서 벗어나고 싶어 하기 때문이다.[50]

또한 인간은 과거나 미래를 생각할 수 있기 때문에, 현재의 평안과 기쁨을 과거에 경험했거나 미래에 경험하게 될 큰 기쁨과 비교하면서 사소한 것으로 간주한다. 따라서 인간은 지금 이 순간의 즐거움과 기쁨을 제대로 느끼지 못하는 경향이 있다. 인간은 현재의 고통을 과거의 즐거

---

50 쇼펜하우어, 앞의 책, 881쪽 참조.

웠던 시간과 미래에 기대되는 즐거움과 비교하면서 단순히 현재의 고통에만 빠져 있는 동물보다도 더 큰 고통을 느끼게 된다.

아울러 인간은 이성적인 인식능력으로 인해서 항상 남과 자신을 비교하게 되며, 이로 인해 더욱 큰 고통을 느끼게 된다. 다른 사람의 성공과 행복을 보면서 우리는 자신의 불행한 처지를 더욱 비참한 것으로 느끼게 되며, 타인의 불행한 처지를 보면서 자신의 처지를 흡족하게 생각한다. 바로 이러한 사실에서 '타인의 불행은 나의 행복'이라는 말이 생긴다.

이성 때문에 인간은 동물보다도 많은 물질적 풍요를 누리게 되었지만, 동물에 비해서 훨씬 더 고통에 민감하게 되었다. 따라서 인간이 만물의 영장이라 거들먹거린다 한들 고통을 느낄 수 있는 능력이 가장 예민하게 발달해 있는 동물에 지나지 않는다. 이러한 고통에서 벗어나기 위해서 인간은 끊임없이 자신의 처지를 개선해 왔지만, 인간의 욕망에는 한이 없기에 불만은 끝이 없다. 욕망은 항상 새로운 욕망을 불러일으킨다. 욕망은 아무리 충족되어도 항상 허기를 느낀다. 인간은 자신이 통제할 수 없는 욕망의 굴레 아래 있는 것이다.

만족감과 행복감은 항상 욕망에 기생한다. 그것은 독자적인 것이 아니라 욕망이 충족되는 과정에 불과하다. 따라서 욕망이 완전히 충족되고 나면 만족감과 행복감도 사라지기 시작한다. 예를 들어, 먹고 싶었던 음식을 먹을 때 우리가 느끼는 만족감과 행복감은 음식을 먹어 가며 잊히기 시작한다.

이렇게 만족과 행복은 욕망에 의존하는 소극적인 것이며 결코 적극적이지 않다. 욕망이 충족되지 않는 데서 오는 고통은 우리가 느낄 수 있는 적극적인 어떤 것이지만, 만족은 결핍과 고통의 부재를 의미할 뿐이다. 따라서 우리는 건강이나 물질적 풍요로움도 그것을 누리고 있는 동안에는 의식하지 못하며, 그것들을 잃었을 때에야 우리가 한때 그것들을 가졌었다는 사실을 의식하면서 아쉬워한다.

욕망이 신속하게 충족되는 상태가 행복이고, 늦게 충족되는 상태가 고통이다. 욕망과 만족 사이의 시간적 간격이 적당하면 이 둘 사이의 간격에서 생기는 고뇌가 최소한으로 줄어들면서 가장 행복한 삶을 누릴 수 있게 될 것 같다. 그러나 대부분의 욕망은 즉각적으로 채워지지 않고 그것이 채워지기 위해서는 많은 노고를 필요로 하는 반면에, 만족은 단지 다른 결핍이 느껴지기 전의 순간적인 중립상태에 불과하다.

이러한 중립상태가 조금만 더 지속되면, 그것은 생명을 굳게 만드는 무서운 권태, 일정한 대상이 없는 김빠진 동경, 숨 막히는 우울로 나타난다. 권태는 생존이 위협받는 고통스러운 상태인 기근만큼이나 인간의 삶을 가장 심각한 무질서의 상태로 몰고 갈 수 있다는 점에서 결코 경시할 수 없는 악이다. 사람들은 권태에서 벗어나기 위해서 사냥을 하면서 무고한 짐승들을 죽이고, 성적인 탐닉에 빠지면서 도덕적으로 타락하게 된다.

물질이 풍족하면 권태로 인해, 풍족하지 않으면 결핍감으로 인해 인간은 괴로워한다. 귀족의 고통은 권태이고 가난한 자들의 고통은 결핍감이다. 일요일은 지루하고 나머지 엿새는 고통스럽다. 죽어서 천국에 가 보았자 좋아질 것은 아무것도 없다. 천국은 권태가 지배할 것이기 때문이다. 이런 의미에서 인생은 충족되지 않는 욕망과 권태 사이에서 오락가락하는 시계추와 같다.[51]

---

51 쇼펜하우어, 앞의 책, 895쪽 참조.

만족과 행복은 결국 욕망에 기생하는 소극적인 것에 불과하기 때문에 영속적인 만족이나 행복은 있을 수 없고, 언제나 고통 또는 결핍에서 일시적으로 벗어난 상태에 불과하다. 그 후에는 새로운 고통이 생기거나 무기력, 헛된 갈망, 권태 등이 뒤따르게 된다. 모든 개인은 무한한 시간에 비하면 실로 보잘것없는 일순간 동안에만 생존을 유지하다가 다른 존재에게 장소를 양보하기 위해 사라져 버린다.

이런 의미에서 대다수의 사람에게 생은 결국은 필패(必敗)의 것이다. 사람들은 죽고 싶어 하지 않지만, 죽을 수밖에 없기 때문이다. 삶은 암초와 파도가 거센 바다와 같다. 인간은 어렵게 이 암초와 파도를 헤쳐나가면서 생명을 유지하지만 결국은 난파하여 죽음에 이른다. 사람들은 살아가면서 온갖 장애와 투쟁하지만 이 투쟁을 견디게 하는 것은 대개 삶에 대한 사랑이 아니라 죽음에 대한 공포다.

이런 맥락에서 쇼펜하우어는 삶을 희비극이라고 규정한다.[52] 사람들은 살아 있는 동안에는 자신이 흡사 세계의 중심인 것처럼, 자신들이 겪는 소소한 불행에 대해서도 세상이 무너진 것처럼 슬퍼하고, 소소한 행운에 대해서도 세상을 다 얻은 것처럼 기뻐 날뛴다. 그러나 인간 개개인의 삶이란 전체 자연의 입장에서 보면 물거품과 같은 것이다. 이 점에서 인간의 삶은 아무것도 아닌 사소한 것에 난리법석을 떠는 희극이라고 할 수 있다.

인간은 죽음에 임해서야 자신의 삶이 헛된 물거품과 같은 것이라는 사실을 깨닫고 절망한다. 결국 삶은 비극에 불과한 것이지만, 인간은 그것이 비극이라는 사실을 깨닫지 못하고 물거품 같은 것들에 집착하면

---

52 쇼펜하우어, 앞의 책, 907쪽 참조.

서 온갖 야단법석을 떠는 희극적인 존재이며 이 점에서 인생은 희비극이다.[53]

실상은 비극적인 인생을, 우리는 인생이 이따금 던져 주는 쾌락에 속아서 가끔은 웃으면서 살아갈 뿐이다. 사람들은 쇼펜하우어가 인생을 지나치게 비관적으로 그리고 있다고 비난했지만, 이러한 비난에 대해서 쇼펜하우어는 자신은 지옥과 같은 세계의 실상을 그리고 있을 뿐이라고 응수했다. 인간이 누구든, 무엇을 하든 간에 욕망에 사로잡혀 있는 한 인생의 본질적인 고통은 제거될 수 없다. 고통을 제거하려는 노력은 기껏해야 고통의 모습을 바꿀 수 있을 뿐이다. 생존을 위협하는 궁핍을 극복할 경우 인간은 이제 새로운 고통인 성욕, 질투, 증오, 불안, 병 등을 마주하게 된다. 만약 누군가가 이러한 형태의 고통들까지 제거하여 더 이상 고통이 나타날 수 없게 되면 인간은 의지의 마비상태인 권태에 빠지게 된다. 그리고 권태에서 벗어나기 위해 노력하면 결국 고통은 이전의 여러 모습들 중 하나로 다시 나타난다.

고통은 피할 수 없는 것이고 어떤 고통이 없어지면 다른 고통이 그 자리를 차지할 것이기 때문에, 개인에게는 각기 그 성격에 따라서 고통의 분량이 정해져 있다고 볼 수 있다. 예민한 사람일수록 많은 고통을 느끼고 덜 예민한 사람일수록 적은 고통을 느낀다. 즉 개인이 겪는 고통의 모습은 변해도 그 총량은 그 성격에 따라서 변할 수 없다. 따라서 우리의 고통이 외부에서 비롯되었다고 생각하는 것은 착각에 불과하다. 우리는 살아 있는 한, 다시 말해서 생을 향한 의지에 사로잡혀 있는 한 고통을 피할 수 없다.

---

53 쇼펜하우어, 앞의 책, 907쪽 참조.

근대는 역사가 진보한다는 신앙이 지배한 시대지만 쇼펜하우어는 이러한 시대의 한가운데에서 역사는 진보하지 않는다고 설파했다. 인류의 역사는 외면적인 형태는 바뀔지 몰라도 삶의 궁극적인 진실이 영원히 반복적으로 나타나는 순환 과정일 뿐이다. 인간들은 인류 역사의 어떤 순간에도 항상 자신들의 무한한 욕망을 채우기 위해서 끊임없이 서로 투쟁하고 갈등했을 뿐이다. 헤겔은 역사에는 궁극적인 목표가 있다고 보았지만, 쇼펜하우어가 보기에는 역사에는 아무런 목표도 의미도 없으며 채워지지 않는 욕망에 허덕거리는 인간들 간의 무의미한 투쟁과 갈등만이 존재한다.

2) 인생의 허망함

현상계에서 의지는 각 개체의 의지로서 나타난다. 개체는 언제나 무한한 공간과 무한한 시간 안의 유한한 부분 속에 존재하지만, 개체는 사실상 오직 현재에만 존재할 뿐이다. 더 나아가 현재는 끊임없이 과거가 되기 때문에, 현재에서의 개체의 현존도 과거 속으로 끊임없이 소멸해 간다. 시간에서 어떤 순간은 항상 선행하는 순간이 소멸되는 데서 비롯된다. 따라서 이미 지나간 과거는 물론이고, 아직 오지 않은 미래도 결국은 소멸해 갈 순간에 불과하다. 그것들은 끊임없이 일어났다가 사라지는 물거품처럼 허망한 것이다. 우리는 그나마 현재는 실재한다고 생각하지만, 현재는 과거와 미래를 분리시키는 연장(延長)도 지속(持續)도 없는 경계선에 지나지 않는다. 이런 의미에서 현재도 비실재적이다. 이는 시간 속에서 일어나는 우리의 인생도 비실재적이고 허망한 꿈과 같은 것임을 의미한다.[54]

시간과 마찬가지로 충분근거율의 네 가지 형태도 현상계의 모든 것이 상대적이고 허망한 존재에 불과할 뿐이라는 사실을 보여 준다. 쇼펜하우어는 시간과 공간상에서 일어나는 모든 것, 즉 모든 현상은 네 가지의 충분근거율에 의해서 규정된다고 말하고 있다. 충분근거율은 시간과 공간에서 일어나는 모든 물리적·심리적 사건이 성립될 수 있는 조건이 자신에 선행하는 원인이나 동기에 있으며, 그러한 원인과 동기가 사라지면 또한 사라지는 것이라는 점에서 일시적이고 상대적인 존재에 불과하다는 사실을 보여 준다.

쇼펜하우어는 이러한 사상은 이미 헤라클레이토스와 플라톤에서도 발견된다고 말하고 있다. 헤라클레이토스는 세계는 끊임없이 변화하는 강물과 같다고 한탄하였으며, 플라톤은 현상계의 사물은 언제나 생성할 뿐 영속하지 않는다고 보았다. 또한 쇼펜하우어는 현상계의 무상함은 옛 인도인들에 의해서 매우 철저하게 파악되었다고 본다. 인도인들에게 현상계는 존재한다고도 존재하지 않는다고도 말할 수 없는 세계이며 그들은 그것을 가리켜 영원한 실재를 가리는 마야의 베일이라고 부르고 있다. 그것은 꿈과 같은 것이며, 여행자가 멀리서 보고 물이라고 착각하는 모래 위의 햇살 같은 것이다.[55] 쇼펜하우어의 염세주의는 현상계에서 모든 것이 서로 투쟁하고 갈등한다는 사실에 근거할 뿐 아니라 모든 것의 허망함에 근거한다.

---

54 쇼펜하우어, 앞의 책, 565쪽 참조.
55 쇼펜하우어, 앞의 책, 565쪽 이하 참조.

3) 죽음의 극복

물자체로서의 '의지'와 '생을 향한 의지'는 같은 말이다. 왜냐하면 생이란 물자체로서의 의지가 표상에 나타난 것인바, 물자체로서의 의지는 언제나 생을 의욕한다고 볼 수밖에 없기 때문이다. 따라서 물자체로서의 의지에는 생이 필연적으로 수반된다. 물자체로서의 의지가 있는 한 생은 확실한 것이므로, 죽음에 직면하더라도 우리는 생존을 걱정할 필요는 없다.[56] 물론 개체로서의 우리는 죽음과 함께 소멸하지만, 개개인은 현상에 불과하고 개별화의 원리에 결박된 표상으로 존재하는 것에 불과하다. 물자체로서의 근원적인 의지는 개체의 생멸에 영향을 받지 않는다. 따라서 개인은 죽음을 통해서 생명을 빼앗기더라도 자신의 궁극적인 본질 자체인 물자체로서의 의지가 종말을 맞는 것은 아니다. 생은 일종의 꿈이며, 죽음은 꿈에서 깨어나는 것이다. 개인의 생은 꿈꾸는 의식에 해당된다. 죽음이란 우리에게 새롭고 낯선 상태로 이행하는 것이 아니라, 꿈에서 깨어나 우리가 본래 존재하던 상태로 되돌아가는 것이다.

개체의 출생과 사망은 물자체로서의 의지가 나타난 자연 전체의 생에 속하는 것이다. 개체의 탄생과 죽음은 자연 전체의 생에 필수적이고 본질적인 것이다. 탄생은 물질이 어떤 새로운 형태를 취하는 것에 불과하다. 따라서 개체들의 지속적인 양육과 재생산은 탄생의 한 형태이고, 물질이 해체되는 과정인 분비 역시 죽음의 한 형태이다. 우리가 신체 밖으로 배출하는 물질을 아까워하지 않는 것을 고려한다면, 개체의 죽음도

---

56 쇼펜하우어, 앞의 책, 854쪽 참조.

더 높은 차원에서 이루어지는 일종의 분비에 불과하기 때문에 두려워할 필요가 없다. 개체의 생은 사라지지만 세계 전체로서의 생은 그러한 개체의 죽음을 바탕으로 하여 계속된다.

동물은 죽음 앞에서도 두려워하지 않으며, 자신은 자연 자체이고 자연과 같이 불멸한다는 의식을 가지고 살아간다. 오직 추상적인 사유능력인 이성을 갖는 인간만이 미래를 미리 생각하면서 자신이 언젠가는 죽을 것이 확실하다고 생각하지만, 인간에게도 이러한 죽음의 확실성은 매우 드물게 나타난다. 인간 역시 자신이 자연이며 세계라는 내적인 확신을 갖고 있기 때문에, 대개의 경우 죽음을 의식하지 않고 영원히 살 것처럼 살아간다. 이런 의미에서 죽음의 확실성을 생생하게 의식하고 있는 사람은 아무도 없다고도 말할 수 있다. 왜냐하면 그런 사람의 기분과 사형 집행일이 정해진 죄수의 기분은 다를 바가 없을 것이기 때문이다. 인간은 비록 자신의 죽음이 확실하다고 추상적으로는 인식하고 있지만, 그것을 생생하게 의식하지는 않는 것이다.

물자체로서의 의지에는 소멸도 없다. 그러나 이는 개인의 영혼이 불멸한다는 것과는 다르다. 왜냐하면 영혼불멸설은 개인이 죽은 뒤에도 시간 속에서 계속해서 존속할 수 있다고 주장하는 것에 반해, 물자체로서의 의지는 시간 밖에 존재하기 때문이다. 시간 속에서 나타나는 개별적인 현존을 넘어선 물자체에게는 존속이나 멸망은 아무런 의미도 없다. 따라서 우리의 본래적인 본질인 물자체로서의 근원적 의지에 대해서는 존속이나 소멸이라는 말도 쓸 수 없다. 물자체는 시간과는 무관하므로 존속한다고도 말할 수 없는 것이다. 인간은 누구나 현상으로서는 덧없는 존재이지만, 물자체로서는 초시간적이고 무한한 존재이다. 물자체는 실을 무한히 늘어놓듯 과거에서 미래로 계속해서 이어져서 존재하는 것이 아니라 영원한 현재로서 존재한다.

그러나 우리가 이러한 사실을 의식하더라도 죽음에 대한 불안과 어떻게 해서든지 죽음을 피하려는 욕망은 사라지지 않는다. 죽음이 임박해 오면 인간은 죽음을 개체로서의 자신이 종말을 맞이하는 것으로 인식하지 않을 수 없다. 우리가 두려워하는 것은 죽을 때 느낄 수 있는 고통이 아니라 개체의 소멸이다. 개체는 생에 대한 의지가 개별적으로 객관화된 것이고, 이러한 개체는 자신에게 주어진 생을 무조건적으로 영속시키고 싶어 하기 때문에 개체는 죽음에 저항할 수밖에 없다.

쇼펜하우어는 죽음에 대한 두려움은 이성적인 반성이 죽음에 대한 직접적 감정을 지배함에 따라 극복될 것이라고 본다. 우리가 개체로서의 자신은 환상이었다는 사실을 인식하고 물자체로서의 자신은 영원하다는 사실을 이성적인 반성에 의해서 통찰할 때, 우리는 죽음에 대한 두려움에서 벗어날 수 있다는 것이다.

4) 자살에 대한 부정

쇼펜하우어는 자살을 생을 향한 의지를 부정하는 것이 아니라, 생을 향한 의지를 강하게 긍정하는 것이라고 본다. 자살은 사실 자신이 현재 느끼는 고통이 없다면 어떻게든 살고 싶어 하는 사람이 그 고통을 견디기 어려워서 택하는 행위다. 자살하는 사람은 자신이 느끼고 있는 고통을 초래한 어떤 곤경에 불만을 품었을 뿐 삶 자체에 불만을 품으면서 그것을 부정하는 것은 아니다. 오히려 그는 간절히 살고 싶어 한다. 따라서 자살하는 자는 개체로서의 자신의 생명을 끊을 뿐이지 생을 향한 의지를 부정하는 것은 아니다. 자살은 현상적인 신체를 파괴할 뿐 의지 자

체를 파괴하지는 못하는 것이다.[57]

사람들이 자살을 한 후에는 개인적인 고통에서 해방될 것이라고 생각하는 것도 오해다. 죽음 후에는 위로를 느낄 수 있는 의식조차 이미 존재하지 않기 때문이다. 죽음과 함께 의식은 사라지지만 의식을 낳았던 의지도 함께 없어지는 것은 아니다. 의식은 지성과 이성에 의존하고, 지성과 이성은 뇌에 의존한다. 지성과 이성이 객관적으로 나타난 것이 뇌다. 의식이 지성과 이성에 의존하고, 지성과 이성은 뇌에 의존하기 때문에 죽음과 함께 뇌의 작동이 끝나고 의식이 없어진다는 것은 의심할 여지가 없다. 플라톤은 지성과 이성을 중시하여 인간이 죽어도 그 둘은 죽지 않는다고 본 반면에, 쇼펜하우어는 의지야말로 인간이 죽어도 죽지 않고 남아 있다고 본다.[58]

쇼펜하우어는 삶의 고통을 종식하기 위한 궁극적인 해결책으로 자살이 아니라 의지의 부정을 주창한다. 쇼펜하우어가 주창하는 의지의 부정은 고통을 피하는 데에 있지 않고 의지의 만족을 피하는 데에 있다. 의지를 극복할 수 있는 유일한 방법은 의지를 의지 자체에 대해서 적대적으로 만드는 것이다. 이것은 욕망을 버리는 것을 의미한다. 의지는 권력이나 힘으로는 파괴될 수 없지만, 의지가 모든 고통의 원인이라는 사실을 인식하면서 의지의 움직임에 영향받지 않는 것에 의해서 부정될 수는 있다.

자살이 고통을 견딜 수 없어서 행해지는 것인 반면에, 의지의 부정은 물자체로서의 의지의 본질에 대한 통찰에 입각해 있다. 이런 맥락에서

---

57 쇼펜하우어, 앞의 책, 992쪽 참조.
58 박범수, 『쇼펜하우어의 생애와 사상』, 형설출판사, 1984, 191쪽 참조.

쇼펜하우어는 오직 하나의 특별한 형태의 자살만을 긍정한다. 그것은 고도의 금욕에 의한 자발적 아사(餓死)다.[59] 의지의 완전한 부정은 생을 향한 의지가 체화(體化)되어 있는 신체의 가장 기본적인 욕구인 식욕을 충족시키는 것을 거부함으로써 그 절정에 달한다. 이에 반해 자살은 계획적으로 삶의 고통을 줄이려는 시도일 뿐이며, 고통을 줄이려는 시도는 이미 생을 향한 의지를 긍정하는 것이다.

4. 예지적 성격과 자유의지의 부정[60]

1) 예지적 성격

우리는 흔히 자신을 자유롭게 생각하고 행동하는 주체라고 여긴다. 그러나 쇼펜하우어는 우리의 생각과 행동은 각자가 타고난 성격에 의해서 규정되고 있다고 본다. 다혈질적인 성격을 타고난 사람은 외부 자극에 쉬이 흥분하는 방식으로 생각하고 행동한다. 이에 반해 느긋한 성격을 타고난 사람은 매사에 흥분하지 않고 느긋하게 생각하고 행동한다. 이렇게 우리가 이미 타고난 성격을 쇼펜하우어는 '예지적 성격'이라고 부른다. 이러한 예지적 성격은 물자체로서의 의지의 직접적인 표현이며 이 점에서 이데아와 같다고 할 수 있다.

---

59 쇼펜하우어, 앞의 책, 994쪽 이하 참조.

60 이 부분은 졸고 「쇼펜하우어의 형이상학적 욕망론에 대한 고찰」(『철학사상』 36, 2010), 98~99쪽의 내용을 확대 심화한 것임을 밝혀 둔다.

우리의 생각과 행동은 궁극적으로는 예지적 성격에 의해서 규정되지만, 이 예지적 성격은 그러한 생각과 행동 속에서 직접적으로 나타나지 않는다. 예지적인 성격은 물자체의 차원에서 결정되는 반면 우리의 생각과 행동은 시간 속에서 펼쳐지기 때문에 예지적 성격도 시간 속에서는 그러한 생각과 행동을 통해서 간접적으로 나타날 수밖에 없다. 예지적 성격이 시간과 공간 및 충분근거율의 형식 속에서 펼쳐질 때 그것은 우리가 경험할 수 있는 성격, 즉 경험적 성격이 된다.[61] 경험적 성격이란 장기간에 걸친 우리의 일련의 생각들과 행동들 속에서 보이는 일관된 성향이다. 이러한 경험적 성격을 통해서 우리는 자신의 예지적 성격이 어떤 것인지를 추측할 수 있다.[62]

식물과 동물 그리고 무기물도 외부 자극에 반응하는 특정한 방식을 갖고 있다는 점에서, 우리는 인간뿐 아니라 식물과 동물, 심지어 무기물도 나름대로의 성격을 갖는다고 볼 수 있다. 그러나 무기물의 경우는 물론이고 식물이나 동물의 경우에도 종에 따라서 성격적인 차이를 보일 뿐이며 개체들은 큰 성격적인 차이를 보이지 않는다. 다시 말해서 금속과 같은 무기물의 경우 철이나 구리와 같이 동일한 종의 금속들은 동일한 원인에 대해서 똑같이 작용하고, 식물의 경우에도 동일한 종의 식물들은 동일한 자극에 대해서 똑같이 반응하며, 동물의 경우에도 동일한 종의 동물들은 동일한 동기에 대해서 거의 똑같이 행위한다.

이에 반해 인간의 경우에는 각 개인마다 동일한 동기에 대해서 서로 다르게 행위하며, 경우에 따라서는 서로 정반대로 행위하기까지 한다.[63]

---

61 쇼펜하우어, 앞의 책, 870쪽 참조.
62 쇼펜하우어, 앞의 책, 884쪽 이하 참조.

먹을 것이 없어서 굶주리는 상황에서 어떤 사람은 먹을 것을 훔칠 수도 있지만 어떤 사람은 구걸에 나설 수 있다. 인간들은 각자가 고유한 성격을 가지며, 개인들의 성격상의 차이는 얼굴을 비롯한 신체에서의 차이로까지 나타난다. 이 점에서 우리는 물자체로서의 의지가 보다 높은 단계에 이를수록 각 개체들의 개성이 현저하게 나타나게 된다고 할 수 있다.

이와 같이 인간은 인류 일반으로서의 종적인 성격 외에 전적으로 개인적인 성격을 가지고 있는바, 이런 의미에서 개인들의 타고난 성격 자체가 일종의 이데아라고 볼 수 있다. 다시 말해 물자체로서의 근원적인 의지의 직접적 객관화라고 볼 수 있는 것이다. 그것이 이데아에 해당되는 한 그것에는 충분근거율이 적용될 수 없다. 따라서 우리는 어떤 개인이 왜 그러한 성격을 갖게 되었는지를 알 수 없다. 이와 관련하여 윅스는 이렇게 말하고 있다.

"사람의 성격이 왜 애초에 그러한지는 과학에게 미스터리로 남는다. 사람들의 성격은 화학 원소들의 기본적 특성이 그러하듯 아무런 원인도 없이 세계에 나타난다."[64]

쇼펜하우어는 인간이 이렇게 각기 다른 성격을 갖고 있기 때문에 성욕도 동물과 다른 방식으로 충족시키게 된다고 말하고 있다. 동물의 경우에는 상대방을 선택하지 않고 성욕을 충족시키지만, 인간은 상대방을 까다롭게 선택한다. 그러나 이것은 본능적으로 이루어지며 엄청난 격정

---

63 쇼펜하우어, 앞의 책, 687쪽 이하 참조.
64 로버트 L. 윅스, 앞의 책, 113쪽.

으로까지 치닫기도 한다. 이는 동물에게는 개성이 부족한 반면에, 인간에서는 모든 인간이 고유한 이데아로 간주될 수 있기 때문이다.[65]

이와 관련하여 쇼펜하우어는 인간의 개별성은 시간과 공간이라는 개별화의 원리에만 근거하지는 않는다고 말하고 있다. 따라서 그것이 단순한 현상만은 아니라고 본다. 오히려 개별성은 물자체에, 즉 개별자의 예지적 성격에 근거한다. 쇼펜하우어는 우리가 아무리 나이를 먹더라도 어린 시절의 우리와 현재의 우리가 전적으로 동일하다고 느끼는 것은, 흔히 생각하는 것처럼 기억 때문이 아니라 우리의 성격이 동일하게 유지되기 때문이라고 본다. 이러한 성격은 물자체에 속해 있기 때문에 시간에 따라서 변하지 않으며 성격 그 자체는 과거나 현재나 항상 동일하다. 우리는 인식의 주관, 즉 인식하는 나를 우리의 진정한 자아로 생각하지만, 우리의 진정한 자아는 사실 의식이 잠들어 있어도 잠들지 않는 우리의 성격이다.

이와 관련하여 쇼펜하우어는 우리가 의식적인 차원에서 경험할 수 있는 의지와 물자체로서의 의지를 서로 구별한다. 이러한 물자체로서의 의지는 각 개인에서는 예지적 성격으로 나타난다. 물자체로서의 의지는 맹목적으로 움직이고, 경험적인 의지는 맹목적으로 움직이는 의지가 나의 마음에 드러난 것이다. 경험적 의지는 항상 어떤 동기와 연관되어 발동한다. 우리가 동기를 의식하지 못할지라도 동기 없는 행위는 없다. 그러나 이 동기는 내가 이 시간, 이 장소, 이 상황에서 무엇을 할 것인가를 결정하는 것이지, 나의 삶의 방식 전체를 결정하는 것은 아니다. 따라서 동일한 동기가 존재한다고 하여 사람들이 똑같이 행동하는 것은 아니

---

65 쇼펜하우어, 앞의 책, 702쪽 이하 참조.

다. 이는 사람마다 각기 다른 성격을 갖기 때문이다. 이러한 성격 자체는 물자체로서의 근원적 의지의 직접적 표현이다. 동기는 이러한 근원적 의지가 나타나는 기회를 제공하는 것에 불과하다. 성격은 지성에 의해서가 아니라 의지에 의해 형성되기 때문에 지성은 성격에 대해서 무력하며, 사람들은 일생 동안 같은 성격 아래 사유하고 행동한다.

우리의 모든 생각과 행동의 동기는 예지적 성격이 나타나는 계기일 뿐이다. 이런 의미에서 쇼펜하우어는 모든 원인이 이데아가 나타나는 기회를 제공할 뿐이라는 사실은 인간의 경우에도 타당하다고 본다. 쇠가 자석에 닿았을 때 쇠는 자석에 깃들어 있던 이데아로서의 자력이 발동되는 기회가 될 뿐이지 자력 자체를 낳는 것은 아니다. 이와 마찬가지로 어떤 행위의 동기는 인간의 예지적 성격을 규정하지 않고 이 성격에서 비롯되는 현상인 행위를 규정할 뿐이다. 앞에서 예를 든 것처럼 어떤 사람이 배가 고파서 먹을 것을 욕구하는 것은 구걸하거나 강도 짓을 하게 하는 행위의 동기는 되겠지만 그렇게 구걸이나 강도 짓으로 표현되는 성격 자체를 낳는 것은 아닌 것이다.

다시 말해 어떤 사람이 비굴한 성격이나 공격적인 성격을 갖고 있다는 것은 어떤 동기나 교육 및 설교와 같은 외적 영향에 의한 것이 아니기 때문에 이것들에 의해서는 설명될 수 없다. 그것은 각자가 타고난 성격에 의해서 규정되는 것이다. 우리의 모든 생각과 행동이 이렇게 타고난 성격에 의해서 규정되어 있기 때문에 우리가 어떤 개인의 부도덕한 행위를 비난할 때 우리는 그 개인의 특정한 행동을 비난하는 것이 아니라 사실은 그의 성격을 비난한다. 이렇게 어떤 사람의 성격을 비난할 경우에 우리는 그 사람이 현상의 배후에서 자신의 모든 행동을 유발시키는 예지적인 성격에 대해서 책임질 수밖에 없다고 주장하는 셈이다. 따라서 쇼펜하우어는 경험적인 영역에서의 자유는 인정하지 않지만 예지적 차원에서의 자유는 인정하는 셈이다. 그러나 이렇게 예지적인 차원에서의 자유를 인정한다는 것이 무엇인지, 그리고 예지적 차원에서의 자유를 어떻게 실현할 수 있는지에 대해서는 분명히 언급하고 있지 않다.

2) 자유의지의 부정

쇼펜하우어는 현상계의 모든 것은 충분근거율의 지배를 받는다고 보면서 근거를 원인과 자극 그리고 동기로 구별하고 있다. 원인은 무기물계를 지배하는 것으로서 이 경우 작용과 반작용은 서로 동일하며, 결과의 정도가 원인의 정도에 의해서 측정될 수 있고 그 역도 성립한다. 자극은 식물계와 동물계의 식물적 부분의 변화를 지배하는 것으로서 여기서는 작용과 반작용이 서로 다르며 따라서 원인의 강도에 결과의 강도가 반드시 따르는 것은 아니다.[66] 예를 들어 모든 장미는 태양의 자극을 받고 성장하지만 그렇다고 해서 동일하게 성장하지는 않는 것이다.

근거의 세 번째 형식인 동기는 동물과 인간의 행동을 지배한다. 우리는 어떤 대상에 대한 표상 내지 인식에 입각하여 행동한다. 예를 들어 배가 고파서 음식을 먹을 때, 우리는 그 음식이 허기를 채워 주는 것이라는 사실을 인식한다. 이 경우 허기를 채워 주는 것으로 표상되는 음식은 먹는 행위의 동기가 되는 것이다. 동기의 매체는 이와 같이 표상 내지 인식이므로 자연히 지성이 요구된다. 인식, 즉 표상이 없어지면 동

---

66 쇼펜하우어, 앞의 책, 683쪽 이하 참조.

기에 의한 운동도 역시 사라지며 그때에는 자극에 의한 운동, 즉 식물적 생활만이 남게 된다. 자극에 따르는 작용은 즉각적이지 않은 반면에 동기에 따르는 작용은 즉각적으로 이루어진다. 식물이 햇빛의 자극을 받았을 때 그것에 대한 반응이라고 할 수 있는 성장은 서서히 이루어지는 반면에, 동물이나 인간이 굶주릴 때 음식을 발견하면 즉각적으로 반응하는 것이다.

동기의 작용은 자극의 작용과는 달라서 동기가 인식되기만 하면 되므로 동기가 되는 것이 지속적으로 존재하거나 근접해 있을 필요는 없으며, 우리가 지각할 수 있는 것일 필요도 없다. 예를 들어 우리는 미래의 성공을 위해서 열심히 공부할 수 있으며, 어떤 종교적 신조나 정치적 이념 때문에 어떤 행동을 할 수 있는 것이다. 그러나 아무리 동기가 고상하게 보이더라도 직접적으로든 간접적으로든 자기보존이나 종족보존에 기여하는 것만이 동기가 될 수 있다. 자신의 행위의 동기를 그러한 것이 아닌 보다 고상한 목표에 기여하는 것으로 보는 것은 모두 착각에 지나지 않는다.

그런데 앞에서 보았듯이 쇼펜하우어는 사람들은 서로 다른 성격을 가지고 있기 때문에 동일한 동기로 인해서 사람들이 모두 동일하게 행동하는 것은 아니라고 말하고 있다.[67] 앞에서 예를 들었듯이, 어떤 사람은 배가 고플 때 먹을 것을 보고 훔칠 수도 있지만 어떤 사람은 구걸할 수도 있다. 동기는 다만 주어진 시점에서 나타나는 욕망의 대상에 대한 표상에 지나지 않으며, 이러한 동기에 성격이 함께 작용하면서 사람들의 행동방식이 결정된다. 따라서 쇼펜하우어는 우리가 어떤 사람의 성격과

---

67 쇼펜하우어, 앞의 책, 687쪽 참조.

동기를 정확히 알면 그 사람이 어떤 상황에서 어떻게 행동할지를 정확하게 예견할 수 있다고 본다. 즉 쇼펜하우어는 우리가 타고난 성격의 지배를 받지 않고 순전히 이성적인 결단에 의해서 자유롭게 행동할 수 있다는 사실을 부정한다.

이와 함께 쇼펜하우어는 자유의지를 부정한다. 예지적 성격은 아무런 근거도 없이 정해지기 때문에 자유롭지만, 우리의 구체적인 행동은 성격과 그때마다의 동기에 의해 정해져 있다는 의미에서 필연적이다. 이는 무기물의 운동이 자연법칙과 그때마다의 원인에 의해서 규정되기 때문에 필연적인 성격을 갖는 것과 마찬가지다.

우리는 흔히 스스로 자유롭게 생각하고 행동한다고 생각하지만, 이는 착각에 불과하다. 이러한 착각은 지성이 예지적 성격, 즉 물자체로서의 의지가 어떤 식으로 우리의 생각과 행동을 결정하는지를 미리 알 수 없고, 이러한 생각과 행동이 이루어진 후에야 알게 된다는 사실에서 비롯된다. 따라서 지성은 우리의 의지가 상반되는 두 가지 결정을 모두 내릴 수 있는 것처럼 생각한다. 즉 우리는 며칠을 굶은 상황에서 강도 짓을 하거나 구걸에 나설 수도 있는 자유를 갖고 있다고 생각하는 것이다.

사람들은 지성이 우리에게 유리하다고 판단하는 것을 우리의 의지가 따른다고 본다. 그러나 쇼펜하우어는 지성이 무엇을 우리에게 유리한 것으로 생각하는지부터가 이미 우리의 예지적 성격에 의해서, 즉 물자체로서의 의지에 의해서 정해진다고 본다. 성격은 지성에 의해서가 아니라 물자체로서의 의지에 의해 형성되었기 때문에, 지성은 성격에 대해서 무력하며 사람들은 일생 동안 같은 성격 아래 사유하고 행동한다.

예지적 성격은 물자체이기 때문에 시간의 지배를 받지 않는다. 따라서 인간의 성격은 변하지 않는다. 다만 인간의 행동 양식은 변할 수 있는데, 이는 인간의 인식이 변하기 때문이다. 나이가 들면서 지성이 발달하게 되면 우리는 우리가 의욕하는 것을 구현하는 보다 정교한 수단을 강구할 수 있다. 예를 들어서 며칠 굶은 후 구걸의 길에 나선 사람은 구걸에 익숙해지면서 구걸하는 방법을 보다 정교하게 만들 수 있으며, 도둑질의 길에 나선 사람도 도둑질에 익숙해지면서 절도 기술을 정교하게 개발할 수 있다.

쇼펜하우어는 후회도 우리의 성격이 변화해서가 아니라 인식이 변화하기 때문에 생긴다고 본다. 후회는 우리가 자신의 성격을 잘 모르고 성격에 맞지 않게 행동한 후에 일어나는 것이다.[68] 예를 들어 인색한 성격의 사람이 순간적인 호기(豪氣)나 남들의 부추김으로 큰돈을 기부하고 나서 후회할 수 있다. 이때 그는 자신의 성격을 무시하고 행동했기에 후회하게 되는 것이다.

우리는 자신의 타고난 성격, 즉 예지적 성격을 인식하려고 해야 한다. 이를 위해서는 많은 경험과 시행착오가 필요하다. 우리는 예지적 성격을 오직 시간, 공간, 충분근거율에 따르는 생각과 행동의 연쇄로부터 추측할 수밖에 없다. 즉 행위들은 예지적 성격의 모사이고 물자체로서의 의지의 반영이기에, 우리는 행위들을 관찰함으로써 가장 내면적인 자기를, 즉 물자체로서의 의지를 인식하는 것이다. 우리가 우리의 성격에 대한 올바른 인식에 따라 행동할 때, 그러한 성격을 쇼펜하우어는 '획득 성격'이라고 부른다.[69] 이러한 획득 성격에 따라서 사는 사람은 자신의 개성을 최대한 올바르게 알아낸 사람이기 때문에, 자신의 변덕스러운 기

---

68 쇼펜하우어, 앞의 책, 878쪽 이하 참조.
69 쇼펜하우어, 앞의 책, 885쪽 이하 참조.

분이나 외부의 부추김 등으로 인해서 자신의 성격과 배치되는 행동을 하지 않을 수 있다. 그는 이러한 획득 성격에 입각하여 완전히 자기 자신으로 살게 됨으로써 후회 없는 삶을 살 수 있다.

쇼펜하우어는 성격을 고치려고 하는 것은 '자신의 기질에 구현된 의지를 거스르려는 의지'를 행사하는 것이라고 본다. 다시 말해서 그것은 의지가 스스로에 대해서 모순된 행위를 하는 것이다. 따라서 자신의 성격을 알고 자신의 한계를 인정하는 것이 자신에 대한 만족에 도달하는 가장 확실한 방법이다.

5. 고통으로부터의 출구[70]

1) 의지에 의한 예속상태에서 벗어날 가능성

그런데 현상계의 근원인 물자체로서의 의지가 끊임없는 결핍감에 시달리고 있고 이에 따라서 자체 내에서 갈등과 모순을 겪고 있다면, 우리는 어떻게 고통에서 벗어날 수 있는가? 전통적으로 욕망을 통제하는 능력으로 알려진 이성도 결국 의지에서 비롯되고 의지의 도구에 지나지 않는다면, 우리를 고통에서 구할 수 있는 것은 아무것도 없지 않은가? 쇼펜하우어 철학에서는 그렇다고 해서 인격신에게 호소할 길도 애초부터 봉쇄되어 있다.

---

70 이 부분은 졸고 「쇼펜하우어의 형이상학적 욕망론에 대한 고찰」(『철학사상』 36, 2010), 103~107쪽의 내용을 확대 심화한 것임을 밝혀 둔다.

그럼에도 쇼펜하우어는 우리가 고통에서 벗어날 길이 있다고 보았다. 필자가 보기에는 바로 여기에 쇼펜하우어 체계의 가장 큰 모순이 존재한다. 적어도 물자체로서의 의지가 현상계 전체의 근원이고 모든 것이 그것에서 비롯된다면, 쇼펜하우어의 사상체계에서 고통으로부터 벗어날 길은 전혀 없다고 생각된다. 그러나 쇼펜하우어는 이성은 기본적으로 의지의 지배를 받지만 그럼에도 불구하고 의지를 통제하고 더 나아가 의지를 부정할 수 있다고 말하고 있다. 인간은 욕망에 사로잡힌 존재이지만, 그러한 욕망에서 벗어난 순수한 인식의 주체가 될 수도 있다고 보는 것이다.

모든 것을 인식하면서 다른 어떠한 것에 의해서도 인식되지 않는 것이 인식의 주체로서의 '주관'이다. 내가 주관을 객관화하여 인식하려고 할 경우 이렇게 객관화된 주관은 이미 주관 자체가 아니다. 다시 말해 누구나 주관으로서 존재하지만 그것은 그 사람이 인식할 경우에 그런 것이며, 그 사람이 인식의 대상이 되었을 경우에는 그렇지 않다. 주관이 인식될 경우에도 그것은 욕망하는 자로서만 인식되며 인식하는 자로서는 인식되지 않는다. 표상하는 자아, 즉 인식주관은 칸트가 말하는 것처럼 모든 표상에 필연적으로 동반되는 것이며 결코 그 자체가 표상이나 객체가 될 수 없기 때문이다.

인식의 주체로서의 우리는 객체가 아니기에 인식될 수 없으며, 따라서 근거율의 지배를 벗어나 있다. 근거율은 우리가 인식의 주체로서 우리에게 주어져 있는 감각자료를 통합하여 객체로서 객관화하는 사유형식이기 때문에 그것은 객체에 적용될 뿐 인식의 주체에게는 적용될 수 없다. 물론 우리는 우리 내면에서 시간적으로 잇달아 일어나는 욕망이나 정서 등을 경험하며 그것들의 작용법칙을 파악할 수 있다. 그것들은 분명히 근거율의 지배 아래 존재한다. 그러나 이것들의 작용법칙을 파악하는 주관은 근거율의 지배에서 벗어나 있다.

또한 모든 것을 인식하면서도 어떤 것에 의해서도 결코 인식되지 않는 주관은 시간과 공간 속에 존재하지 않는다. 그것은 모든 시간과 모든 공간을 떠올릴 수 있기 때문이다. 그것이 특정한 시간과 공간 속에 존재한다면 모든 시간과 공간을 표상할 수 없을 것이다. 이렇게 인식주관으로서의 인간, 다시 말해 이성이 근거율과 시간과 공간의 지배에서 벗어나 있다는 사실은 이성이 현상계로부터 벗어날 수 있는 능력을 가지고 있음을 시사한다.

물론 쇼펜하우어는 우리의 이성은 객관화될 수 없음에도 불구하고 의지의 도구로 기능한다고 보고 있다. 그것은 의지의 명령에 따라서 현상들의 작용법칙을 파악하면서 이것을 이용하여 의지가 자신의 의도를 관철할 수 있도록 도와준다. 그러나 이성이 그럼에도 불구하고 인간의 감정과 의지의 작용까지도 객관화하여 고찰할 수 있다는 것은 그것이 의지에 대해서도 거리를 취할 능력을 가지고 있다는 것을 의미한다.

앞서 언급했듯이, 쇼펜하우어는 우리가 살고 있는 현상계에는 자유가 없다고 보았다. 그는 현상계에서 일어나는 인간의 모든 생각과 행동은 성격과 동기에 의해서 필연적으로 규정되어 있다고 보았다. 그런데 쇼펜하우어는 이제 우리는 이성을 통해서 이러한 필연의 세계에서 벗어날 수 있다고 본다. 인간은 현재의 인상에만 매여 있는 동물들과는 달리 이성적인 사유를 통해서 욕망에 의해 지배되는 현상계의 삶과는 다른 자유로운 삶을 상상할 수 있다. 이러한 자유로운 삶에 대한 표상은 경험적인 것이 아니라 추상적인 것이다. 짐승에게는 직관적 표상만 있고 추상적 표상은 없기 때문에 그들은 자유로울 수 없다. 동물의 세계는 필연의 왕국일 뿐이다.

쇼펜하우어는 이성이 의지에 예속되어 있는 상태에서 벗어날 수 있다는 사실은 이성이 때때로 의지의 명령에 대해서 보이는 냉담한 반응에서도 확인해 볼 수 있다고 말하고 있다. 예를 들어, 우리의 의지는 어떤 것에 집중하고 싶어 하지만 우리의 이성이 잘 따라 주지 않을 때가 있다. 그러다가 어느 날 갑자기 의지가 갖고 싶어 했던 좋은 생각이 우리의 이성에 떠오를 수 있다. 쇼펜하우어는 이성은 이렇게 의지에 무조건적으로 복종하지 않는 것을 넘어서 의지를 지배하는 것으로 이행할 수 있다고 보고 있다. 이와 함께 쇼펜하우어는 우리가 이성에 의해 삶을 불행에서 기쁨으로 바꿀 수 있는 여러 가지 방법들을 제시하고 있다.

즉 쇼펜하우어는 한편으로는 삶 자체가 고통이라고 말하기도 하지만, 사실은 우리가 삶에 대해서 어떤 태도를 취하느냐에 따라 삶이 고통스러운 것이 될 수도 있고 행복한 것이 될 수도 있다고 말하는 셈이다. 다시 말해서 쇼펜하우어는 고통의 원인은 우리에게 존재하는 이성이 감각적 욕망의 노예가 되어 있는 상태에 있다고 보며,[71] 이와 함께 이성적 능력이 이러한 노예상태에서 벗어나게 될 때 우리는 행복해질 수 있다고 본다. 주의주의(主意主義)적인 입장에서 출발하면서 이성을 의지의 도구이자 노예로 보았던 쇼펜하우어는 놀랍게도 플라톤이나 아리스토텔레스에서 이어지는 서양의 고전적 형이상학의 통찰을 받아들이면서 이성이 의지에 예속되는 상태에서 벗어날 수 있다고 보는 것이다.

이러한 사실은 쇼펜하우어가 자신의 행복론을 전개하면서 아리스토

---

[71] 이와 관련하여 Margot Fleischer도 '고통이 삶의 본질'이라는 쇼펜하우어의 근본명제는 제한될 필요가 있다고 말하고 있다. Margot Fleischer, 앞의 책, 42쪽 이하 참조.

텔레스에 의거하는 점에서도 잘 드러난다. 쇼펜하우어는 그의 『여록과 보유』에 실려 있는 「삶의 예지」라는 글에서 우리가 어떻게 하면 행복해질 수 있는지에 대해서 논하고 있다. 그리고 그는 아리스토텔레스를 따라서 인생의 행복을 첫째로 사회적인 행복, 둘째로 정신적인 행복, 셋째로 신체적인 행복의 세 가지로 구분함과 동시에 인간의 운명에 차이를 초래하는 세 가지 근본요소를 거론하고 있다.

참된 자아 - 가장 넓은 의미의 인격으로서, 건강, 체격, 체력, 용모, 성격, 품성 및 여러 가지 이지(理智) 등을 포함한다.
물질적 자아 - 모든 소유물을 가리킨다.
사회적 자아 - 남의 눈에 비치는 자아 즉 타인들에 의해서 표상되는 자아로서, 자신의 명예, 지위 등을 포함한다.[72]

쇼펜하우어에 따르면 첫째로 참된 자아는 자연에 의해 직접 결정된 것이다. 건강, 체력, 성격 등 모두 자연에 의해서 어떤 사람에게 주어져 있다. 그렇지만 이것이야말로 사람들의 행불행을 가장 크게 좌우한다. 행복이란 외적인 조건보다도 외적인 조건을 어떻게 받아들이느냐에 주로 달려 있기 때문에, 인간의 행복이나 불행은 결국 자기 자신의 감수성과 의욕과 사고 등의 결과이고 외부에서 일어나는 일들은 단지 사소하

---

[72] 쇼펜하우어, 「삶의 예지」(『세상을 보는 방법』에 수록됨), 권기철 옮김, 동서문화사, 2005, 220쪽 참조.

고도 간접적인 영향을 미칠 따름이다. 외적인 조건이 아무리 풍요로워도 불만에 가득 찬 사람이 있는 반면에, 빈곤해도 만족해하는 사람이 있다. 동일한 세계라도 어떤 사람에게는 빈약하고 공허하고 진부한 세계로 보이는가 하면 다른 사람에게는 풍성하고 다채롭고 의미심장한 것으로 보인다.

이와 관련하여 쇼펜하우어는 괴테나 바이런의 시(詩)에 대해서 언급하고 있다. 그들이 쓴 시의 소재는 현실에서 흔히 찾아볼 수 있는 것들이지만, 일반 사람들이 진부하게 생각하는 것을 이 시인들은 탁월한 직관력이나 상상력을 발휘해 아름답게 경험한다. 동일한 이유로 우울한 사람은 곳곳에서 비극을, 명랑한 사람은 희극을, 무관심한 사람은 무미건조한 광경만을 바라보게 마련이다. 세계는 결국 사람들의 의식에 나타난 세계이므로 의식 자체의 차이가 무엇보다도 결정적인 것이다.[73]

사람들이 누리는 행복의 정도는 각자의 개성에 의해 예정되어 있으며 정신이 저열하면 저급한 행복과 쾌락의 테두리에서 벗어날 수 없다. 그들의 행복은 흔히 신체적인 쾌락이나 평범한 가정생활 또는 유치한 사교 등에서 얻는 즐거움을 넘어서지 못한다. 이에 반해 가장 고상하고 복잡하고 오래 지속되는 쾌락은 소수의 몇몇 사람에게만 허용되는 정신적인 쾌락이다. 이러한 쾌락은 이를 받아들일 만한 선천적인 정신능력이 있어야만 비로소 느낄 수 있는 것이다. 정신이 풍부한 사람은 아무리 고독한 곳에 있더라도 자기의 사상과 사색을 통해 충분히 기쁨을 누릴 수 있지만, 우열한 인간은 많은 인사들과 교제하거나 연극을 구경하고 여행을 하며 세속적인 향락을 누리더라도 그림자처럼 따르는 권태에서 벗

73 쇼펜하우어, 앞의 책, 222쪽 참조.

어날 수 없다.

 욕심과 시샘이 많은 인간은 아무리 많은 재물과 명예를 소유해도 만족을 누릴 줄 모른다. 특히 부자들은 대체로 자신을 불행하다고 느끼며, 그들에게는 진정한 의미의 정신적인 교양도 깊은 지식도 없기 때문에 정신적인 측면에서 적당한 위안과 도움을 줄 만한 흥미를 발견하지 못한다. 이와 함께 쇼펜하우어는 우리가 행복하기 위해서는 무엇을 소유하고 있는가보다 어떠한 인간으로 존재하는가가 더 중요하다고 말한다. 사람들은 정신적 수양보다는 부의 획득에 몇천 배의 힘을 기울이지만, 쇼펜하우어는 부가 아니라 지혜가 행복을 가져다준다고 말한다. 실로 우리는 돈을 가지면 다양한 욕망을 충족시킬 수 있는 재화들을 얻을 수 있기에 돈을 추구한다. 그러나 부를 통해서 충족되는 욕망들은 그것들이 만족되더라도 권태로 귀착되거나 새로운 욕망을 불러일으킬 뿐이다. 따라서 물질적 자아나 사회적 자아가 단지 상대적인 가치를 지니고 있는 데 반하여, 인격은 절대적인 가치를 지니고 있다.

 자신의 행복론을 개진하면서 쇼펜하우어는 한편으로 사람들의 정신적인 우열(優劣)이 이미 자연에 의해서 정해진 것처럼 말하고 있지만, 다른 한편으로는 사람들이 자신의 적성이나 성격을 잘 파악하여 그것에 적합한 일을 하고 자신의 정신적 품격을 높여서 교양을 쌓을 것을 촉구하고 있다. 이렇게 말하면서 쇼펜하우어는 우리 인간에게는 부와 향락을 추구하는 욕망이 강하게 존재하지만 그러한 욕망을 다스릴 수 있는 이성적인 능력도 갖고 있다는 사실을 인정하는 셈이다. 다시 말해서 쇼펜하우어는 우리의 이성은 의지에 종속되어 있는 것만은 아니라는 사실을 인정하고 있는 것이다. 사실 이미 사람들이 욕망에 따라서 살 수밖에 없다면, 어떻게 하면 행복할 것인가를 논하는 행복론을 쓸 필요도 없을 것이다.

쇼펜하우어는 만물을 우리에게 종속시키고 싶으면 우리 자신을 이성에 종속시키라고 말하는 동시에, 모든 불가사의 중에서 가장 알 수 없는 것은 세계의 정복자가 아니라 자기 자신을 통제하는 사람이라고 말하고 있다. 그리고 쇼펜하우어는 이성이 의지를 지배할 수 있는 방법으로 세계의 본질에 대한 철학적 통찰, 심미적 직관, 동정, 금욕주의적인 의지부정 등을 들고 있다.

2) 철학적 관상(觀想)을 통한 의지의 부정

앞에서 보았듯이 쇼펜하우어는 인생을 욕망과 권태 사이를 오락가락하는 시계추와 같은 것으로 보았다. 그렇다고 해서 그가 인생을 그렇게까지 절망적으로 본 것은 아니다. 우리가 어떤 재앙을 참을 수 없는 이유는 그러한 재앙을 겪지 않을 수도 있었다고 생각하기 때문이며, 더 나아가 왜 다른 사람이 아니고 하필 내가 이러한 고통을 겪어야 하느냐고 억울한 마음을 갖기 때문이다. 만약 이러한 고통이 생에 본질적이며 눈앞의 이 고통이 없어지더라도 결국 다른 형태의 고통이 들어서리라는 사실을 통찰하면서 고통을 순순히 받아들일 경우, 우리는 평정심을 얻게 된다. 그러나 직접 느껴지는 고통을 이성이 이렇게 훌륭하게 제어한다는 것은 극히 드물거나 전혀 있을 수 없는 일이다.

우리가 도달할 수 있는 경지란 어느 정도 우울한 기분이나 큰 고통을 끊임없이 참으면서, 사소한 고통이나 기쁨을 무시하면서 살아가는 것에 불과하다. 특히 우리는 지나친 기쁨을 무시할 수 있어야 한다. 과도한 기쁨은 우리 삶 속에서 찾아볼 수 없는 것을 발견했다는 망상에서 비롯된다. 즉 그것은 자신의 욕구를 완전히 충족시켰으며 더 이상 바랄 것이 없다고 착각하는 데서 비롯된다. 그러나 이것은 근본적으로 망상이기 때문에 우리는 곧 이 망상에서 깨어나게 된다. 그리고 이 망상에서 깨어나면 그전에 느꼈던 기쁨과 동일한 정도로 환멸을 겪게 된다. 기쁨을 과도하게 느끼는 사람은 종국에는 고통도 격렬하게 느끼게 되는 것이다. 따라서 우리는 가능한 한 크고 작은 기쁨이나 고통에 흔들리지 않는 부동심을 유지하려고 노력해야 한다.[74]

이러한 부동심을 얻는 데 도움이 되는 하나의 방법으로서 쇼펜하우어는 우리에게 일어나는 일의 필연성을 이해할 것을 권하고 있다. 스피노자가 자유는 필연성의 인식이라고 말한 것처럼, 우리를 괴롭히는 열 가지 일 중 아홉 가지는 우리가 그 원인을 철저히 이해해서 그 필연성을 인식한다면 우리를 괴롭히지 못하는 것들이다. 사물의 필연성을 인식하게 되면 우리는 사물의 필연성에 사로잡히지 않고 오히려 그것에서 벗어날 수 있다. 어떤 사람의 행위로 인해 분노에 사로잡혔다가도 우리는 그 사람의 성격과 그 사람이 그러한 행위를 하게 된 상황을 이해하게 되면 그 사람을 어느 정도 용서하면서 분노에서 벗어날 수 있다. 이는 우리가 어떤 상황이나 자신의 성격에 의해서 우리의 생각이나 행동이 얼마나 크게 좌우되는지를 알고 있기 때문이다.

그러나 이는 우리가 어떤 일의 필연성을 체념적으로 받아들인다는 것을 의미하는 것이 아니라, 오히려 그러한 필연성에 좌우되지 않을 능력이 있다는 것을 의미한다. 우리는 우리가 가장 자유롭게 행동한다고 생

---

74 쇼펜하우어, 「의지와 표상으로서의 세계」(『세상을 보는 방법』에 수록됨), 권기철 옮김, 동서문화사, 2005, 902쪽 참조.

각하는 순간에 사실은 자신이 의식하지 못하는 욕망이나 자신의 성격의 노예가 되는 경우가 많다. 이에 반해 우리가 이러한 욕망이나 성격이 우리의 생각이나 행동에 얼마나 크게 영향을 미치는지를 파악한다면, 우리는 그것들에 대해서 거리를 취할 수 있게 되며 그것들의 영향력에서 어느 정도라도 벗어날 수 있게 된다.

이렇게 사물의 필연성을 아는 사람은 우리의 삶 전체를 관통하는 법칙을 통찰하고 있으며, 우리의 고통이 궁극적으로 어디에서 비롯되는지를 잘 알고 있다. 즉 그는 우리의 고통이 우리가 욕망들에 사로잡혀 그것들의 노예가 되기 때문에 생긴다는 것을 잘 알고 있다. 이에 반해 대부분의 사람은 이러한 욕망의 노예로 존재하면서 그러한 욕망이 향하는 대상을 획득하는 것에만 온통 관심을 기울이기 때문에 우리를 지배하는 욕망의 움직임을 자각하지 못한다.

예를 들어 사랑하는 여성으로부터 사랑을 거부당한 사람은, 그 사실에 고통스러워하면서도 그녀를 자신의 것으로 만들기 위해서 온갖 노력을 아끼지 않을 것이다. 그러나 여성에 대한 사랑이 결국 우리 내면의 종족유지와 번식을 위한 욕망의 발현일 뿐이라는 사실을 깊이 자각하는 사람은 그 여성에 대한 집착에서 어느 정도라도 거리를 취할 수 있다. 이런 사람은 부분에 집착하지 않고 전체의 본질을 파악한다. 그는 현상계의 끊임없는 변화나 갈등 그리고 고통 속에서도 전체의 본질을 발견한다. 개별화의 원리에 사로잡혀 있는 사람은 자신과 관련이 있는 개별적인 사물만을 인식하고 그것을 자신의 욕망의 동기로 삼는 반면에, 전체와 물자체의 본질을 인식하는 사람은 자신의 욕망을 진정시키고 매사에 침착성을 유지한다.

이와 관련하여 쇼펜하우어는 우리가 인생에서 일어나는 문제에 대해서 무심한 태도를 취해야 한다고 말하고 있다. 자신이 원하지 않는 일이 일어나도 그것은 우주의 대의지에 따라서 일어났을 뿐이라는 사실을 깨달아야 한다는 것이다. 이러한 일에 대해서 우리는 자신의 이해관심에 따라서 좋거나 나쁘다고 평가를 한다.

그러나 맹목적으로 움직이는 의지의 작용에 따라서 기뻐하고 슬퍼하는 인간 삶의 기본조건을 파악하게 되면, 궁극적으로 이러한 의지의 작용에 지나치게 영향받지 않도록 조심할 수 있다. 그리고 자신과 마찬가지로 다른 사람들도 대우주의 맹목적인 의지에 의해서 고통을 받는다는 사실을 인식하면서 그들에 대해서 연민을 느끼게 된다. 이와 같이 철학은 의지를 정화하지만, 이 경우의 철학은 단순한 학문적 연구를 넘어선 내적인 성찰을 의미한다.

3) 심미적 직관

(1) 예술의 본질

쇼펜하우어는 초기 글에서부터 '더 나은 의식(das bessere Bewußtsein)'에 대해서 말하고 있다. 이는 우리의 경험적 의식을 넘어서는 의식을 말한다. 우리의 경험적 의식은 이기적인 생존의지와 종족보존의지에 의해서 규정되어 있다. '더 나은 의식'이란 예술가와 성인의 의식을 가리키는 것으로, 이기적인 생존의지와 종족보존의지를 넘어서 있는 의식이다. 이기적인 생존의지와 종족보존의지에 의해 지배되는 상태에서 벗어나면 우리에게 세계는 근거율에 의해 규정되는 세계와는 전혀 다른 모습으로 나타난다. 즉 세계는 생성과 소멸에서 벗어나 있는 영원한 본질들인 이데아들이 현현하는 곳으로 나타나게 된다.

예술에서 인식은 의지에 봉사하는 역할에서 벗어나게 되며, 주관은 이제 개체로서의 주관이 아니라 의지에서 벗어난 순수한 인식주관이 된다. 예술적인 인식은 근거율에 따라 사물들 사이의 관계를 추적하지 않고 주어진 객관을 다른 객관과의 관계에서 떼어 내어 그것만을 깊이 관조하고 그것에 몰입한다. 이 경우 우리는 사물의 어디, 언제, 어떻게, 왜 등을 고찰하지 않고 다만 '무엇임(das Was)' 즉 본질만을 고찰한다. 과학은 근거율에 따라서 탐구하기 때문에 어떤 근거에 도달하더라도 다시 그것의 근거에로 계속 소급해서 나아가야 하지만, 예술은 그와 반대로 도처에서 최종 목표에 도달한다. 예술은 세계의 흐름이라는 강에서 자신이 그리는 사물을 따로 떼어 내어 고립시킨다. 예술은 이러한 사물에 반영되어 있는 본질을 표현하는 것이다.

예술적인 인식에서 드러나는 사물의 본질은 추상적인 개념과 같은 것이 아니다. 추상적인 개념이 경험적인 개념들로부터의 추상에 의해 성립하는 반면에, 예술적인 인식에서 드러나는 사물의 본질은 그 자체로서 자신을 드러낸다. 이러한 본질을 쇼펜하우어는 플라톤을 따라서 이데아라고 부르고 있다. 이데아는 추상적으로 사유되는 것이 아니라 직접적으로 직관되는 것으로서 그 스스로를 직접적이고 완전하게 나타낸다. 이에 반해 개념은 직관될 수 없고 사유될 수 있을 뿐이다. 이데아로부터 개념으로의 이행은 항상 타락이다. 이데아는 영원한 원형이다. 이데아는 개별자에서 현현하며 따라서 직관이 가능한 것이다.

예술적인 관조상태에서는 사물도 시간과 공간 그리고 인과율에 얽매인 개별 존재로 나타나지 않는다. 예를 들어 내가 어떤 나무 한 그루를 미적으로 보면서 나무의 이데아를 인식한다면, 그 대상이 이 나무이든 저 나무이든 1000년 전에 살았는지는 중요하지 않게 된다. 예술은 순수

관조에 의해 직관된 영원한 이데아, 즉 세계의 모든 현상에서 본질적인 것과 영속적인 것을 표현한다.[75]

예를 들어 시냇물은 개인으로 관찰하는 자에게만 소용돌이, 물결, 물거품 등 그때마다 다른 형태로 보일 뿐이지, 시냇물 자체에게는 그러한 일시적 형태는 아무래도 상관없는 비본질적인 것이다. 중력에 따라 이리저리 움직일 수 있고 형태가 없으며 투명한 액체라는 것, 이것이 시냇물의 본질이고 이데아다. 의지의 객관화의 모든 단계들 중에 '본질적인 것'만이 '이데아'에 해당하며, 이데아가 전개되어 근거율에 따라 다양한 현상으로 나타나는 것은 이데아에게 비본질적이고 단지 의지에 사로잡혀 있는 개체에 대해서만 실재성을 갖고 있다. 그리하여 구름이 표시하는 형태나 시냇물의 소용돌이, 물거품의 형태는 이데아 자체에게는 생소하고 비본질적이며 아무래도 상관없는 것이다.

앞에서 보았듯이 쇼펜하우어는 자신의 철학체계에 칸트와 플라톤의 철학을 적극적으로 받아들이고 있다. 특히 쇼펜하우어는 플라톤을 '위대한 플라톤'이라고 부르면서 그의 이데아론을 적극적으로 받아들이고 있다. 쇼펜하우어는 플라톤의 이데아론이 세계의 구조를 이해할 수 있는 통찰을 담고 있을 뿐 아니라 우리를 고통에서 벗어나게 하는 하나의 중요한 길을 가리키고 있다고 보았다.

그런데 쇼펜하우어는 이러한 이데아를 인식하는 것은 과학이 아니라 예술이라고 본다. 과학은 현상들 사이의 인과관계를 밝히는 것을 목적으로 하기 때문에 인과관계로부터 벗어나 불변적으로 존재하는 이데아를 인식할 수는 없다. 그것은 중력이나 전기와 같은 이데아를 더 이상

---

75 쇼펜하우어, 앞의 책, 785쪽 참조.

설명할 수 없는 것으로 전제해야만 한다. 과학은 실재 자체를 탐구하는 것이 아니라 현상계에서 일어나는 사건들 간의 인과관계를 파악할 뿐이다. 이러한 인과관계를 파악하게 되면 우리는 그것을 우리에게 유리하게 사용할 수 있다. 예를 들어 어떤 병이 바이러스 때문에 일어난다는 것을 알면 우리는 그러한 바이러스를 죽이는 약을 개발하여 그 바이러스가 우리를 더 이상 위협하지 않게 할 수 있다. 이런 의미에서 과학은 우리가 생존을 확보하고 욕망을 실현하는 것을 돕는 도구로 기능한다.

과학적 지성은 언뜻 보기에는 사물들을 욕망에서 벗어나 고찰하는 것 같지만, 실은 사물들을 지배하려는 욕망에 의해서 규정되어 있다. 과학적 지성은 세계를 자신과 대립하는 것으로 보면서 '개별화의 원리'에 얽매여 있는 인간들의 욕망에 근거하는 것이다.[76] 물론 이러한 욕망은 어떤 특정한 인간의 욕망이 아니라 인류라는 종의 욕망이다. 따라서 사물들의 인과법칙을 파악하는 과학의 시선은 사물들을 지배 대상으로 만들려고 하는 차가운 시선이다. 이러한 시선에서 주체와 객체는 완전히 분리되어 있다.

그러나 쇼펜하우어는 우리가 사물들을 이런 시선으로만 보지는 않는다고 말하고 있다. 우리는 사물들을 아름다운 것으로 볼 수 있으며 그러한 아름다움에 의해서 그것들 앞에 이끌린다. 사물들을 아름다운 것으로 보는 시선은 사물들의 아름다움에 자신을 여는 시선이며, 이러한 시선에서 주체와 객체 사이의 거리는 사라진다.

과학에서 사물들의 인과법칙을 드러내는 것은 사물 자체가 아니라 그것을 앞에 놓고 세심하게 관찰하고 실험하는 주체로서의 우리다. 이에

---

76 쇼펜하우어, 앞의 책, 741쪽, 749쪽 참조.

반해 우리가 사물들을 아름답게 바라볼 경우 그러한 아름다움을 드러내는 것은 사물들 자신이다. 이 경우 우리에게 요구되는 것은 사물들이 자신의 아름다움을 스스로 드러내도록 우리 자신을 완전히 비우는 것이다. 다시 말해서 그것들을 지배하려는 모든 욕망에서 벗어나 사물들을 있는 그대로 반영하는 거울처럼 되는 것이다.[77] 따라서 이데아를 직관하는 예술적 인식에서는 존재하는 것은 대상뿐이고 대상을 지각하는 사람은 없는 것처럼 생각된다. 직관하는 사람과 직관의 대상은 더 이상 구별되지 않으며 둘은 하나가 되는 것이다. 이는 예술적 인식에서는 의식 전체가 오직 하나의 직관적인 상에 의해서 채워지고 점령되어 있기 때문이다. 인간은 마법에 홀려 붙잡히듯이 대상의 아름다움에 사로잡힌다.

이렇게 대상에 몰입해 있는 상태에서 인식하는 개체는 순수한 인식주관으로 높아진다.[78] 순수한 인식주관으로 존재할 때 우리가 왕인지 거지인지는 전혀 중요하지 않게 된다. 마찬가지로, 그것을 보는 내가 지금이 시간에 살고 있는 개인인지 다른 곳이나 다른 때에 살고 있는 개인인지도 상관이 없게 된다. 심미적 관조상태는 개인적 관심과 욕망으로부터 초연해 있는 상태이기에 그러한 상태에서는 "황혼을 감옥에서 보든 궁전에서 보든 차이가 없는 것이다." 우리는 현상계의 모든 차별을 벗어난다. 우리는 순수한 관조상태에 존재하게 되며 '밝고 영원한 세계의 눈'으로 존재하게 된다.[79] 우리는 모든 개인적인 관심과 욕망에서 벗어나 사물을 순수한 눈으로 보는 것이다.[80]

---

77 쇼펜하우어, 앞의 책, 751쪽 참조.
78 쇼펜하우어, 앞의 책, 752쪽 참조.
79 쇼펜하우어, 앞의 책, 759쪽 참조.
80 쇼펜하우어, 앞의 책, 750쪽 이하 참조.

대상에 대한 관조와 정관 속에서 개별자로서의 인간은 해소되며, 개별
성의 해소와 함께 인간은 더 이상 주체로서 이 세계와 맞서지 않고 세계
와 하나가 된다. 이런 맥락에서 쇼펜하우어는 바이런의 시를 인용한다.

> 산, 파도, 하늘도 나의 일부가 아닐까?
> 또한 내 영혼의 일부가 아닐까?
> 내가 그들의 일부이듯이.
> ─바이런, 「차일드 해럴드의 편력」 III, 75.[81]

쇼펜하우어는 바이런처럼 느끼는 사람은 항상 그렇게 있으면서 무상
하지 않은 자연에 반해서 자기 자신은 무상한 존재라고 여길 수 없을 것
이라고 말하고 있다.[82]

예술적 직관에서 우리는 세계에 대해서 자신의 의지를 관철하려는 개
체로서의 자신을 잊는 몰아(沒我)의 경지에 진입한다. 이렇게 우리 자신
은 존재하지 않고 객관만이 현존하는 것처럼 느끼게 될 때, 우리는 모든
고뇌에서 벗어나게 된다. 이는 우리의 고뇌에 대해서 객관은 아무런 관
심을 갖지 않는바, 우리가 객관에 빠지게 되면 고뇌 역시 우리 자신과
무관한 것이 되기 때문이다. 예술적 직관에서는 표상으로서의 세계만
남고 의지로서의 세계는 사라져 버린다.[83]

현존하는 사물은 아무리 보잘것없는 것이라도, 한편으로는 모든 관계

---

81 쇼펜하우어, 앞의 책, 753쪽 참조.
82 쇼펜하우어, 앞의 책, 754쪽 참조.
83 김진, 『쇼펜하우어의 《의지와 표상으로서의 세계》 읽기』, 세창미디어, 2013, 171쪽 참조.

에서 떼어 내어 순수하게 관조될 수 있기 때문에,[84] 다른 한편으로는 어떠한 사물도 자신의 이데아를 표현하기 때문에 모든 사물은 '아름답다.' 폭풍우나 거대한 산처럼 우리를 압도하는 대상조차도 의지의 흥분도 절박한 위험도 없는 상태에서 관조하면 숭고한 아름다움을 갖는 것으로 나타난다.

그러나 사물들 중에서도 순수한 관조를 용이하게 해 주고 또 그렇게 관조하도록 강요하는 것들이 있다. 이것들을 우리는 '매우 아름답다'고 말한다. 이는 한편으로는 그 사물이 그것이 속하는 종의 이데아를 순수하게 표현하고 완전하게 드러내고 있어서, 보는 사람으로 하여금 개별적 사물에서 이데아로 쉽게 직관할 수 있게 하기 때문이다. 다시 말해서 그것은 우리로 하여금 순수 관조의 상태로 쉽게 들어갈 수 있게 한다. 다른 한편으로 어떤 객관이 특별히 아름다운 이유는 그 객관에서 표현되고 있는 이데아가 의지의 객관성의 높은 단계이고, 따라서 극히 중요하고 의미심장한 것이기 때문이다. 이 때문에 인간이 다른 어떤 것보다도 아름다운 것이며, 인간의 본질을 드러내는 것이 예술의 궁극적인 목표가 된다.

이데아와 그것의 일시적이고 개별적인 현상들을 구별할 수 있는 사람은, 인류의 역사에서 일어나는 무수한 사건들도 우리가 그것들로부터 인간의 이데아를 읽어 낼 수 있는 한에서만 의미를 가지며, 그것들 자체로서는 아무런 의미도 없다는 사실을 알 수 있다. 그는 인간 삶의 다양한 모습과 사건 속에서 이데아만을 영속적이고 본질적인 것으로 볼 것이다. 인간의 본질은 언제나 동일하다.

---

84 쇼펜하우어, 앞의 책, 758쪽 참조.

이 점에서 쇼펜하우어는 플라톤의 이데아론을 받아들이지만 예술에 대한 견해에서는 플라톤보다는 아리스토텔레스에 더 가깝다고 볼 수 있다. 플라톤은 예술이 이데아를 인식하기보다는 현상계의 개체들을 모방한다고 보았으며, 이데아는 예술적 직관에 의해서가 아니라 철학적 사유에 의해서 인식될 수 있다고 보았다.

이에 반해 아리스토텔레스는 예술이 개체들의 본질적 형상을 표현할 수 있다고 보았다. 아리스토텔레스는 인간의 본질은 역사보다는 시가 더 잘 표현할 수 있다고 말하고 있는 것이다. 물론 아리스토텔레스도 플라톤과 마찬가지로 사물의 본질적 형상은 예술보다는 철학에 의해서 더 잘 파악될 수 있다고 보는 점에서 쇼펜하우어와는 구별된다.

(2) 예술적 쾌감의 원천

우리는 아름다운 사물을 보면서 쾌감을 느낀다. 그러나 이 경우 아름다운 사물은 우리의 욕망을 실현하는 수단으로서가 아니라 그 자체의 고유한 본질인 이데아를 표현하는 것으로서 존재한다. 이와 관련하여 우리는 우리 자신의 욕망과 아무런 관계도 갖지 않는 대상에서 어떻게 쾌감과 즐거움을 느낄 수 있는가 하고 물음을 제기할 수 있다. 우리가 느끼는 즐거움은 보통 욕망을 충족시키는 데서 유래한다. 따라서 아름다움에서 느끼는 쾌감과 즐거움처럼 의지 및 욕망과 무관한 쾌감과 즐거움이란 하나의 모순으로 보인다.

그러나 이러한 의문은 심미적 관조에서는 의지와 욕망이 의식으로부터 완전히 사라지고 사물의 아름다움 자체가 우리의 개인적인 목적들과는 아무런 연관도 없이 쾌감과 즐거움을 일으킨다는 주장을 통해서 해소된다. 심미적 관조에서는 개별 사물도 인식하는 개체도 사라지고 이데아와 순수 인식주관밖에는 남지 않게 된다.

우리가 아름다운 것을 바라보면서 느끼는 '쾌감(Wohlgefallen)'은 이 두 요소의 결합에서 생긴다.[85] 예를 들어 개인적 용무에 몰두한 사람에게는 라인강은 단지 하나의 직선으로 나타나고 여러 다리는 이 직선을 가로지르는 직선들로 나타날 것이지만, 심미적으로 관조하는 사람에게 라인강은 강의 이데아를 구현하고 있는 것으로서 아름답고 황홀한 모습으로 나타난다.

모든 '욕망'은 결핍감에서 생긴다. 하나의 욕망이 채워지더라도, 적어도 열 가지 욕망은 채워지지 않은 채로 남는다. 따라서 우리의 의식이 욕망에 사로잡혀 있는 한 결코 지속적인 행복도 평안도 누릴 수 없다. 그런데 인식이 의지를 위해서 일하던 상태에서 벗어나 사물을 관조하게 되면, 처음에 욕망을 실현함으로써 획득하려고 했지만 언제나 달아나 버렸던 마음의 평안이 저절로 생기게 된다. 이러한 마음의 평안은 마음이 이데아를 인식하기 위해 필요한 순수 관조의 상태로 진입하게 됨으로써 생기는 것이다.

다시 말해 사물의 이데아를 관조하는 순간 우리는 사물들을 우리 뜻대로 하려는 욕망에서 벗어나게 된다. 사물들을 우리 뜻대로 하려는 욕망은 사실 우리가 알게 모르게 우리를 추동하는 생존에의 욕구나 종족번식에의 욕구에 의해서 사로잡혀 있는 노예상태로 존재하는 것을 의미한다. 그러나 우리가 사물의 이데아를 인식하는 순간 우리는 현상계 속에서 의지의 노예상태로 있는 개별자가 아니라 순수한 인식주관이 됨으로써 우리의 이성은 의지의 노예상태에서 벗어나게 되는 것이다.

---

85 쇼펜하우어, 앞의 책, 769쪽 이하 참조.

격정이나 근심에 사로잡혀 괴로워하던 사람도 아름다운 자연을 바라보는 것만으로 갑자기 마음이 밝아지고 평안을 얻게 된다. 격정의 폭풍우, 밀려드는 욕망과 근심, 모든 고뇌가 놀랍게도 순식간에 사라져 버린다. 욕망을 채우는 방식으로 획득하려고 했던 안식과 평안이 우리에게 갑자기 저절로 주어지는 것이다.[86] 쇼펜하우어는 이런 상태가 바로 에피쿠로스가 최고선이라고 말한 신적인 행복의 상태라고 보고 있다.

"내적인 기분, 의욕에 대한 인식의 우위는 어떠한 환경에서도 이러한 상태를 불러일으킬 수 있다. 이러한 사실을 네덜란드인들은 탁월하게 우리에게 보여 준다. 그들은 보잘것없는 대상들도 순수하게 객관적으로 직관하면서, 자신들의 객관성과 정신적 평정의 영원한 기념비를 정물화(Stilleben)의 모습으로 정립했다. 미의 관조자는 이 그림을 보면서 감동을 금할 수 없게 된다. 왜냐하면 그 그림은 관조하는 사람으로 하여금 고요하고 평안하며 의지로부터 해방된 예술가의 정서상태를 떠올리게 하기 때문이다. 이러한 정서상태는 보잘것없는 사물들을 객관적으로 직관하고, 주의 깊게 바라보고, 그러한 직관을 신중하게 재현하기 위해서는 불가피한 것이다."[87]

예술이 그리는 사물은 하나의 사과나 나무이지만, 사람들은 예술을 통해 이러한 사물들에 투영된 이데아를 직관함으로써 다른 모든 사물의 이데아를 볼 수 있는 순수한 관조상태 속으로 진입하게 된다. 이와 함께

---

86 쇼펜하우어, 앞의 책, 753쪽 참조.
87 쇼펜하우어, 앞의 책, 771쪽(번역을 약간 수정했음).

세계의 흐름이라는 강에서 끌어낸 작은 부분에 지나지 않는 개체는 예술에서는 모든 사물을 대표하는 역할을 하게 된다. 따라서 예술은 개체들 사이의 상호관계는 다 무시하고 세계의 본질인 이데아만을 표현한다. 이런 의미에서 쇼펜하우어는 과학의 길은 수평선처럼 끝이 없고 예술의 길은 토막토막 임의로 끊긴 수직선과 같다고 본다.

(3) 심미적 직관의 일시성

우리는 이데아를 직접 자연이나 현실에서 만나기보다는 예술작품에서 만나기가 쉽다. 이는 예술가는 이데아만을 인식하고 현실을 인식하지 않기 때문이다. 예술가는 자신의 작품에서 이데아를 드러내는 데 방해가 되는 우연적인 요소들을 제거함으로써 이데아만을 순수하게 재현한다. 이런 의미에서 쇼펜하우어는 참된 예술가는 자연을 능가한다고 말하고 있다. 예술가는 자연이 나타내려고 노력하는 것을 상상하고 직관한다. 참된 예술적 천재는 이러한 상상력과 직관력을 갖고 있기 때문에 개별적인 사물에서도 '이데아'를 분명히 인식하며 자연이 더듬거리며 말하는 것을 분명하게 표현한다.

예술적 천재는 개인의 의지에 봉사하는 데 필요한 정도보다 더 많은 인식력이 부여된 인간이다. 이에 반해 평범한 사람은 사물이 자신의 욕망과 어떤 관계를 맺는 한에서만 사물에 주의를 기울일 수 있다. 그는 오랫동안 순수한 관조상태에 머무르지 못한다. 따라서 평범한 인간은 예술작품, 아름다운 자연, 깊은 의미를 갖는 삶의 여러 모습에 별 관심을 갖지 못한다. 반대로 천재는 인식력이 월등하기 때문에 삶과 세계 자체를 고찰하는 데 많은 시간을 보내며, 사물을 그것이 다른 사물들과 맺는 인과관계에서 고찰하지 않고 그 사물의 이데아 자체를 보려고 한다.

이 때문에 천재는 실생활에 서투르다. 천재적인 사람들은 사물들 사이의 인과관계를 재빠르게 파악함으로써 자신의 지위를 유리하게 하고 강화하는 데 관심이 없다.[88] 따라서 현실에 밝은 영리한 사람은 천재가 아니며, 또한 천재는 그가 천재인 한 영리하지 않다. 이 점에서 쇼펜하우어는 천재를 어린이와 비교하기도 한다. 어린이는 성욕을 비롯한 모든 욕망에서 벗어나 세상을 본다. 이 점에서 천재는 몸만 큰 어린애에 불과하다. 진지하고 냉정하며 시종일관 신중하고 이성적인 인간은 현실세계의 매우 능력 있고 유용한 시민이 될 수 있지만 천재는 결코 될 수 없다.

욕망에서 벗어난 순수한 인식주관으로 존재할 수 있는 능력은 천재의 본질이지만, 이러한 능력은 정도 차이는 있어도 누구에게나 존재한다. 그렇지 않다면 일반 사람들에게는 예술작품을 향유할 능력도 없을 것이다. 따라서 모든 인간은 사물들에서 이데아를 인식하고 자신의 개인적인 입장을 떠나 순수한 인식주관으로 존재할 수 있는 능력을 갖고 있다. 다만 천재는 보통사람보다도 훨씬 더 강한 정도로, 그리고 훨씬 더 지속적으로 순수한 인식주관으로 존재할 수 있다.

그러나 인간은 항상 시간과 공간 속의 개별자로 머물기 때문에 현실적인 욕망과 고민에 사로잡히기 쉽다. 이러한 욕망과 고민에 사로잡히게 되면 인간은 순수 관조상태에서 벗어나 시간이 지배하는 세계로 떨어진다. 이 점에서 우리는 맹목적인 의지라는 철사에 의해서 끊임없이 움직이는 인형 같은 존재다.

---

88 쇼펜하우어, 앞의 책, 761쪽 이하 참조.

"대부분의 인간들에게는 객관성, 즉 천재성이 결여되어 있기 때문에 그들은 거의 항상 이러한 상태로 존재한다. 따라서 그들은 홀로 자연을 마주하는 것을 좋아하지 않고 사교를 필요로 하며 적어도 한 권의 책을 필요로 한다. 왜냐하면 그들의 인식은 의지에 예속되어 있기 때문이다. 따라서 그들은 대상들에게서 단지 자신의 의지와 관계되는 것만 찾는다. 그리고 자신의 의지와 아무런 관계도 갖지 않는 모든 것을 볼 때 그들의 내면에서는 마치 기저음(Grundbaß)처럼 '그런 것은 나에게 아무런 쓸모도 없다'라는 쓸쓸한 소리만이 계속해서 울린다. 그래서 그들이 혼자 있을 때는 주위가 아무리 아름다워도 그들에게는 스산하고 음산하며 낯설고 적대적인 얼굴을 한 것으로 나타난다."[89]

의지는 이성보다 항상 더 강하기 때문에 언제든지 심미적 관조상태를 파괴할 수 있다. 따라서 쇼펜하우어는 이러한 심미적 관조상태는 순간적으로만 의지의 노예로 존재하는 상태로부터의 해방을 가져다줄 뿐이라고 말하고 있다. 쇼펜하우어는 의지로부터의 지속적인 해방은 의지의 부정, 즉 불교가 말하는 열반에 의해서만 가능하다고 본다. 이런 의미에서 예술적인 심미적 관조상태는 열반의 전(前) 단계다.

4) 동정

(1) 개별화의 원리를 파괴하는 것으로서의 동정

인간의 의식은 개별화의 원리에 구속되어 있기 때문에 자기 자신과

---

89 쇼펜하우어, 앞의 책, 777쪽 이하(번역을 약간 수정했음).

다른 사람들을 동일시하지 않고 철저하게 구별한다. 따라서 사람들은 자신과 자신의 가족의 행복을 바랄 뿐 다른 사람들의 행복을 바라지는 않는다. 사람들은 자기 자신의 욕망이나 감정은 가장 현실적으로 존재하는 것으로 생각하지만, 다른 사람들은 자신과 분리된 외부적 존재로 볼 뿐이며 다른 사람들의 욕망이나 감정은 헤아리지 못하기 십상이다. 따라서 사람들은 자신만을 절대시하면서 다른 개체들에 대해서 자신의 이해관심을 관철하려고 한다.[90]

이런 의미에서 우리 인간은 근본적으로 이기주의자다. 이기주의자로서의 우리는 자신이 낯설고 적대적인 사람들에 의해서 둘러싸인 것처럼 느끼며 자신의 행복만을 추구한다. 그럼에도 우리가 이기주의를 극복하고 다른 사람들을 우리 자신처럼 생각할 때, 다른 사람들이나 사물들에 대해서 갖는 두려움 또는 적대감에서 벗어나게 된다. 이때 우리는 우리의 마음뿐 아니라 심장까지도 확장되는 것을 느낄 수 있다. 반대로 이기주의에 사로잡혀 있을 때는 우리의 마음뿐 아니라 심장까지도 축소된다. 선량한 사람은 자신이 자신에게 친근하고 호의적인 사람들에 의해 둘러싸여 있는 것처럼 느낀다. 그는 이렇게 친근한 사람들의 행복을 자신의 행복으로 느낀다.[91]

정의로운 사람은 자신의 의지를 관철하기 위해서 남의 의지를 부정하지 않으며 자신의 행복을 위해서 남에게 고통을 주지 않는다. 그는 다른 사람들의 권리와 소유를 존중한다. 자신의 의지를 관철하기 위해서 타인의 의지를 부정하는 것을 꺼리지 않는 악한 인간에게 개별화의 원리

---

90 쇼펜하우어, 앞의 책, 917쪽, 969쪽 참조.
91 쇼펜하우어, 앞의 책, 964쪽 참조.

는 사람들을 가르는 절대적인 구분의 벽으로 나타나지만, 정의로운 사람은 개별화의 원리가 절대적인 것이 아니라는 사실을 감지하고 있다. 그는 다른 사람들을 자신과 전혀 본질을 달리하는 괴물로 보지 않는다. 그는 다른 사람의 권리와 소유를 침해하지 않는 정도까지 미망의 베일인 개별화의 원리를 꿰뚫어 보면서, 다른 사람들에게서 자신을 발견한다. 그는 자신이 물자체로서의 의지의 차원에서는 다른 사람들과 동일한 하나라는 사실을 감지하고 있는 것이다.

개별화의 원리라는 미망의 베일을 조금이라도 꿰뚫어 보게 되면 정의로운 마음이 생기지만, 더 깊이 꿰뚫어 보면 타인을 이타적으로 사랑하는 마음이 생기게 된다. 이러한 사람은 다른 개체와 자신의 운명을 완전히 동일시하며, 다른 사람의 행복이나 생명이 위기에 처했을 때 자신을 희생하는 것을 꺼리지 않는다.

개별화의 원리라는 미망의 베일을 꿰뚫어 보는 것은 개인의 의지가 아무리 강력하더라도 행해질 수 있다. '모두가 원래는 하나'라는 직관적 지식은 우리에게 악의 유혹에 저항할 것을 가르치며, 우리의 내면에 자신의 의지를 부정하는 선함을 낳는다. 따라서 선한 사람은 악한 사람보다 의지가 약하기 때문에 선한 것이 아니다. 선한 사람의 경우 맹목적인 의지를 통제하는 것은 '모두가 원래는 하나'라는 사실에 대한 직관적 인식이다.

이에 반해 정의롭지 않거나 선하지 않은 사람은 개별화의 원리에 철저하게 구속되어 있다. 쇼펜하우어는 이와 관련하여 이기심과 악의를 구별하고 있다. 이기심은 자신의 행복을 추구하는 데서 그치는 반면에, 악의는 타인의 고통을 보면서 쾌감을 느끼는 것이다.[92] 악의에 사로잡힌 인간은 욕심이 극도로 큰 사람이며, 채워지지 않은 욕심으로 인해 심한 결핍감과 고통을 겪고 있는 사람이다. 따라서 그는 다른 사람들이 고통받는 것을 보면서 자신을 위로하고 싶어 한다.

이러한 악의가 심해지면 다른 인간에게 해를 끼치고 싶어 하는 '잔인함'이 된다. 이 경우 다른 사람에게 고통을 주는 것이 목적 자체가 된다.[93] 악의는 이기심의 일종이 아니다. 그것은 자신의 행복마저도 고려하지 않으면서 타인을 해치려고 하는 사악한 마음이다. 그러나 우리가 가장 경계해야 하는 것은 악의보다는 이기심이다. 이기심은 우리가 가장 빠지기 쉬운 상태이기 때문이다. 악의에 비하면 이기심은 나름대로의 사려분별에 입각하고 있다. 그러나 그것은 어디까지나 자기 자신을 중심으로 한 사려분별이다.

이기심과 악의에 대립되는 것을 쇼펜하우어는 동정이라고 본다. 진정한 동정은 타인이 행복할 수 있도록 타인의 고통을 덜어 주는 것이다. 쇼펜하우어는 행복이란 적극적인 것이 아니라 사실은 고통의 소멸에 불과하다고 본다. 따라서 다른 사람을 행복하게 만들기 위해서 선과 사랑을 베푸는 것은 사실 그 사람의 고통을 완화하거나 제거하는 것에 지나지 않는다. 이런 의미에서 쇼펜하우어는 사랑의 본질을 '다른 사람의 고통을 공감하면서 그것을 덜어 주려고 하는 동정'이라고 보고 있다. 선의와 사랑을 갖는 사람은 언제나 다른 사람들의 고통을 덜어 주려고 한다. 그는 다른 사람의 고통을 자신의 고통으로 느낀다. 따라서 우리가 고통을 겪고 있는 사람들에게 동정을 느끼는 순간, 우리는 우리가 현상계에서 빠져 있던 개별성의 상태에서 벗어나게 된다.

---

92 쇼펜하우어, 앞의 책, 919쪽 참조.
93 쇼펜하우어, 앞의 책, 952쪽 이하 참조.

기본적으로 이기적인 존재인 우리가 동정심을 가질 수 있다는 것은 참으로 신비로운 일이다. 현상계에서는 참된 윤리의 싹도 보이지 않으며 의지를 부정하는 상황에서 비로소 윤리가 시작된다. 욕망을 채움으로써 욕망이 사라지는 것은 아니다. 인간이 욕망하는 존재로 남아 있는 한 인간은 계속해서 욕망에 사로잡힐 뿐이다. 인간은 현상계를 넘어서 물자체의 영역을 인식했을 때에야 비로소 자신의 욕망만을 중시하는 상태에서 벗어날 수 있다. 다시 말해 '모든 생명체는 근본적으로 하나'라는 사실에 대한 통찰에서 타인의 고통을 함께하려는 동정이 싹튼다.

쇼펜하우어는 예술적인 천재성보다도 동정을 더 높게 평가하며, 동정은 개별화의 원리를 넘어서는 일자로서의 물자체에 대한 형이상학적인 인식을 요구한다고 본다. 쇼펜하우어는 횃불과 불꽃이 태양 앞에서 빛을 잃어버리는 것처럼 천재성까지도 마음의 선함 앞에서는 무색해지고 어두워진다고 본다.

쇼펜하우어는 인간이 선한 존재가 될 수 있고 타인을 동정할 수도 있다는 증거를 인간이 울 수 있는 존재라는 사실에서 찾는다.[94] 울음을 단순히 고통의 표현으로 보기 쉽지만, 사실은 그렇지 않다. 우리는 고통을 거의 느끼지 않을 때에도 울기 때문이다.

고통이 울음의 직접적인 원인은 아니며, 울음은 고통에 대한 표상 때문에 생긴다. 예를 들어 우리는 현재 느끼는 고통보다는 과거의 고통을 돌이켜 보며 운다. 신체의 고통을 느끼면서 울 경우에도, 우리는 고통의 감각에서 고통을 받는 자신에 대한 표상으로 이행하며 자신의 상태를 참으로 동정할 만한 것으로 생각하면서 운다. 따라서 '우는 것'은 '자신

---

94 쇼펜하우어, 앞의 책, 967쪽 이하 참조.

에 대한 동정'이다.

고통받는 자신을 표상하면서 울 수 있는 인간은 다른 인간이 고통을 받는 것을 보면서도 울 수 있다. 이 경우 우리는 타인의 고통을 표상하면서 그의 고통을 함께 느끼는 것이다. 그러므로 운다는 것은 고통받는 인간이 자신이든 타인이든 그 고통을 떠올리면서 그것에 공감할 수 있는 선하고 따뜻한 상상력을 가지고 있음을 의미한다. 사랑과 동정의 능력과 상상력을 가진 사람만이 울 수 있는 것이다. 이에 반해 냉혹한 인간이나 상상력이 없는 인간은 쉽게 울지 않는다.

다른 사람에 대해서 분노를 느낄 때도 그 사람이 우는 것을 보게 되면 그 사람에 대해서 가졌던 분노가 진정되는 경향이 있다. 이는 울 수 있는 사람이라면 반드시 다른 사람에 대해 동정도 할 수 있는 선한 사람임에 틀림없다고 우리가 무의식 중에 감지하기 때문이다.

(2) 양심의 가책

시간과 공간이라는 개별화의 원리가 다른 개인들과 그들이 겪는 고통으로부터 우리를 분리시켜서 그것을 우리와 무관한 것으로 보이게 하더라도, 우리와 다른 사람들 모두는 물자체로서의 의지 차원에서 보면 하나다. 따라서 하나의 의지가 다른 의지를 부정한다는 것은 물자체로서의 의지의 입장에서 보자면 자기 자신을 스스로 부정하는 것을 의미한다. 이와 함께 우리는 모든 개인을 구별하는 표상이 겉모양일 뿐이고 공허한 것이며, 우리는 사실 하나의 존재라는 사실을 감지하면서, 남에게 해를 끼칠 경우 양심에 가책을 느끼게 된다. 우리는 자신만의 행복을 추구하는 것이 다른 사람에게 큰 고통을 야기할 수 있다는 사실을 분명하게는 자각하지 못하더라도 무의식 중에 감지하고 있다. 이러한 감지는

자신이 불의를 행했다는 후회와 양심의 가책으로 나타난다.[95]

양심의 가책에 대립되는 것이 뿌듯한 양심이다. 비이기적 행위를 했을 때 우리는 뿌듯한 양심을 느낀다. 비이기적 행위는 '우리의 참된 자아는 특정한 개별 현상으로서의 우리 자신에게만이 아니라 살아 있는 모든 것에 존재한다는 사실에 대한 직접적인 직관'에서 생기며, 이러한 직관에 부응하는 행위를 할 때 우리는 마음이 편해진다. 따라서 선행을 할 때마다 우리는 명랑해진다.[96]

(3) 윤리학

우리를 도덕적으로 만드는 것은 모든 개인이 궁극적인 실재의 차원에서 볼 때는 하나라는 사실을 직관하는 것이다. 이러한 사실에 입각하여 쇼펜하우어는 추상적인 도덕 이론 자체는 사람들을 도덕적으로 만드는 동기가 될 수 없다고 본다. 심성의 참된 선함과 덕은 도덕 이론과 같은 추상적인 지식을 통해서 생겨날 수 없다. 그러한 덕은 '모든 사람이 동일한 본성을 가지며 본체계의 차원에서는 하나'라는 사실에 대한 직관적인 인식으로부터만, 다시 말해 그러한 사실을 '온몸으로 느끼는' 것에 의해서만 생길 수 있다.

윤리의 영역에서는 예술의 영역에서와 마찬가지로 규범적 법칙과 일반적인 개념적 사고가 본질적인 역할을 하지 못한다. 미학에 정통하다고 해서 훌륭한 예술가가 되지는 못한다. 예술가가 되기 위해서 필요한 것은 미학 이론이 아니라 천재적인 직관과 상상력이기 때문이다. 이와

---

95 쇼펜하우어, 앞의 책, 954쪽 참조.
96 쇼펜하우어, 앞의 책, 964쪽 참조.

마찬가지로 우리가 도덕적인 인간이 되기 위해서 필요한 것은 추상적인 도덕 이론이 아니라 추론에 의해서 도달할 수 없는 직접적이고 직관적인 인식이다. 그러한 인식은 언어로 표현되는 추상적인 이론이 아니기 때문에 남에게 전달할 수 없으며, 각자가 온몸으로 느끼지 않으면 안 된다. 도덕적 교의는 '모든 사람이 하나'라는 사실에 대한 직관적 인식이 표현되는 도덕적 행동을 설명하고 해석할 수 있을 뿐이다. 즉 행동에서 실제로 일어나는 것을 추상적으로 표현할 수 있을 뿐이다.[97]

5) 금욕주의

모든 것이 궁극적으로는 하나라는 사실에 대한 직관적인 인식은 모든 이기주의적인 의지의 '진정제'가 된다. 이러한 인식이 심화될 때 우리는 남들을 자기 자신과 같이 사랑하는 것으로 만족하지 않고, 생을 향한 이기적 의지 자체에 대해서 혐오감을 가지고 그것을 부정하려고 한다. 이때 우리는 생을 향한 의지에 대해서 역겨움을 느끼면서 자발적으로 성욕을 금지하는 독신생활과 물질적 탐욕에서 벗어난 청빈한 삶을 택하게 된다. 우리는 의지를 부정하기 위해서 금욕주의적인 고행을 하게 되는 것이다.[98]

쇼펜하우어에 의하면 살려고 하는 의지는 주로 개체보존욕·종족번식욕·이기심으로 나타난다. 따라서 개체보존욕구와 연결되어 있는 식욕을 억제하는 조식(粗食)과 종족번식욕을 억제하는 정결(貞潔) 그리고

---

97 쇼펜하우어, 앞의 책, 622쪽, 958쪽 참조.
98 쇼펜하우어, 앞의 책, 971쪽 참조.

이기심과 연결되어 있는 탐욕을 억제하는 청빈(淸貧)이 금욕주의적인 고행의 3대 요건이 된다. 그리고 이 세 가지를 엄수하는 자를 성자(聖者)라 부른다. 조식과 정결 그리고 청빈은 모두 우리의 신체에 대한 지배를 의미한다. 신체는 근본적으로 의지의 표현인바, 신체에 대한 이러한 지배와 부정은 의지에 대한 지배와 부정이다.

쇼펜하우어는 이러한 금욕주의적인 의지부정도 결국 의도적인 목적을 통해서 추구되기 때문에, 금욕주의를 의지가 완전히 사라진 상태와 동일시해서는 안 된다고 말하고 있다. 그러한 금욕주의적 의지마저도 완전히 사라진 무의 상태는 흡사 외부에서 주어지는 것처럼 우리에게 돌입해 온다. 그것은 '갑작스러운 은빛 섬광'처럼 예기치 않게 발생한다.[99]

쇼펜하우어는 이렇게 의지가 온전히 사라진 상태가 예기치 않은 순간에 우리에게 주어지는 것을 그리스도교에서는 은총이라고 부른다고 말하고 있다. 의지로부터의 진정한 구원은 우리의 의도나 계획을 통해서 이루어지지 않는다. 이러한 은총이 작용한 결과로 인간은 자신의 타고난 성격을 폐기하게 된다. 인간은 그때까지 그토록 강렬하게 의욕하던 모든 것을 더 이상은 의욕하지 않게 되고, 새로운 인간이 된다. 성격에 의해서 지배되던 상태에서 벗어나게 됨으로써 우리는 비로소 '참된 자유'를 경험하게 된다.

생을 향한 의지를 부정한 사람은 겉으로 볼 때는 가난하고 기쁨도 없고 결핍뿐인 것처럼 보여도 실은 완전한 내적 희열과 참된 천국의 고요함 속에서 살고 있다. 이러한 상태는 인생을 향락하는 사람을 지배하는

---

99 쇼펜하우어, 앞의 책, 998쪽 참조.

불안한 생의 충동이나 격심한 고통을 그 선행조건이나 귀결로 갖는 방종한 기쁨이 아니라, 바다와 같이 고요한 부동의 평화와 깊은 평정과 내면적인 밝음이 지배하는 상태다.[100]

우리가 모든 의욕을 부정하고 포기하여 고통스러운 세계로부터 해탈하는 것은 헛된 '무'로 이행하는 것으로 보일 수 있다. 실로 생을 향한 의지를 자유롭게 부정하고 포기함으로써 이제 모든 현상도 사라진다. 물자체로서의 의지가 나타나는 보편적 형식인 시간과 공간도, 주관과 객관도 없어진다. 의지가 사라지면, 표상도 세계도 사라진다. 결국 우리 앞에 남는 것은 무밖에 없게 된다. 이러한 무를 우리는 본성적으로 두려워하고 무로 융해되는 것에 저항할 수밖에 없는데, 이는 우리 자신이 생을 향한 의지로서 살기 때문이다.

그러나 고통스러운 세계에서 해탈하여 흡사 무 속으로 융해되어 버리는 것처럼 보이는 사람들은 사실은 끊임없는 충동과 정신의 혼란에서 벗어나 대양처럼 고요한 마음, 흔들림 없는 확신과 명랑에 차 있다. 따라서 쇼펜하우어는 의지를 부정함으로써 남게 되는 무를 문자 그대로 아무것도 남지 않는 공허한 상태로 보아서는 안 된다고 말한다.

쇼펜하우어는 무엇보다도 '무'의 개념은 본질적으로 상대적이기 때문에 그것이 부정하는 특정한 무언가와 연관되어 있다고 본다. 사람들은 결여적 무(nihil privativum)와 부정적 무(nihil negativum)를 구별하면서 전자만을 상대적인 것으로 보는 반면에, 후자는 모든 점에서 무인 것으로 본다.[101] 그러나 절대적인 무, 완전한 부정적 무는 생각조차 할 수 없다. 이

---

100 쇼펜하우어, 앞의 책, 982쪽 참조.
101 쇼펜하우어, 앞의 책, 1003쪽 이하 참조.

런 종류의 무도 사실은 무엇인가를 결여하는 상태의 무에 지나지 않는다. 모든 무는 다른 무언가에 대한 부정으로서만 무로 생각되는 것이다. 그것은 다른 것과의 관계를 전제하고 있으며 다른 쪽도 그렇다. 따라서 한쪽에서는 '-'로 여겨지는 것이 다른 쪽에서 보면 '+'가 될 수도 있는 것이다.

일반적으로 적극적인 것으로 생각되는 것, 즉 의지에 사로잡힌 사람들이 보통 '존재'라고 부르고 그것의 부정이 '무'라고 불리는 것은 바로 표상으로서의 세계, 즉 물자체로서의 의지가 개별화의 원리를 통해서 반영된 거울이다. 그러므로 의지의 부정과 폐기는 물자체로서의 의지가 반영된 표상으로서의 세계의 폐기이자 소멸이기도 하다.

이렇게 의지가 완전히 없어진 뒤 남아 있는 것이, 아직 의지에 의해서 사로잡힌 사람들에게는 무에 지나지 않는 것으로 보일 것이다. 그러나 반대로 의지를 부정한 사람들에게는 의지에 사로잡힌 사람들에게 실재하는 것으로 보이는 표상으로서의 세계가 바로 무이며, 자신들이 경험하는 평정한 부동심의 상태야말로 실재로서 나타난다. 쇼펜하우어는 이렇게 말하고 있다.

"오히려 우리는 의지를 완전히 폐기한 후에 남는 것은 아직 의지에 사로잡혀 있는 모든 사람에게는 사실 무에 지나지 않는다고 거리낌 없이 고백한다. 그러나 그와 반대로 의지가 스스로를 전환하고, 스스로를 부정하여 버린 사람들에게도, 우리들에게 그렇게도 사실적으로 보이는 이 세계가 모든 태양과 은하수와 더불어 무(이것이 바로 불교도의 '반야바라밀'이며, 모든 인식의 '피안', 즉 이미 주관과 객관이 없는 경지이다)인 것이다."[102]

따라서 쇼펜하우어가 말하는 무의 상태는 아무것도 존재하지 않는 공허의 상태라기보다는 오히려 신비주의적인 지복의 상태를 가리킨다. 이러한 지복의 상태에 있는 자만이 내적인 충일함 속에서 그리스도교에서 말하는 것처럼 이웃을 제 몸처럼 사랑할 수 있다. 그러지 않고 내적인 결핍감에 사로잡혀 욕망에 시달리는 자는 타인들을 결코 사랑할 수 없다.

이런 의미에서 쇼펜하우어는 의지의 부정이야말로 절대선, 최고선이라고 본다.[103] 일상적인 세계에서 '선(gut)'은 '의지가 겨냥하는 것에 부응하는' 것을 의미한다. 다시 말해서 일상적으로 우리는 우리가 원하는 것에 부응하는 모든 것을 '좋다'고 한다. 이에 반해 '나쁜 것'은 우리가 원하는 것에 부응하지 않는 모든 것이다. 우리는 자신에게 잘하는 사람을 선하다고 말하며 그렇지 않은 사람은 나쁘다고 말한다. 이렇게 일상적 세계에서의 선은 이기적인 의지에 대한 관계에서만 성립하기 때문에 상대적인 것이다. 이런 의미에서 쇼펜하우어는 의지의 완전한 부정만이 절대선, 최고선이라 불릴 수 있다고 본다.

아울러 쇼펜하우어는 생을 향한 의지의 부정, 즉 절대선은 끊임없는 투쟁에 의해 항상 새롭게 획득되지 않으면 안 된다고 말하고 있다. 왜냐하면 신체는 의지 자체이고, 따라서 신체가 살아 있는 한 생에 대한 의지도 가능성으로는 여전히 존재하며 동기만 주어지면 언제든지 불타오르려고 하기 때문이다. 그러므로 성자들의 생활에서 볼 수 있는 평정이나 열락은 의지의 끊임없는 극복에서 생긴 꽃송이다. 이 꽃을 피우는 토

---

102 쇼펜하우어, 앞의 책, 1006쪽(번역을 약간 수정했음).
103 쇼펜하우어, 앞의 책, 951쪽 참조.

양은 생을 향한 의지와의 끊임없는 투쟁이다.

쇼펜하우어는 인간이 도달할 수 있는 최고의 정신상태, 즉 의지가 소멸된 신비주의적인 지복의 상태가 모든 위대한 종교에서 공통적으로 나타난다고 본다. 쇼펜하우어는 시대와 국가와 종교 사이에 엄청난 차이가 존재함에도 불구하고 신비주의적 지복의 상태에 대해서 말하는 사람들 사이에는 커다란 유사성이 존재한다는 사실보다 더 놀라운 일은 없을 것이라고 말하고 있다.

쇼펜하우어는 모든 고통이 생을 향한 의지에서 비롯되고 고통의 극복은 의지의 부정에 의해서만 가능하다는 자신의 사상이 그리스도교의 진정한 가르침과 일치한다고 본다. 쇼펜하우어에 따르면 그리스도교의 핵심을 이루는 진리는 원죄설과 구원설이다.[104] 그리스도교는 우리 속에 존재하는 '생을 향한 의지의 긍정'을 '원죄'라고 본다. 따라서 아담의 원죄 이야기는 아담이라는 특정한 개인에 대한 이야기가 아니다. 아담은 생을 향한 의지의 긍정을 상징한다. 그리고 예수가 자신을 버리고 십자가를 짊어짐으로써 인류를 구원하는 것은 생을 향한 의지의 부정을 상징한다.

이 점에서 쇼펜하우어는 그리스도교를 유태교나 그리스·로마의 종교와 구별한다. 쇼펜하우어는 유태교나 그리스·로마의 종교는 종교의 본질을 지상에서의 성공과 번영을 위해서 하늘에 뇌물을 바치는 것으로 간주했지만, 그리스도교는 종교의 본질을 감각적 쾌락이나 권력과 같은 지상에서의 무상한 행복을 포기하는 것으로 보았다. 그리스도교는 모든 투쟁을 거부하고 개별 의지를 완전히 극복한 성자의 삶을 이상으로 내

---

104 쇼펜하우어, 앞의 책, 999쪽 참조.

세우고 있다는 것이다.

이렇게 그리스도교의 원죄설과 구원설을 상징적인 것으로 해석하면서 쇼펜하우어는 그리스도교와 인도 철학을 본질적으로 동일한 것으로 본다. 쇼펜하우어는 그리스도교와 인도 성자들의 전기를 읽으면 그들의 삶과 생각이 서로 일치한다는 점에서 놀라지 않을 수 없다고 말한다. 두 종교가 생겨난 시대와 환경은 근본적으로 다르지만, 양자가 지향하는 삶의 이상은 동일하다는 것이다.

그러나 쇼펜하우어는 생을 향한 의지의 부정은 산스크리트어로 쓰인 인도 철학에서 더 분명하면서도 직접적으로 서술되어 있다고 보면서, 인도 철학과 불교를 그리스도교보다도 더 높이 평가한다. 인도 철학과 불교는 그리스도교처럼 신화적 상징을 빌리지 않고, 생을 향한 의지가 소멸된 상태를 인생의 궁극적 목표라고 직접적으로 분명하게 설파하고 있기 때문에 그리스도교보다 더 심원하다는 것이다. 쇼펜하우어는 자신이 생을 향한 의지의 부정이라고 부르는 것이 불교에서 말하는 열반(Nirvana)이라고 본다. 'Nirvana'에서 'Nir'는 끊다는 것을 의미하며, 'Vana'는 타오르는 불길을 의미한다. 즉 'Nirvana'는 욕망의 불길이 꺼지고 마음의 평정과 정적이 실현된 상태다.

이렇게 인도 철학과 불교를 그리스도교보다 더 심원한 것으로 보면서, 쇼펜하우어는 동양에서 그리스도교가 인도 철학과 불교를 대신할 수 없다고 생각한다. 그리스도교가 불교를 대신한다는 것은 마치 절벽을 향해 총을 쏘는 것과 같다는 것이다. 오히려 인도 철학과 불교가 유럽으로 흘러 들어와 유럽인들의 지식과 사상에 심각한 변화를 일으키고 유럽을 지도하는 사상이 될 것이라고 쇼펜하우어는 말한다.

더 나아가 쇼펜하우어는 인도 철학과 불교는 내면적이고 직관적이기 때문에 외면적이고 논증적인 서양철학보다 더 심원하다고 본다. 논증적 지성은 모든 것을 분해하고 분석하는 반면에 직관은 모든 것을 통일적으로 본다. 인도 철학은 '자아'를 비롯한 모든 개체를 환상이라고 보면서 무한한 일자만이 진정한 실재라고 보았다.

III.

쇼펜하우어와
불교의 비교

앞에서 우리는 인생의 고통과 그 극복방안을 중심으로 하여 쇼펜하우어의 사상을 살펴보았다. 이제부터는 쇼펜하우어와 불교의 유사성과 차이를 살펴볼 것이다. 여기서 쇼펜하우어의 사상과 비교되는 불교사상은 불교의 모든 흐름을 관통하는 근본사상이 될 것이다. 그러나 쇼펜하우어의 사상은 인간의 심층심리까지도 파악하는 면이 있고 불교에서는 특히 유식불교가 이러한 심층심리에 천착했기 때문에, 우리는 경우에 따라서는 쇼펜하우어와 유식불교를 서로 비교하기도 할 것이다.

1. 쇼펜하우어와 불교의 유사성[105]

쇼펜하우어와 불교 사이의 유사성과 관련하여 우리는 다음과 같은 점들을 들 수 있을 것이다.

첫째로, 쇼펜하우어와 불교는 세계를 설명함에 있어서 경험과 관찰에 입각하고 있으며 인격신과 같은 신화적인 개념을 끌어들이지 않고 있다. 물

---

105 이 부분은 졸고 「쇼펜하우어와 불교의 인간이해의 비교연구─쇼펜하우어와 원효의 비교연구를 토대로」(『현대유럽철학연구』 32, 2013), 111~113쪽의 내용을 심화 확대한 것임을 밝혀둔다.

론 쇼펜하우어가 물자체로서의 의지를 상정하면서 직접적인 경험과 관찰보다는 추론에 의지하고 있다는 점에서, 쇼펜하우어보다도 불교가 더 철저하게 직접적인 경험과 관찰에 입각해 있다고 볼 수 있다.

불교는 세계의 모든 것은 십이처(十二處)에 포섭된다고 본다. 십이처란 눈과 색, 귀와 소리, 코와 냄새, 혀와 맛, 몸과 촉감, 의식과 법(의식의 대상)이다.[106] 이것들은 이 열두 가지 이외의 것은 존재하지 않고 모든 것이 그 속에 들어간다는 의미에서 '처'라고 불린다. 우리 인간이 경험하는 세계의 모든 것이 '안이비설신의(眼耳鼻舌身意)'라는 인식기관[內入處]과 '색성향미촉법(色声香美触法)'이라는 인식 대상[外入處]으로 포섭될 수 있다.

우리 인간은 '안이비설신의'에 들어오는 것만을 지각하고 인식할 수 있으며 그러한 것들만이 인간의 세계를 형성한다. 불교는 인간에 의해 지각되고 인식되지 않는 것은 존재하지 않는다고 보며, 수행에 의해서도 입증될 수 없는, 인간의 인식 범위를 넘어선 초월적인 실재는 존재하지 않는 것으로 간주한다.

불교는 모든 것이 십이처에 포함될 수 있다고 보는 한편 우리 인간을 오온, 즉 '색수상행식(色受想行識)'의 구성물이라고 본다.[107] 십이처와 오온 중 색, 다시 말해 우리가 지각하는 자연과 인간의 물질적인 부분은 지수화풍(地水火風)이라는 사대(四大)로 구성되어 있다. 즉 십이처 중에서 '안이비설신'의 오근과 '색성향미촉'의 오경은 각각 사대로 분석될 수 있다.

---

106 『한글 아함경』, 고익진 편역, 동국대학교출판부, 1995, 311쪽 참조.
107 『한글 아함경』, 448쪽 참조.

오온 중에서 인간의 정신을 구성한다고 할 수 있는 수상행식, 즉 느끼고(감정, 괴로움, 즐거움, 괴로움도 즐거움도 아닌 것에 대한 감수작용) 생각하고(지각, 표상) 무엇인가를 의도하고(충동, 행위를 발생케 하는 의지작용) 분별하는(넓게는 감각, 지각, 사고작용을 총칭하는 인식작용 일반) 작용들도 무상한 인연들로부터 발생하고 소멸한다. 십이처든 사대든 오온이든 모든 것은 인연에 따라서 끊임없이 생성 소멸한다. 모든 것은 생로병사에서 벗어날 수 없고 모든 존재는 생주이멸(生住異滅)에서, 즉 생겨나서 머무르고 변화하고 소멸하는 것에서 벗어날 수 없다.

불교의 이러한 사상은 현상계의 모든 것이 근거율에 따라서 발생하고 소멸한다고 보는 쇼펜하우어의 사상과 상통한다고 할 수 있다. 다만 불교는 이렇게 인연에 따라서 생성 소멸하는 세계를 쇼펜하우어처럼 현상계, 즉 실재 자체를 은폐하는 세계로 보지 않는다. 불교는 모든 것이 인연에 따라서 생성 소멸하는 연기적인 것임에도 불구하고 그것들을 고정된 실체로 실체화하면서 집착하는 마음의 경향성이 실재를 가린다고 본다.

우리가 흔히 자신의 자아라고 생각하고 '나'라고 말하는 것, 다시 말해서 몸과 마음의 주인이라고 생각하는 '나'라는 것은 사실은 오온이라는 물질적·심적 요소들의 복합체임에도 불구하고 우리는 그것을 흔히 하나의 자유롭고 고정불변한 실체로 생각하면서 그것에 집착한다. 불교에서는 이를 아집(我執)이라고 부른다. 또한 우리는 자신이 소유하는 부나 명예 등을 영원히 불멸하는 것처럼 생각하면서 그것들에 집착한다. 불교에서는 이를 법집(法執)이라고 부른다.

따라서 불교에서는 아집과 법집을 떠나 연기적인 세계를 연기적인 세계 그 자체로 보는 것이 실상을 보는 것이다. 이 점에서 불교는 근거율에 따르는 세계를 현상계로 보면서 근거율에서 벗어난 세계를 실재로 보는 쇼펜하우어의 입장과는 다르다.

이와 동일한 맥락에서 우리는 쇼펜하우어와 불교의 인식론적 입장도 서로 다르다고 볼 수밖에 없다. 언뜻 보기에는 인간에게 지각되고 인식되는 것만을 실재로 보는 불교의 사상은 우리가 살고 있는 현상계를 주관에 의한 표상으로 보는 쇼펜하우어의 사상과 상통하는 것처럼 보인다. 그러나 불교는 인간에게 지각되고 인식되는 세계를 실재 자체를 가리는 현상계로 보지 않는다. 우리 인간이 연기적 세계를 고정된 실체들로 실체화하는 아집과 법집에서 벗어난다면, 우리가 보는 연기적 세계는 그 자체로 이미 실재라고 보는 것이다.

이에 반해 쇼펜하우어는 우리가 지각하고 인식하는 세계는 세계 그 자체가 아니라 우리의 인식형식에 의해서 규정된 현상계라고 보면서, 그 이면에 물자체로서의 의지라는 실상이 숨겨져 있다고 본다. 이러한 점에서 그의 견해는 불교와 차이를 갖는다. 불교는 생성 변화하는 세계의 이면에 있는 브라만이나 생성 변화하는 우리의 몸과 마음의 이면에 있는 아트만과 같은 관념들을 허구적인 관념으로 보면서 그 실재성을 부인한다. 따라서 불교는 쇼펜하우어가 말하는 물자체로서의 의지와 같은 것도 허구적인 관념으로 볼 것이다.[108]

---

108 언뜻 보기에는 불교도 개별 자아의 실체성을 부정하고 우주적 실체와 하나가 되는 것을 주장하는 것처럼 보인다. 그러나 불교는 개별 자아의 실체성뿐 아니라 우주적 실체라는 것도 부정하며 오히려 그러한 실체들을 부정할 때 만물과 하나가 되는 상태가 가능하다고 본다. 박태원은 원효의 사상을 우파니샤드의 범아일여 사상과 구별하여 이렇게 말한다.

　"『대승기신론 소·별기』는 존재의 참다운 모습을 '하나 됨의 상태'라고 표현한다. 이 표현은 존재의 무실체성(無實體性/무아·공)을 전제로 구사되는 언어라는 점을 유념해야 한다. 개아적(個我的) 실체와 우주적 실체의 합일을 설정하는 '범아일여(梵我一如)적 하나됨'과는 그 철학적 토대가 완전히 다른 것이다." 박태원, 『원효—하나로 만나는 길을 열다』, 한길사, 2012, 101쪽.

이러한 차이점에도 불구하고, 쇼펜하우어와 불교는 모두 그리스도교가 말하는 것과 같은 인격신의 존재를 부정하는 무신론적인 입장을 취하고 있다는 점에서 동일하다고 할 수 있다. 쇼펜하우어가 현상계가 인격적인 신에 의해서 지배되는 것이 아니라 근거율에 의해서 규정된다고 보는 것처럼, 불교도 인연의 법칙에 따라서 움직인다고 본다. 또한 양자는 인간의 역사가 최후의 심판과 함께 끝날 것이라고 보는 그리스도교 혹은 헤겔이나 마르크스의 역사철학처럼 우주와 역사가 지향하는 궁극적인 목적이 있다고 보지 않는다. 양자는 세계에는 시작도 끝도 없으며 목표도 없다고 본다.

둘째로, 쇼펜하우어와 불교는 고통의 궁극적인 원인을 인간 외부에서 찾지 않고 인간의 내면에서 찾고 있다. 양자는 그러한 원인을 영구불변한 개별적인 실체로서의 자아가 있다고 보는 '미망'에서 찾고 있는 것이다. 불교는 이러한 미망을 '무명(無明)'이라고 부르며, 쇼펜하우어는 '개별화의 원리'라고 부르고 있다. 그리고 양자는 이러한 미망에서 비롯되는 자아에 대한 집착과 함께 갖가지 이기적인 욕망이 생기며 이러한 욕망은 궁극적으로 충족될 수 없기에 인간은 고통 속에서 살아가게 된다고 본다. 불교에서는 그러한 이기적인 욕망을 '갈애'라고 부르며, 쇼펜하우어는 '생을 향한 의지'라고 부르고 있다. 쇼펜하우어와 불교 모두 삶의 고통을 갈애와 의지에서 찾는다는 점에서 양자는 큰 유사성을 갖는다.

불교는 모든 것이 무상한 인연들로부터 발생하며 소멸한다고 보면서 "모든 것이 무상하다[諸行無常]"라고 말한다. 이렇게 무상한 현실만이 존재함에도 불구하고, 인간에게는 무상한 현실에 의해서 영향받지 않는 영원한 행복을 희구하는 욕망이 강하게 존재한다. 부처가 말하는 일체개고(一切皆苦)는 인간에게 존재하는 이러한 욕망과 제행무상의 현실 간

갈등에서 비롯된다.

다시 말해서, 불교는 일체가 고통인 것은 우리가 무상한 것들에 대해 흡사 영원한 것인 양 생각하고 그것들에 집착하기 때문이라고 본다. 불교는 고통의 근원을 무상한 생성 자체에서 찾는 것이 아니라, 우리가 무상한 것을 무상한 것으로서 놓아 버리지 못하고 그것을 영원한 것인 양 여기며 그것에 매달린다는 데서 찾고 있는 것이다. 그리고 불교는 무상한 것들에 대한 이러한 집착은, 생성 소멸하는 세계의 한가운데에서 우리가 보존하고 온존해야 할 자아가 독자적인 실체로서 존재한다고 생각하는 자아에 대한 착각, 즉 무명에 입각해 있다고 본다.

우리는 흔히 우리 자신을 세계와 대립되며 다른 인간들과 구별되고 비교되는 자유롭고 고정불변한 실체로서의 자아라고 생각한다. 그리고 우리는 이러한 자아가 몸과 마음을 자신의 것으로 소유하면서 자신의 뜻에 따라서 생각하고 행동한다고 생각한다.[109] 그러나 불교는 우리가 통상적으로 몸과 마음의 주체라고 생각하는 '나'가 하나의 상상물일 뿐이라고 본다.

우리가 통일적이고 자유로운 자아라고 생각하는 것은 사실 신체, 이름, 사회적 지위, 지식, 소유물, 자기 자신에 대해서 갖고 있는 이미지와 타인이 자기에 대해 갖기를 바라는 이미지, 특정한 성격과 가치관, 갖가

---

[109] 박태원은 이렇게 말하고 있다.

"상식은 '나'라고 지칭하는 존재를 '나이게끔 만드는 불변의 존재'가 있을 것이라고 믿는다. 비록 몸은 하루하루 변해가지만, 그 이면에는 나의 생각과 행동을 가능하게 하는 '변치 않는 것'이 있으며, 그것이 '나의 실체'라고 생각한다. 그 실체를 정신주의자는 '정신', '영혼', '마음'이라고 부르고, 유물론자는 '물질', '원자' 등 물질적 존재를 지칭하는 이름으로 부른다." 박태원, 앞의 책, 47쪽.

지 느낌과 생각 그리고 의지 등으로 이루어져 있다. 우리는 자유롭고 통일적인 주체로서 이것들을 자신의 소유물로서 갖고 있고 자기 마음대로 변화시키고 통제할 수 있다고 생각하지만, 그것들은 사실 우리가 통찰하지 못하는 복잡한 인연에 의해서 규정되어 있고 우리의 통제를 벗어나 있다.

보다 상세하게 말하자면, 우리의 몸은 내 뜻대로 할 수 있는 것이 아니며 우리의 마음에서 일어나는 생각이나 느낌도 내 뜻대로 할 수 있는 것이 아니다. 일단 우리가 우리 자신의 몸이라고 생각하는 것은 지수화풍 사대가 임시로 화합한 것에 불과하며, 인연에 따라서 생겨나서 늙어가며 사멸하는 것이다. 우리는 병들고 싶어 하지 않지만 병이 들며, 죽고 싶어 하지 않지만 결국에는 죽고 만다. 따라서 우리의 몸은 주체로서의 내가 마음대로 좌지우지할 수 있는 소유물 같은 것이 아니다. 또한 우리의 거의 모든 생각과 행동은 타고난 성격이나 사회적인 관습과 가치관 그리고 그때마다의 생리적인 상태에 의해서 규정되는데, 이것들 역시 우리 자신이 마음대로 할 수 있는 것이 아니다. 따라서 우리에게서 일어나는 거의 모든 생각도 우리가 자발적으로 생각해 낸 것이 아니라 우리가 통제하지 못하는 조건들에 따라서 생겨난다.

따라서 우리가 자아라고 생각하면서 집착하는 것은 자신의 몸과 마음을 자기 마음대로 좌지우지할 수 있는 자유롭고 고정불변한 자아가 아니라, 사실은 특정한 몸과 특정한 성격 그리고 이것들에 의해서 규정되어 있는 특정한 의식상태들의 화합물일 뿐이다. 우리는 세상에 대해서 자신을 주장한다고 생각하지만, 우리가 세상에 내세우고 있는 것은 이러한 화합물일 뿐이며 어떤 특정한 몸이고 성격이고, 그것들에 의해서 생기는 어떤 생각들이고 욕심들이다. 이러한 생각들이나 욕심들도 인연화합에 따라서 생기는 것임에도 불구하고, 우리는 그것들이 우리 자신의 자유로운 자아에서 비롯된다고 생각하면서 그것들에 집착한다. 우리는 그것들이 나 자신의 생각이고 욕심이라고 여기면서, 그것들이 세상에서 받아들여지지 않으면 분노한다.

우리는 또한 자유롭고 고정불변한 자아가 있다고 생각하면서 자신을 다른 사람과 비교한다. 그러한 자아는 사실 하나의 인연화합물에 불과하기 때문에, 사실상 내가 비교하는 것은 그러한 화합물을 구성하는 특정한 요소들, 예를 들어 어떤 신체적인 특성이나 정신적 자질 등이다. 이 경우 우리는 이것들이 다른 사람들의 것보다 우월하다고 생각하면서 교만에 빠지거나, 그보다 못하다고 생각하면서 열등의식에 빠진다.

더 나아가 우리는 우리의 자아가 사후세계에서도 영원불변하기를 바라지만, 몸의 소멸은 누구도 피할 수 없는 것이기에 우리는 몸의 영속까지는 바라지 않고, 영혼의 불멸을 믿으면서 이러한 영혼이 사는 피안과 같은 것을 상상해 낸다. 그러나 이러한 영혼은 허구적이거나 우리가 자유롭고 고정불변한 것이라고 생각하는 자아와 마찬가지로 인연화합물에 불과하기 때문에, 우리가 실질적으로 영속하기를 바라는 것은 자신이 집착하는 정신적인 여러 능력이나 성격 등이다.

이와 같이 우리가 집착하는 자아라는 것이 사실은 오온의 인연화합의 산물에 불과함에도 불구하고, 우리는 하나의 자유롭고 고정불변한 자아가 존재하고 오온이 이러한 자아에서 비롯되며 이러한 자아에 속한다고 생각한다. 이와 함께 우리는 이러한 오온의 손상을 자신의 손상과 동일시하면서 애달아 한다. 우리는 몸이 다치면 '자기 자신'의 몸이 다쳤다고 안타까워하고 또한 의견이 공격받으면 그러한 의견의 주인인 '자기 자신'이 공격받았다고 생각하면서 분노한다.

우리는 이렇게 오온을 자신의 자아에 속하는 것으로 보면서 집착할 뿐 아니라, 생성 변화하는 세계 안에서 자신의 지위를 공고하게 하기 위해서 재산이나 명예처럼 자신에 속하는 것으로 보이는 것들을 끊임없이 확대하고 그것들에 의지하게 된다. 이러한 소유물들은 우리에게 안정된 의지처를 제공하는 것 같지만 인연에 따라서 생기고 사라지는 것이어서 우리는 그것들을 언제라도 잃어버릴 수 있다. 이렇게 무상한 것들임에도 불구하고 그것들을 자신의 소유물로 여기고 집착하면서 마음대로 하려고 하고 그것들을 영구하게 유지하려고 하거나 다른 사람들에게 내세우려고 하는 데서 걱정과 두려움 그리고 슬픔과 절망 같은 온갖 고통이 생긴다.

우리는 소유물을 늘릴수록 자신의 자유가 더 커지고 자신의 처지가 더 안정되어 간다고 생각하지만, 오히려 소유물에 대한 의존도가 커질수록 우리는 그것에 더욱더 얽매이고 불안해한다. 우리는 자신을 소유물과 동일시하면서 그것이 잘못되지 않을까 하는 불안에 사로잡히게 되며, 더 나아가 소유물이 사라지면 자신의 인생도 끝났다고 생각하게 된다.

불교에서 '제행무상'이라고도 하는 '행'은 오온 중의 행온을 가리키는데, 행온은 무상한 세계 속에서 개체를 영구히 유지하려는 의지작용을 뜻한다. 인간의 정신을 구성하는 수상행식은 개인의 몸을 구성하는 색온에 입각해서 개체를 지속시키려는 정신적 노력이며, 그러한 노력의 중심은 의지작용인 행에 있다. 이러한 행은 무상한 세계 속에서 개체를 영구하게 유지하려고 노력하지만, 개체의 영원한 존속이라는 것은 애초부터 불가능한 것이기 때문에 그러한 노력은 항상 헛된 것으로 끝난다. 그리고 우리가 모든 것의 무상함을 가장 강하게 느낄 때는 우리의 노력이 허망하게 끝났을 때이다. 의지작용의 허망함이야말로 이렇게 모든 것의 무상함을 가장 잘 실감할 수 있게 하기 때문에 불교에서는 모든 것의 무상함을 굳이 제행무상이라는 용어로 표현했다고 할 수 있다.

이러한 의지작용을 불교에서는 '갈애'라고 부르고 있으며, 이는 쇼펜하우어가 말하는 '생을 향한 맹목적이고 이기적인 의지'와 유사하다고 할 수 있다. 불교에서 갈애가 '자유롭고 고정불변한 자아'라는 허구적인 관념에 대한 집착에서 생긴다고 보는 것처럼, 쇼펜하우어 역시 이기적인 의지는 '물자체의 차원에서는 자신이 모든 것과 하나'라는 사실을 망각하고 개별화의 원리라는 미망의 베일에 사로잡혀 자신을 다른 것들과 구별되는 개별적인 자아로 보는 망상에서 비롯된다고 본다.

셋째로, 쇼펜하우어와 불교는 고통을 극복할 수 있는 궁극적인 길도 영구불변한 개별적 실체가 있다고 믿는 미망에서 벗어나 이기적인 욕망을 극복하는 것에서 찾고 있다. 불교는 우리에게 무명에서 깨어나 갈애를 종식시킬 것을 촉구하고 있으며, 쇼펜하우어는 개별화의 원리라는 미망의 베일을 꿰뚫어 보고 만물이 하나라는 사실을 깨달음으로써 생을 향한 맹목적이고 이기적인 의지를 부정할 것을 촉구하고 있다.

오온이 귀속되는 통일적이고 자유롭고 고정불변한 주체가 있다고 생각하는 것은 우리의 마음이다. 마음은 자신을 '나'라는 주체에 속한다고 생각하면서 이러한 자아의 유지와 강화를 위해서 자신을 헌신해야 한다고 생각한다. 따라서 이러한 마음은 자신에게서 일어나는 생각이나 욕망을 자아의 자발적인 생각이고 욕망이라고 보면서 그것들에 집착하며, 그러한 생각과 욕망의 관철을 위해서 자신의 온갖 에너지를 쏟아붓는다. 자신에게서 일어나는 욕망은 세상에서 제일 소중한 자신의 욕망이기에 어떻게든 세상에서 관철되어야 한다고 보는 것이다.

그러나 다른 한편으로 불교는 우리의 마음은 이러한 사실을 반성할 수 있다고 본다. 즉 마음은 자신의 생각이나 느낌이 대부분 어떤 자유로운 통일적 자아에서 비롯된 것이 아니라 생리적인 구조나 성격 그리고 자기본위적인 애착심에 의해서 규정되어 있음을 깨닫고 그것들로부터 거리를 취할 수 있는 것이다. 이렇게 그것들로부터 거리를 취할 수 있기 위해서, 불교에서는 우리가 흔히 우리의 자아나 자아에 속한다고 집착하는 것이 사실은 우리의 뜻과는 상관없이 인연에 따라서 생겼다가 사라지는 것임을 깨달아야 한다고 본다. 그리고 이러한 사실을 깨달을 때 우리는 그렇게 인연에 따라서 오고 가는 것들에 대한 집착에서 벗어날 수 있다.

그렇다고 해서 불교가 우리에게서 일어나는 성욕과 같은 자연스러운 욕망들을 억압하고 제거해야 한다고 말하는 것은 아니다. 불교는 그러한 욕망 자체가 아니라, 우리의 마음이 그러한 욕망에 사로잡히는 것이 문제라고 본다. 불교는 그러한 욕망이 인연에 따라서 일어나는 것임을 알고, 그것을 자유로운 자아의 욕망으로 고집하지 않을 것을 요구하는 것이다.

그러한 욕망이 그러한 자아의 것이라고 고집할 경우, 마음은 보통 자신이 속하는 자아가 세상에서 제일 존귀한 존재라는 아만(我慢)에 사로잡혀 있기 때문에 그러한 욕망 역시 소중한 것으로 생각한다. 또한 어떻게든 그것을 세상에 대해서 관철하려고 하며, 그러한 욕망이 충족되지 않으면 애달아 하고 고통스러워하게 된다.

이에 반해 그러한 욕망이 인연에 따라서 일어나고 사라지는 것임을 알고 그러한 욕망을 거리를 두고 바라보면, 욕망들은 더 이상 우리의 마음을 사로잡지 못한다. 그것은 그야말로 인연에 따라 일어났다가 사라지고 만다. 이렇게 마음은 자신의 신체적인 상태나 성격 그리고 자기중심적 애착과 결부된 갖가지 생각이나 욕망을 인연화합의 소산으로 보면서, 그것들에 대한 집착을 놓아 버릴수록 그것들로부터 자유로워지고 내면적인 평안을 누릴 수 있다. 명법 스님은 이러한 사태에 대해서 이렇게 말하고 있다.

"존재하는 모든 것이 무상하다는 것을 깨닫자 놀라운 변화가 일어났다. 절망이나 허무에 빠지는 대신 그의 마음은 놀랍도록 담담하고 고요해졌다. 변덕스럽게 일어났다가 사라지는 생각과 느낌이 사라지자 구름 걷힌 맑은 하늘처럼 텅 비고 고유한 마음이 온전하게 드러났다. 모든 생각과 느낌이 사라진 무념무상의 경지에 이른 것이다. 이런 상태, 즉 일어남이 없으므로 사라짐도 없는 상태를 적멸이라고 한다. [...] 모든 느낌과 생각이 사라진 무념무상의 상태에서 느끼는 즐거움은 영원하다. 왜냐하면 그것은 대상에 기대어 발생한 즐거움이 아니기 때문에 소유나 쾌적함에서 얻는 만족과는 전혀 다르다. 적멸의 즐거움은 조건이 없는 즐거움이다. 그 즐거움은 발생하거나 사라지지 않으며 한계가 없다. 반가사유상의 미소는 바로 이 적멸의 즐거움, 불생불멸의 즐거움을 보여준다."[110]

불교에서는 이렇게 우리가 내면적인 평안과 즐거움을 느끼는 상태에서만 우리에게 잠재되어 있던 참된 능력들을 제대로 개화시킬 수 있다고 본다. 그러한 상태에서 우리는 다른 사람들이나 존재자들을 무시하지도 않고 질시하지도 않으면서 그것들을 있는 그대로 볼 수 있는 지

---

110 명법 스님, 『미술관에 간 붓다』, 나무를심는사람들, 2014, 38쪽 이하.

혜를 구현할 수 있으며, 그것들에 대한 자비심으로 가득 찰 수가 있게 된다.

불교에서는 이와 같이 고통의 원인과 고통을 극복할 수 있는 방법을 마음 자체에서 찾고 있다. 고통의 원인이 육신에도, 그리고 외부세계에도 존재하지 않고 자기 마음에 있는 만큼, 그러한 괴로움에서 벗어날 수 있는 출구도 인격신이나 재산이나 명예와 같은 외부에 존재하는 것이 아니라 마음에 존재한다고 보는 것이다. 이는 쇼펜하우어가 고통을 극복하는 길을 이기적인 의지를 극복하는 데서 찾고 있는 것과 유사하다고 할 수 있다. 또한 쇼펜하우어 역시 우리가 이기적인 의지를 극복하게 되면 우리에게 잠재되어 있던 동정과 사랑의 능력이 개화된다고 보는 점에서 불교와 유사하다고 할 수 있다.

이와 함께 쇼펜하우어와 불교는 도덕적으로 올바른 행위가 고통으로부터의 완전한 해방을 준비하는 길은 될 수 있지만, 그것만으로는 고통으로부터의 완전한 해방이 불가능하다고 본다. 양자는 고통으로부터의 완전한 해방은 고정된 실체로서의 개별적인 자아가 존재한다는 믿음과 이러한 믿음에 입각한 이기적인 욕망을 극복하는 것에 의해서만 가능하다고 본다.[111]

넷째로, 쇼펜하우어와 불교는 우리의 일상적인 삶이 고통으로 가득 차 있다고 보면서도 그러한 고통을 극복할 수 있다고 생각한다. 이 점에서 양자는 염세주의에서 출발하면서도 우리가 고통에서 해방될 수 있다는 낙관

---

[111] 박태원은 이와 관련하여 불교와 유교를 비교하고 있다.

"유교의 성선설이 인간에게 내재된 윤리적 잠재력을 주목하는 윤리적 성선설인 데 비해, 불교의 불성설은, 윤리적 능력의 향상을 추구하는 동시에, 윤리의 범주마저 뛰어넘는 깨달음의 잠재력을 겨냥하고 있다." 박태원, 앞의 책, 77쪽 이하.

주의적 확신을 갖고 있다.

이와 관련하여 언급해야 하는 것은 불교는 생성 소멸하는 세계나 인생 자체를 고통이라고 보지는 않는다는 점이다. 불교가 세계와 인생 자체를 고통이라고 본다면, 그러한 고통에서 벗어날 길은 없게 된다. 그러나 불교는 생은 무상하다고 말할 뿐이며, 생이 무상하기 때문에 고통이라고 말하고 있지는 않다. 다만 불교는 우리가 무상한 생을 무상한 그대로 받아들이지 않고 끊임없이 고정불변의 실체로 만들려고 하는 데서 고통이 생긴다고 본다.

이는 실질적으로 쇼펜하우어도 마찬가지라고 보아야 할 것이다. 쇼펜하우어의 경우 끊임없이 생성 소멸하는 현상계 자체가 고통인 것처럼 말하고 있는 것으로 보이지만, 실은 근거율에 따라서 생성 소멸하는 세계를 이기적인 개별 의지가 자신을 위한 수단이나 소유물로 만들려는 데서 모든 고통이 생긴다고 보는 것이다. 이와 함께 불교도 쇼펜하우어도 갈애와 의지만 극복하면 우리는 행복해질 수 있다고 보는 것이다.

다섯째로, 쇼펜하우어와 불교는 세계의 실상이 논증적인 이성에 의해서가 아니라 삶의 방식의 변화가 함께 일어나는 깨달음을 통해서만 드러난다고 본다. 이 점에서 양자는 논증적인 사유방식이 지배하는 서양철학의 주요한 흐름이나 과학과 구별된다고 할 수 있다.

논증적인 사유방식은, 쇼펜하우어식으로 말하면, 근거율에 입각한 사유방식으로서 끊임없이 변화하는 세계 내에서 자신의 생존을 유지하고 자신의 입지를 강화하려는 개체들의 의지에 봉사한다. 쇼펜하우어는 세계의 실상은 이러한 의지에 봉사하지 않는 예술적인 관조나 '만물은 본질적으로는 하나'라는 사실에 대한 직관적인 인식에 의해서 드러난다고 본다.

이러한 심미적인 관조나 직관적인 인식은 단순히 지적인 인식이 아니라 맹목적이고 이기적인 의지에서 우리를 해방시키면서 새로운 삶의 방식을 가능하게 하는 인식이다. 심미적인 관조와 함께 이기적인 욕망에서 벗어난 평정한 마음이 생기며, '만물은 본질적으로 하나'라는 사실에 대한 직관적인 인식과 함께 타인들이 겪는 고통에 대한 동정과 타인을 도우려는 선한 마음이 생기게 되는 것이다.

불교에서도 '영구불변한 실체로서의 자아'는 존재하지 않는다는 사실에 대한 진정한 깨달음은 삶의 방식의 근본적인 변화를 초래한다고 본다. 진정한 깨달음은 사람들을 갈애에서 벗어나게 하고, 그들로 하여금 만물에 대한 자비심을 갖게 한다는 것이다.

이 점에서 쇼펜하우어와 불교는 지성을 통해 세계의 실상이 드러난다고 보는 서양철학의 주요한 흐름과 더불어 과학적인 인식만이 세계의 실상을 드러낸다고 보는 현대의 과학주의적인 사고방식과도 대립된다고 할 수 있다. 더 나아가 쇼펜하우어와 불교는, 데카르트에서 후설에 이르는 근대철학에서 보는 것처럼, 단순히 우리의 의식작용과 의식 대상에 대한 반성을 통해서 세계의 실상이 드러난다고도 보지 않는다. 쇼펜하우어와 불교는 의식작용과 의식 대상에 대한 단순한 반성을 통해서가 아니라, 갈애와 이기적인 욕망의 극복을 수반하는 깨달음과 직관적인 인식을 통해서 세계의 실상이 드러난다고 본다.

여섯째로, 쇼펜하우어와 불교는 동물과 인간 사이에 본질적인 차이는 없다고 본다. 쇼펜하우어는 동물이든 인간이든 물자체로서의 근원적인 의지에서 비롯되었다고 보기 때문에 모두 본질적으로 동일하다고 본다. 불교 역시 살아 있는 모든 것에 불성을 인정하고 있으며 윤회설에서 보듯이 인간이 동물로, 동물이 인간으로 환생할 수 있다고 본다. 이와 함께 양자는 살아 있는 모든 것의 고통을 함께하는 동정의 윤리를 설파한다. 그렇다고 해서 불교와 쇼펜하우어가 인간과 동물을 전적으로 동일시하는 것은 아니다. 불교도 생명을 갖는 것들, 즉 유정(有情)들 중에서는 오직 인간만이 깨달을 수 있다고 말하고 있다. 또한 쇼펜하우어도 인간은 동물도 갖고 있는 지성을 넘어서 이성을 가지고 있으며, 이러한 이성을 통해서 의지를 부정할 수 있다고 보았다.

쇼펜하우어와 불교 사이에 위에서 언급한 유사성들이 존재한다는 것을 우리는 부정할 수 없을 것이다. 바로 이 때문에 쇼펜하우어는 자신의 사상과 불교가 근본적으로 동일한 사상을 설파한다고 보았을 것이며, 많은 연구자들 역시 쇼펜하우어와 불교를 근본적으로 유사한 것으로 보게 되었을 것이다.

그러나 쇼펜하우어와 불교 사이에 보이는 유사성들 중 많은 것은 쇼펜하우어와 우파니샤드의 철학 사이에도 보인다. 쇼펜하우어가 살아 있을 당시의 서양에서는 인도 철학과 불교에 대한 소개가 제대로 이루어지지 않았기 때문에 쇼펜하우어는 우파니샤드의 철학과 불교 사이의 차이를 간파하기 어려웠다.[112] 특히 쇼펜하우어는 우파니샤드를 상당히 문제성이 많은 번역본으로 읽었다.[113] 그나마 우파니샤드는 번역본이었을

---

112 쇼펜하우어는 플라톤과 칸트, 그리고 베다와 우파니샤드에 남아 있는 태곳적 인도의 지혜야말로 자신의 사상적 원천이라고 말하고 있다(『의지와 표상으로서의 세계』 초판 서문).

113 쇼펜하우어가 읽은 우파니샤드는 산스크리트어 원전을 토대로 하지 않고 페르시아어 번역본을 토대로 한 라틴어 번역본이었다. 휩셔에 의하면 무굴제국의 왕자 Mohammed Dara는 1656년에 우파니샤드를 페르시아어로 번역하게 했다. 그로부터 150년 후에 산스크리트어를 모르던 프랑스인 Anquetil-Duperron이 이 페르시아 텍스트를 라틴어로 번역했으며, 이 번역본이 1801~1802년 스트라스부르크에서 Oupnekhat라는 두 권의 두꺼운 책으로 출간되었다. 쇼펜하우어가 읽었던 우파니샤드는 바로 이 책이었다. 그러나 쇼펜하우어는 이 번역본이 페르시아어 번역본을 토대로 한 것이라는 사실을 모르고, 그것을 훌륭한 번역으로 생각

지언정 일차 문헌을 읽었지만, 불교에 대해서는 불교의 문헌을 직접 읽기보다는 우파니샤드의 철학과 불교 사이의 차이도 정확하게 알지 못했던 부정확한 이차 문헌들을 읽었을 뿐이었다.[114] 이러한 문헌들 중 어느 것도 우파니샤드의 철학과 불교 사이의 차이에 대한 정확한 인식에 의거하지 않고 있다.

따라서 앞서 열거한 유사점들 중 많은 것이 쇼펜하우어와 불교뿐 아니라 쇼펜하우어와 우파니샤드의 철학 사이에도 존재하는 것이라면, 우리는 이 유사점들을 근거로 해서는 특별히 쇼펜하우어와 불교 사이에 근본적인 유사성이 성립한다고 말할 수 없고, 쇼펜하우어와 특정한 유형의 인도 사상 전체 사이에 근본적인 유사성이 성립한다고 말해야 할 것이다.

더 나아가 필자는 쇼펜하우어와 불교 사이에 보이는 유사성들의 이면에 근본적인 차이가 존재하며, 이러한 근본적인 차이로 인해 양자는 서로 근본적으로 다른 철학적 입장이 된다고 본다. 그러나 필자는 또한 쇼펜하우어와 우파니샤드의 철학 사이에도 근본적인 차이가 존재한다고 생각한다. 지금부터 쇼펜하우어와 우파니샤드 사이의 근본적인 차이를 먼저 간단히 언급한 후에 쇼펜하우어와 불교 사이의 차이를 살펴볼 것이다.

하면서 매우 소중히 했다고 한다. 쇼펜하우어는 "우파니샤드가 자신이 살아 있는 동안에 위로를 주고 죽을 때에도 위로를 줄 것"이라고 말하곤 했다. Arthur Hübscher, "Schopenhauer und die Religionen Asiens," *Jahrbuch der Schopenhauer-Gesellschaft*, 1979, 5쪽 참조.

114 쇼펜하우어가 읽었던 불교 관련 문헌에 대해서는 Arthur Hübscher, 앞의 글, 8쪽 참조.

2. 쇼펜하우어와 불교의 차이

1) 쇼펜하우어와 우파니샤드의 차이[115]

앞에서 보았듯이 쇼펜하우어는 세계를 현상계와 물자체로 구별하고 있다. 현상계의 특징을 쇼펜하우어는 무엇보다도 꿈같은 덧없음에서 찾고 있다. 현상계란, 사실은 시간과 공간 그리고 인과율을 인식형식으로 갖는 지성에 의해서 구성된 세계로서 환상에 지나지 않으며, 이러한 환상은 시간 속에서 일어나면서 덧없이 생겼다가 사라지는 것이다. 쇼펜하우어는 이렇게 말하고 있다.

"시간에 있어 각 순간은 오직 선행하는 순간, 즉 직전의 순간이 사라진 후에만 존재하며, 그 순간 자체도 곧 사라져 버린다. 과거도 미래도 그 내용의 연속은 별도로 해도 마치 꿈과 같이 헛된 것이고, 현재는 이 둘 사이에 있는 연장(延長)도 존속성도 없는 경계에 불과한 것이다."[116]

또한 쇼펜하우어는 현상계를 구성하는 근본 원리인 시간과 공간을 '물자체로서의 실재를 은폐하는 마야의 베일'이라고 부르면서 오랜 옛날 인도인의 지혜도 동일한 주장을 하고 있다고 말하고 있다.

---

[115] 이 부분은 졸고 「쇼펜하우어와 불교의 인간이해의 비교연구―쇼펜하우어와 원효의 비교연구를 토대로」(『현대유럽철학연구』 32, 2013), 113~115쪽의 내용을 심화 확대한 것임을 밝혀둔다.

[116] 쇼펜하우어, 앞의 책, 565쪽.

"그것은 마야다. 인간의 눈을 덮고 이것을 통해 세계를 보게 하는 거짓된 베일이다. 이 세계는 있다고 할 수도 없고 또 없다고 할 수도 없다. 왜냐하면 이 세계는 꿈과 같은 것으로, 방랑자가 멀리서 보물로 생각하는 모래 위 반짝이는 햇빛과 같으며, 또 그가 뱀이라고 생각하고 던져 버리는 새끼줄과도 같은 것이기 때문이다."[117]

우리가 살고 있는 현상계를 꿈과 같이 헛된 것이라고 보는 점에서 쇼펜하우어의 사상은 우파니샤드의 사상 및 불교와 일맥상통한다. 그리고 바로 이 점에서 쇼펜하우어는 한편으로 세계를 현상계와 물자체로 나누면서, 현상계를 주관의 인식형식에 의해서 구성된 것으로 보는 칸트 인식론을 받아들이면서도 칸트와 구별된다고 할 수 있다. 칸트는 현상계가 환상이라고 보지 않았으며 또한 꿈과 같이 덧없는 것이라고 보지도 않았다.[118] 따라서 쇼펜하우어가 현상계를 허망한 환상으로 보게 된 것은 칸트보다는 우파니샤드와 불교의 영향에 의한 것이라고 볼 수 있다.

브라이언 매기를 비롯한 대부분의 쇼펜하우어 해석가들은 우파니샤드와 불교가 쇼펜하우어에게 미친 영향은 언급할 가치가 없을 정도로 극히 미약하다고 본다.[119] 이들은 쇼펜하우어가 주저인 『의지와 표상으로서의 세계』에서 전개하고 있는 사상은 우파니샤드나 불교보다는 칸트와 플라톤의 영향 아래에서 완성되었다고 본다. 이러한 대부분의

---

117 쇼펜하우어, 앞의 책, 566쪽.
118 제너웨이도 마야의 베일이란 관념으로 인해 쇼펜하우어는 표상의 세계를 환상으로 보게 되었으며, 그의 관념론은 칸트적인 것이 아니라 버클리적인 주관적 유아론에 가깝게 되고 말았다고 말하고 있다. Christopher Janaway, *Self and World in Schopenhauer's Philsophy*, Oxford University Press, 1989, 168쪽 이하 참조.
119 Bryan Magee, *The Philosophy of Schopenhauer*, Clarendon Press, 1997, 340쪽 참조.

연구가들의 견해에 반(反)하여 버거는 쇼펜하우어가 주저를 집필하던 1814년에서 1818년까지의 기간 동안 불교와 인도 사상으로부터 크게 영향을 받았다고 주장하고 있다.[120]

버거는 쇼펜하우어의 관념론적 인식론은 칸트의 선험적 관념론과 유사하지만, 쇼펜하우어는 뒤페론이 라틴어로 번역한 우파니샤드를 통해서 칸트의 인식론을 재해석하고 있다고 본다. 그리고 버거는 쇼펜하우어가 인식론에서뿐 아니라 윤리학에서도 우파니샤드의 영향을 크게 받았다고 본다. 쇼펜하우어는 우파니샤드를 읽고 칸트식의 의무윤리학을 넘어서 '모든 것은 하나'라는 동일성의 윤리학과 동정과 자비의 윤리학을 주창하게 된다는 것이다.

버거는 쇼펜하우어의 사상에서 인식론은 물론이고 형이상학과 윤리학의 토대가 되고 있는 것은 뒤페론이 번역한 우파니샤드를 통해서 접하게 된 마야 이론이라고 보고 있다. 이러한 마야 이론의 영향을 받아서 쇼펜하우어는 시간과 공간 그리고 인과율이라는 마야의 베일이 실재를 가린다고 보았으며, 시간과 공간 그리고 인과율이라는 인식형식에 의해서 구성된 현상계를 꿈과 같은 환상으로 보게 되었다는 것이다.

그러나 버거는, 엄밀하게 고찰하면, 쇼펜하우어의 마야 이론은 우파니샤드보다는 샹카라의 사상에 더 가깝다고 본다. 마야는 우파니샤드에서는 세계를 창조하도록 고용된 신이 갖는 마술적인 힘과 동일시되고 있는 반면에, 샹카라에서는 마야를 인간 내부의 불변적이고 영원하고 분화되지 않은, 가장 내적인 참된 자기인 '아트만'을 경험적이고 변화하

---

[120] Douglas L. Berger, *The veil of Māyā—Schopenhauer's system and early Indian thought*, Global Academic Publishing, 2004, 71쪽 참조.

는 개인적 자기로 오해하게 하는 인식론적인 무지로 정의하고 있기 때문이다.[121] 그럼에도 불구하고 쇼펜하우어가 현상계를 마야의 베일이 만들어 낸 환상이라고 보고 있다는 점에서는 우파니샤드의 영향을 받고 있음이 분명하다. 다만 그러한 마야의 베일을 시간과 공간 그리고 인과율과 같은 주관의 인식형식으로 본다는 점에서는 쇼펜하우어가 칸트의 인식론을 받아들이고 있다고 할 수 있다.

사실상 쇼펜하우어는 현상계라는 말의 의미를 두 가지 의미로 쓰고 있다. 첫째로 쇼펜하우어는 칸트의 선험적 관념론을 우파니샤드의 사상과 결합하는 방식으로 현상계를 규정하고 있다. 이 경우 현상계는 시간과 공간 그리고 인과율이라는 마야의 베일이 만들어 낸 환상과 같은 것이 된다. 둘째로 쇼펜하우어는 현상계를 플라톤적인 의미로 사용하고 있다. 쇼펜하우어는 이데아를 물자체의 직접적 현상으로 보고, 현상계를 물자체의 간접적인 현상으로 보고 있다. 이 경우 현상계를 물자체의 간접적인 현상인 이상 환상과 같은 것으로 보기는 어렵다.

쇼펜하우어는 칸트와 플라톤 그리고 우파니샤드의 사상을 아무런 문제 없이 서로 결합할 수 있다고 생각했지만, 이러한 사상가들은 정신사적으로 전혀 다른 배경을 가지고 있기 때문에 무리 없이 결합되기는 힘들다. 플라톤의 현상계는 불완전하고 시간 속에서 무상하게 변화하는 것이기는 하지만 실재 자체인 이데아의 반영이기 때문에, 단순히 주관적인 환상에 지나지 않는다고 말하기는 어렵다. 따라서 쇼펜하우어에서는 칸트적 요소와 플라톤적 요소 그리고 우파니샤드의 요소가 서로 모순되는 방식으로 혼재하고 있다고 할 수 있다.[122]

---

121 Douglas L. Berger, 앞의 책, 62쪽 참조.

아무튼 현상계를 꿈과 같은 환상으로 보는 점에서 쇼펜하우어는 우파니샤드로부터 결정적인 영향을 받고 있다. 그럼에도 불구하고 물자체에 대한 파악과 관련하여 쇼펜하우어와 우파니샤드의 사상 사이에는 넘어설 수 없는 차이가 존재한다.

쇼펜하우어는 현상계에서 모든 개별자가 충족되지 않는 욕망에 사로잡혀 서로 투쟁하는 현실을 고려할 때, 우리는 그러한 현상계의 근저에 있는 물자체로서의 근원적인 우주적 의지도 자체 내에서 불만과 고통에 시달린다고 볼 수밖에 없다고 하였다. 즉 근원적인 우주적 의지 자체가 자기 자신에 대한 내적인 분열과 투쟁과 대립으로 가득 차 있으며 자기 자신에 대해서 분노하고 있다는 것이다.[123]

따라서 이러한 근원적인 의지가 현상계에 나타날 때도 그것은 존재자들 간의 투쟁과 대립으로 나타나게 된다. 근원적인 우주적 의지는 고통을 야기하지만, 궁극적으로 고통을 받는 것도 그 자신이다.

쇼펜하우어가 말하는 개별적 자아는 현상계에 속하는 자기중심적인 자아로서 자신을 세계와 대립되는 것으로 보며 이와 함께 자신과 세계가 동일한 의지에서 비롯되었다는 사실을 깨닫지 못한다. 이에 반해 물자체에서 개체성은 존재하지 않으며 모든 것은 동일하다. 쇼펜하우어는

---

122 버거 역시 플라톤이 말하는 생성의 세계와 칸트의 현상계 또한 우파니샤드가 말하는 '마야의 베일에 의해서 휩싸인 환상'으로서의 세계는 서로 동일시될 수 없다고 말하고 있다. Douglas L. Berger, 앞의 책, 65쪽 참조. 가이스터링도 유사한 견해를 전개하고 있다. Johann J. Geistering, "Schopenhauer und Indien," Wolfgang Schirmache hg., *Ethik und Vernuft—Schopenhauer in unserer Zeit*, Passagen Verlag, 1995, 54쪽 참조. 아커만 역시 쇼펜하우어가 현상이란 개념을 여러 의미로 쓰고 있고, 경우에 따라서는 서로 모순되는 의미로 사용하고 있으면서도 그러한 사실을 자각하지 못하고 있다고 말한다. Frank Ackermann, *Schopenhauer—kritische Darstellung seines Systems*, Blaue Eule, 2001, 125쪽 참조.

123 쇼펜하우어, 앞의 책, 720쪽 참조.

이러한 자신의 사상이 우파니샤드에서 말하는 "그것[브라만]이 그대다(Tat tvam asi)"[124]라는 사상과 동일하다고 본다. 실로 우파니샤드는 현상계와 실체를 구별하면서 현상계를 마야, 즉 미망의 세계로 보고, 이러한 세계의 근저에 통일적인 일자로서의 브라만이 존재한다고 보고 있다. 따라서 우파니샤드의 철학은 현상계의 근저에 물자체로의 통일적인 의지를 상정하는 쇼펜하우어의 철학과 동일한 것처럼 보인다.

그러나 이러한 유사성은 표면적인 것에 불과하다. 왜냐하면 물자체의 성질을 우파니샤드와 쇼펜하우어는 근본적으로 서로 다르게 파악하고 있기 때문이다. 쇼펜하우어는 물자체로서의 의지 자체가 맹목적이고 무한한 갈망과 이에 따른 자체적인 갈등으로 가득 차 있다고 본다. 이러한 의지는 평온한 것이 아니라 불안하고 동요하는 의지다.

이에 반해 우파니샤드가 말하는 궁극적인 실재로서의 브라만은 평온하고 지복에 차 있는 절대적인 지혜 자체다. 쇼펜하우어가 말하는 물자체로서의 의지는 끝없는 갈망이라는 성격을 갖기 때문에 모든 세계악의 근원인 반면에, 브라만은 평온과 조화 자체로서 모든 선의 원천이다.[125]

---

124 [ ]는 필자의 삽입주이다.

125 Freny Mistry, "Der Buddhist liest Schopenhauer," *Jahrbuch der Schopenhauer-Gesellschaft*, 1983, 81쪽 참조. 대부분의 쇼펜하우어 연구가들이 쇼펜하우어의 사상은 주저인 『의지와 표상으로서의 세계』를 출간한 1818년 이래로 중대한 변화가 없었다고 보는 반면에, 니콜스는 특히 물자체 개념과 관련해서 쇼펜하우어의 사상에는 큰 변화가 보인다고 말하고 있다. 그리고 이러한 변화는 주저를 출간한 이후에 인도 사상과 불교에 대한 쇼펜하우어의 지식이 증대되었던 것에 원인이 있다고 본다.

니콜스에 따르면, 1818년에 출간된 주저 『의지와 표상으로서의 세계』에서 쇼펜하우어는 우리 자신의 내면에 대한 반성을 통해서 의지를 물자체로서 직접적으로 인식할 수 있다고 보았지만, 1818년 이후부터 이러한 주장이 포함하는 난점들을 갈수록 더 분명하게 인식하게 되었다. 즉 쇼펜하우어는 우리가 내면에 대한 반성을 통해서 인식하게 되는 의지는 시간적인 형식 속에서 나타나기 때문에 물자체로서의 의지일 수 없으며, 물자체로서의 의지

이런 의미에서 글라제나프도 쇼펜하우어의 철학은 우파니샤드의 입장도 불교적인 입장도 아니라고 본다. 쇼펜하우어는 실재를 의지로 보는 반면에 우파니샤드는 실재를 지복에 차 있는 영원한 존재로 보고 있다는 것이다. 또한 그에 따르면 불교는 의지를 어디까지나 인과적으로

─────────

가 무엇인지를 우리는 직접적으로 인식할 수 없다는 사실을 깨달았다는 것이다. 이와 함께 쇼펜하우어는 후기의 글들에서는 의지는 물자체가 갖는 다양한 측면 중의 하나일 뿐이라 보고 있으며, 물자체로서의 의지를 악한 것으로 보기도 하지만 다른 한편으로는 모든 선의 근원으로 보기도 한다는 것이다. 또한 니콜스는 만약에 쇼펜하우어가 더 오래 살았더라면 물자체를 의지로 보지 않고 의지를 부정한 신비가들이 체험했던 신비적 인식의 대상으로 보았을 것이라고 말하고 있다. Moira Nicholls, "The Influences of Eastern Thought on Schopenhauer's Doctrine of the Thing-in-Itself," Christopher Janaway ed., *The Cambridge Companion to Schopenhauer*, Cambridge University Press, 1999, 196쪽 참조.

니콜스와 유사하게 마하랏도 물자체가 무엇인지와 관련하여 쇼펜하우어는 이중적인 입장을 개진하고 있다고 말한다. 마하랏에 따르면, 쇼펜하우어는 한편으로 1818년에 출간된 『의지와 표상으로서의 세계』에서는 물론이고 1844년에 출간된 이 책 2권의 대부분에서도 의지를 브라만과 동일시하고 있지만, 다른 한편으로 2권 18장에서는 의지가 물자체가 아니라고 분명히 말하면서 브라만을 의지와 동일시하지 않고 의지의 부정과 동일시하고 있다는 것이다. Ayon Maharaj, "Swami Vivekananda's Vedāntic Critique of Schopenhauer's Doctrine of the Will," *Philosophy East & West* 67(4), 2017, 1204쪽.

그러나 쇼펜하우어는 이미 1818년의 주저에서도 니콜스가 말하고 있는 것처럼 우리가 시간적인 형식 속에서 경험하는 의지는 물자체로서의 의지와 다르다는 사실을 인정하고 있다. 쇼펜하우어는 다만 우리가 내면에서 경험하는 의지는 공간이나 근거율이라는 인식형식들을 거치지 않고 오직 시간이라는 인식형식에서만 나타나기 때문에 물자체에 보다 가까울 것이라고 말하고 있을 뿐이다. 쇼펜하우어의 이러한 견해에 대해서도 우리는 물자체가 시간형식이라는 주관적인 인식형식 아래서만 나타난다고 하더라도 물자체는 왜곡되어 나타날 수밖에 없다는 이의를 제기할 수 있다. 실로 우리는 우파니샤드에서 말하는 것처럼 물자체는 자신에 대한 불만으로 가득 찬 맹목적인 의지가 아니라 항상 지복에 차 있는 영원불멸의 정신이지만, 그것이 시간이라는 인식형식 아래에서 나타날 때는 끊임없이 변동하는 의지의 형태를 취하게 된다고 주장할 수도 있는 것이다. 아울러 니콜스 자신이 말하고 있는 것처럼 후기의 쇼펜하우어에서 물자체에 대한 입장은 아직 제대로 정리되지 않았다. 그리고 쇼펜하우어 자신은 후기의 글들에 대해 자신이 1818년의 주저에서 정립한 사상을 보완하고 심화하고 있을 뿐이라고 생각했다. 또한 마하랏 자신도 인정하는 것처럼 쇼펜하우어는 『의지와 표상으로서의 세계』 1권뿐 아니라 2권에서도 물자체를 의지로 보고 있다. Ayon Maharaj, 앞의 글, 1207쪽 참조. 따라서 이 책에서는 1818년의 주저를 중심으로 하여 논의를 전개했다.

조건 지어진 현상으로 보는 반면에 쇼펜하우어는 그것을 물자체로 본다는 점에서 불교와도 다르다.[126]

마하랏에 따르면 비베카난다 역시 쇼펜하우어가 자신의 물자체와 우파니샤드의 브라만을 동일시하는 것을 통렬하게 비판하고 있다. 비베카난다는 의지를 쇼펜하우어처럼 궁극적인 실재로서의 물자체라고 볼 경우에는, 그것이 자기부정과 금욕주의를 통해서 초월될 수 없게 되는 결과가 빚어진다고 본다. 따라서 비베카난다는 구원론적인 측면에서 볼 때 쇼펜하우어는 궁극적 실재가 의지가 아니라는 사실을 인정할 수밖에 없다고 말하고 있다. 궁극적 실재로서의 물자체는 의지가 아니라 신비가들이 체험한 '의지와 고통을 넘어서 있는 초월적인 아트만과 브라만'으로 보아야 한다는 것이다.[127] 비베카난다는 의지를 궁극적인 실재로 보지 않고 궁극적인 실재로서의 브라만이 마야의 베일에 싸여 현상계에 나타난 것에 불과한 것으로 본다. 이런 의미에서 비베카난다는 의지를 '절대자와 마야의 베일의 혼합체' 내지 '마야의 베일을 통해서 보인 절대자'라고 말하고 있다.[128]

글라제나프와 유사하게 비베카난다도 쇼펜하우어가 예지계를 현상계로부터 구별한다는 점에서는 우파니샤드의 입장을 따르고 있지만, 예지계를 의지로부터 분리해서 정립하는 것을 거부하려고 한다는 점에서는 불교를 따르고 있다고 본다. 따라서 쇼펜하우어는 불교도 우파니샤드도 받아들이지 못할 입장, 즉 의지 자체가 예지적 실재라는 입장을 취

---

[126] Helmuth von Glasenapp, 앞의 글, 56쪽 참조.
[127] Ayon Maharaj, 앞의 글, 1192쪽, 1203쪽 참조.
[128] Ayon Maharaj, 앞의 글, 1207쪽 참조.

하고 있다는 것이다.[129]

2) 쇼펜하우어와 불교의 차이[130]

(1) 형이상학에서의 차이

불교는 쇼펜하우어가 상정하는 영원불변한 일자로서의 물자체와 생성 소멸하는 무수한 개별자들로 이루어져 있는 현상계 사이의 구별을 받아들이지 않는다.[131] 불교는 생성 소멸하는 세계 이면에 생성 소멸하지 않는 근원적인 실체가 존재한다고 보지 않는 것이다. 쇼펜하우어는 생성 소멸하는 무수한 개체로 이루어진 현상계의 근저에 불변적인 일자로서의 물자체가 존재한다고 보지만, 불교는 이러한 형이상학적 실체를 상정하려는 것 자체가 자아에 대한 집착이 나타나는 한 형태라고 본다.

불교는 생성 소멸하는 세계를 쇼펜하우어처럼 참된 실재를 가리는 환상과 같은 것으로 보지 않고, 그것이야말로 유일한 실재라고 본다. 따라서 불교는 무상한 현실 자체가 문제인 것이 아니라 무상한 현실을 있는 그대로 받아들이지 않고 영원한 실체로서의 물자체나 자아가 있다고 생각하는 착각이 문제라고 본다. 이러한 착각은 그러한 실체에 의지하여 자신을 영속시키고 싶어 하는 집착에서 비롯된 것이기 때문이다. 쇼펜하우어는 개체로서의 우리는 사멸해도 물자체로서의 의지로 다시 되돌

---

129 Ayon Maharaj, 앞의 글, 1209쪽 참조.

130 이 부분은 졸고 「쇼펜하우어와 불교의 인간이해의 비교연구—쇼펜하우어와 원효의 비교연구를 토대로」(『현대유럽철학연구』 32, 2013), 115~125쪽의 내용을 심화 확대한 것임을 밝혀 둔다.

131 Giok Son, *Schopenhauers Ethik des Mitleids und die indische Philosophie—Parallelität und Differenz*, K. Alber, 2001, 208쪽 참조.

아가는 것이기 때문에 죽음을 걱정할 필요가 없다고 본다.[132] 이와 관련하여 불교에서는 쇼펜하우어가 말하는 물자체로서의 의지는 죽음 후에도 존속하고 싶어 하는 인간의 욕망에 부응하기 위해서 고안된 환상이라고 볼 것이다.

(2) 인식론에서의 차이

앞에서 본 것처럼 쇼펜하우어는 우리가 지각하는 세계는 실제로 우리 외부에 존재하는 세계가 아니라 지성에 의해서 표상된 현상세계라고 보고 있다. 우리의 지성은 외부세계를 수동적으로 반영하는 것이 아니라, 오감에 주어진 감각자료들을 지성에 갖추어져 있는 직관형식인 공간과 시간 그리고 사고형식인 인과율에 따라서 규정한다.

쇼펜하우어는 외부의 물체에 대한 단순한 직관조차도 시간과 공간 그리고 인과율이라는 인식형식들에 입각한 지성의 작용이라고 본다. 지성은 막연하고 무의미한 잡다한 감각자료들에 인과율을 적용함으로써 그러한 감각자료들을 우리의 신체 밖에 있는 어떤 물체가 오감을 자극하여 생긴 결과로 간주한다. 지성은 감각자료들을 이러한 물질적 사물이 감각기관을 자극함으로써 생기는 것으로 보는 것이다.

이와 함께 지성은 오감에 존재하는 감각자료들을 어떤 물질적 대상에 속하는 속성들로서 간주하게 된다. 지성은 이와 같이 감각자료들을 외부로 투사하는 힘을 가지고 있다. 우리는 우리가 외부의 물체를 수동적으로 직관한다고 생각하지만, 외부 물체에 대한 단순한 직관에도 사실은 지성이 작용하고 있는 것이다. 쇼펜하우어는 이러한 지성은 인간뿐

---

132 쇼펜하우어, 앞의 책, 854쪽 참조.

아니라 동물에게도 존재한다고 보았다.

심지어 쇼펜하우어는 외부의 물체가 원인으로서 갖는 작용성, 다시 말해 감각자료들을 결과로서 초래하는 힘은 외부의 물체 자체가 갖는 것이 아니라 지성 자체가 자신의 활동적인 능력을 외부의 물체에 투사한 것이라고 본다. 이러한 외부의 물체와 감각자료의 차이는 외부의 물체는 물질을 자신의 기체로 갖고 있다는 점이다. 따라서 외부의 물체가 감각자료를 야기하는 힘은 물질의 작용력에서 비롯되는 것이지만, 쇼펜하우어는 이러한 물질의 작용력 자체가 지성이 자신의 활동적 능력을 물질에게 투사한 것이라고 보는 것이다.[133]

지성이 자신의 고유한 힘을 추상적 물질에 투사하는 것에 의해서만, 물질은 작용하는 것으로서, 즉 주관적인 감각자료들을 야기하는 것으로서 직관된다. 이 점에서 물질은 지성 자신의 객관적 상관물에 지나지 않는 것으로서 작용력, 즉 원인성 일반이며 그 외의 아무것도 아니다. 이런 의미에서 쇼펜하우어는 물질의 본질을 순수한 작용력 자체라고 보며, 이러한 작용력은 실은 지성이 갖는 객관화하는 활동력, 즉 감각자료들을 외부의 물체에 의해서 초래된 결과로 만드는 활동력이 투사된 것이다. 지성은 감각자료들뿐 아니라 자신의 객관화하는 작용력조차도 직관된 물체들에게 투사하는 것이다.

이 점에서 쇼펜하우어의 인식론은 기본적으로 칸트의 인식론에 입각해 있는 것 같으면서도 칸트의 인식론과 상당한 차이를 보인다. 칸트에서와 마찬가지로 쇼펜하우어에서도 인과율은 선험적 종합판단이다. 인과율, 즉 모든 사건은 원인을 갖는다는 판단은 경험을 통해서가 아니라

---

133 쇼펜하우어, 앞의 책, 570쪽 참조.

경험 이전에 우리가 가지고 있는 판단이라는 점에서 선험적 판단이며, 모든 사건에 대해서 말하고 있지만 모든 사건이란 개념에 포함되어 있지 않은 사실을 말해 주고 있다는 점에서 종합적 판단이다.

그런데 칸트에서 인과율은 직관된 객체들에서 일어나는 변화를 파악할 때 적용된다. 이러한 인과율은 쇼펜하우어가 말하는 인과율, 즉 지성이 감각자료들을 외부의 물질적 대상에 의해서 야기된 것으로 외화시킬 때 작용하는 인과율과는 근본적으로 다르다. 쇼펜하우어가 말하는 것과 같은 인과율은 칸트에게서는 보이지 않는다.

위에서 언급한 두 가지 인과율은 근본적으로 다른 것이다. 직관된 외부 대상들이 인과율에 따라서 자신의 상태를 변화한다는 것, 예를 들어 태양이 물에 작용하여 물을 따뜻하게 만든다는 사실을 파악하는 지성의 작용은 태양에 대한 감각자료를 태양에서 비롯되는 것으로서 외화시키는 지성의 작용과는 다른 것이다.

태양에 대한 감각자료를 태양에서 비롯되는 것으로서 외화시키는 지성의 작용은 실질적으로는 태양을 외부 물체로서 직관하는 것으로 나타난다. 그러나 태양이 물을 따뜻하게 할 때 작용하는 인과법칙은 단순히 직관되는 것이 아니라 개념적으로 파악되어야만 한다. 그런데 쇼펜하우어는 칸트가 말하는 인과율을 지성이 감각자료들을 외부의 물질적 대상에서 비롯된 것으로 외화하는 방식으로 직관할 때 작용하는 인과율과 동일시하고 있을 뿐 아니라 전자를 후자에 포함시키고 있기 때문에, 자신이 인과율을 말할 때 두 개의 상이한 인과율을 말하고 있다는 사실을 깨닫지 못하고 있다.[134]

---

134 Frank Ackermann, 앞의 책, 77쪽 참조.

후기의 쇼펜하우어는 한편으로 칸트의 선험적 관념론을 받아들이면서도 다른 한편으로는 지성을 뇌의 기능으로 보면서 공간과 시간 그리고 인과율도 뇌가 기능하는 형식일 뿐이라고 본다. 이 점에서 쇼펜하우어의 인식론은 한편으로는 관념론의 성격을 가지면서도 다른 한편으로는 극히 조야한 유물론의 성격을 갖고 있다고 할 수 있다. 이는 쇼펜하우어가 공간과 시간 그리고 인과율을 지성의 인식형식으로 보면서도 결국은 지성을 뇌의 기능으로 환원하고 있기 때문이다. 지성은 뇌의 기능이라고 불리지만, 이 경우 뇌의 기능은 뇌가 작동하는 생리적 메커니즘에 불과하다.

그런데 공간이라는 인식형식이 뇌에서 비롯되고 뇌에 자리하고 있다면, 우리가 공간과 더불어 무한한 공간에서 지각하는 무사한 사물들과 사건들은 모두 뇌가 만들어 낸 주관적인 표상일 뿐이다. 그것들은 모두 뇌에서 일어나는 현상들(Gehirnphänomen)인 것이다. 우리는 외부에 실재하는 사물들과 사건들을 지각한다고 생각하지만, 사실은 우리의 뇌 안에 갇혀 있을 뿐이다. 이는 우리가 꿈속에서 많은 사건을 경험하면서 그러한 사건들이 실제로 일어나고 있다고 생각하지만, 사실 그러한 사건들은 뇌 속에서 일어나고 있는 사건들에 지나지 않는 것과 마찬가지다.

그런데 쇼펜하우어의 유물론적 인식론은 상당한 난점을 갖는다. 유물론적 입장에서는 신체와 뇌는 실재하는 것으로 간주되지만, 다른 한편으로 쇼펜하우어는 신체와 뇌도 결국 뇌의 기능인 지성에 의해서 표상된 주관적인 현상에 불과한 것으로 간주하고 있다.

또한 유물론적 입장에 따르면 뇌가 공간 속에 있는 것이 아니라 공간이 뇌 속에 존재한다. 유물론적 입장에서는 한편으로 신체와 뇌를 실재하는 것으로 보면서도 다른 한편으로는 그것들을 뇌의 생리적 메커니즘에 의해서 뇌가 만들어 낸 표상일 뿐이라고 보는 모순이 나타나는 것이다. 단적으로 말해 유물론적 입장에 설 때 신체와 뇌는 실재이면서도 주관적인 현상이라는 모순이 생긴다.

그런데 이러한 모순은 쇼펜하우어의 선험적 관념론의 입장에서도 보인다. 쇼펜하우어의 선험적 관념론의 입장에서 보면 신체와 그것에 속하는 뇌도 모두 지성이 공간과 시간 그리고 인과율이라는 인식형식에 의해서 외부로 투사한 현상일 뿐이다. 우리가 지각하는 신체도 뇌도 모두 주관적인 현상일 뿐이며 실재하는 것이 아니다.

그런데 신체와 뇌가 주관적인 현상일 뿐일 경우에, 지성이 시간과 공간 그리고 인과율이라는 인식형식을 통해서 신체와 뇌라는 물리적 대상으로 투사하기 위해서 필요로 하는 감각자료들은 어디서 생기는가? 이러한 감각자료들은 저절로 생기는 것이 아니라 오감에 나타나는 것이기 때문에 사실상 감각자료들을 말하기 위해서는 오감을 갖는 신체의 존재를 미리 상정하지 않을 수 없다. 이 경우 신체는 주관적 표상에 지나지 않고 실재하는 것이 된다.

또한 후기의 쇼펜하우어의 유물론적 입장에서처럼 지성을 뇌의 기능으로 파악하고 뇌가 시간과 공간 그리고 인과율이라는 인식형식밖에 갖지 못하고 있다면, 우리가 어떻게 시간과 공간 그리고 인과율에 지배되는 현상계를 넘어서 그것에서 벗어나 있는 물자체를 생각할 수 있는가 하는 문제가 생긴다. 왜냐하면 물자체에 대한 사유도 뇌 속에서 일어나는 것인 한, 뇌의 기능이 시간과 공간 그리고 인과율만을 인식형식으로 갖는 지성에 그친다면 물자체에 대한 사유도 불가능하고 물자체를 상정하는 쇼펜하우어의 형이상학 자체도 가능할 수 없기 때문이다.

위에서 본 것처럼 쇼펜하우어는 우리가 지각하는 세계를 사실은 지성에 의해서 구성된 주관적인 표상이라고 주장하고 있다. 그러면 불교는 우리가 지각하는 세계를 어떻게 보는가? 불교 역시 쇼펜하우어와 유사하게, 세계를 인간과 무관하게 존재하는 것이 아니라 인간과 밀접한 관련을 갖는 것으로 파악한다.

앞에서 보았듯이 불교는 세계의 모든 것은 십이처에 포함될 수 있다고 본다. 십이처란 눈과 색, 귀와 소리, 코와 냄새, 혀와 맛, 몸과 촉감, 의지와 법이다. 세계의 모든 것이 '안이비설신의'라는 인식기관[六根]과 '색성향미촉법'이라는 인식 대상[六境] 속에 포함될 수 있다고 보는 점에서 부처는 모든 존재를 인간의 인식을 중심으로 하여 보고 있다. 다른 말로 하면 인간에 의해 인식되지 않는 것은 존재하지 않는다는 것이다.

그런데 쇼펜하우어는 외계를 지성이 공간과 시간 그리고 인과율이라는 인식형식에 의해서 구성한 것이라고 보는 반면에, 초기 불교는 이러한 외계가 지성에 의해서 구성된다고 보지는 않는다. 예를 들어 불교는 쇼펜하우어가 말하는 물질에 상응하는 기본적인 물질적 요소로서 지수화풍이라는 사대를 들고 있지만, 이러한 물질을 쇼펜하우어가 말하는 것처럼 지성의 활동력이 외부로 투사된 것이라고 보지는 않는다. 다만 관념론적 성격을 갖는 유식불교에서는 기세간(器世間, 산하대지)을 뭇 중생이 저장식(貯藏識)인 아뢰야식(阿賴耶識)의 차원에서 공유하는 공업(共業)종자에서 비롯된 것으로 본다.

서광 스님은 아뢰야식을 "과거 세세생생 익혀서 종자로 저장된 습관, 관념, 개념 등 일체의 정서적·인지적·감각적 경험의 총합"으로 파악하고 있다.[135] 마음이 전생에서 수많은 생을 거듭하면서 쌓은 습관, 경험,

---

135 서광 스님, 『현대심리학으로 풀어본 대승기신론』, 불광출판부, 2004, 78쪽 참조.

생각은 사라지는 것이 아니라 종자의 형태로 모여 있으며 이러한 모든 종자를 모아서 보존하고 있는 것이 아뢰야식이다.[136] 이러한 아뢰야식은 무의식의 심층에 속한다. 아뢰야식 속에 보존되어 있는 종자들은 '현재나 미래를 낳게 하는 종자'가 된다. 기세간뿐 아니라 우리가 의식 차원에서 보고 듣는 모든 것은 과거의 집적에 지나지 않는 아뢰야식이 펼쳐놓은 영상일 뿐인 것이다. 그런데도 우리는 그 영상을 실재 자체라고 믿으면서 그것들에 집착하고 기뻐하고 슬퍼한다.

이러한 아뢰야식은 불변적인 실체가 아니기 때문에 끊임없이 변하고 있지만, 그럼에도 어떤 연속성을 가지고 있다. 그것은 우리의 사고와 행동에 일정한 경향성을 부여하는 성격과 같은 것이다. 물론 아뢰야식은 심층의 무의식에 속하는 것이기 때문에 그것은 우리가 시간 속에서 경험하는 성격의 근거라고 말할 수 있으며, 이 점에서 아뢰야식은 쇼펜하우어가 말하는 예지적 성격과 상통하는 측면이 있다.

의식 차원에서 일어나는 우리의 생각과 느낌 그리고 욕망은 우리의 성격에 의해서 규정된다. 이러한 성격에는 우리가 인류 전체와 공유하는 성격도 존재하지만 우리가 개인으로서 갖는 개성적인 성격도 존재한다. 우리는 인간으로서 사물들을 한편으로 공통되게 지각하고 그것들에 반응하면서도, 다른 한편으로는 각각의 개인으로서 사물들을 각자 다른 방식으로 지각하고 그것들에 반응한다. 따라서 한편으로는 우리는 산이나 강을 동물들과는 다른 방식으로 지각하고 그것들에 반응한다. 그러나 다른 한편으로 어떤 사람은 천성적으로 생각이 많고 어떤 사람은 덜하며, 어떤 사람은 예민하고 어떤 사람은 둔감하고, 어떤 사람은 천성적

---

136 『성유식론 외』, 김묘주 역주, 동국역경원, 2008, 214쪽 이하 참조.

으로 명예욕이 강하고 어떤 사람은 물욕이 강한 방식으로 사람들은 각
각의 개성을 갖고 있다.

이러한 성격은, 유식불교의 입장에서 보면 무수한 전생에 걸쳐서 우
리가 쌓아 온 경험과 기억이 일정한 방향에서 축적된 것이기에, 우리의
의식적인 생각과 느낌 그리고 행동이 성격의 영향력에서 벗어나기는 극
히 어렵다. 우리는 흔히 인식하는 의식주관을 우리의 생각과 행동을 규
정하는 주체로 생각하지만, 쇼펜하우어는 우리의 생각과 행동을 실질적
으로 규정하는 것은 오히려 우리의 의식이 잠들어 있을 때에도 잠들지
않는 성격이라고 본다. 이런 맥락에서 쇼펜하우어는 우리가 어떤 사람
의 성격과 동기를 알 수 있다면 그 사람이 어떤 행동을 할 것인지를 충
분히 예견할 수 있다고 본 것이다.

이렇게 성격과 아뢰야식에 의해 우리의 의식이 규정되고 있다고 보는
점에서 쇼펜하우어와 유식불교는 버클리나 흄식의 영국 경험론을 부정
하고 있다고 할 수 있다. 영국 경험론은 우리의 의식이 백지와 같고 감
각적인 경험과 함께 비로소 그러한 의식에 무엇인가가 쓰인다고 본다.
이에 반해 유식불교와 쇼펜하우어는 우리의 의식이 백지가 아니라 세
계를 이해하고 그것에 반응하는 특정한 성격에 의해서 철저하게 물들어
있다고 보는 것이다.

물론 쇼펜하우어는 전생과 윤회라는 것을 신화적인 관념에 불과한 것
으로 보기 때문에, 유식불교에서처럼 인간 각자의 성격이 수많은 생을
거듭하면서 형성된 것이라고 볼 수는 없었다. 또한 쇼펜하우어는 이러
한 성격은 물자체의 차원에서 결정된 것이기 때문에 변할 수 없다고 보
았다.

그러나 유식불교에서는 아뢰야식을 우리의 과거의 경험과 기억의 총

체라고 보면서 그것이 끊임없이 변화하고 있다고 본다. 아뢰야식은 폭류(暴流)처럼 흐르면서 미세하게 변하고 있다. 유식불교에서는 과거에 쌓아 온 종자가 현행하는 생각과 행동과 말에 영향을 미치지만 또한 현행하는 생각과 행동과 말이 종자에 영향을 미친다고 보면서 아뢰야식이 변한다고 보는 것이다. 그럼에도 불구하고 유식불교도 과거의 경험과 기억이 억겁의 세월을 거치면서 일정한 성향을 갖는다고 보는 점에서 쇼펜하우어와 유식불교 사이에는 부인할 수 없는 일치점이 보인다.

우리가 유식불교에서 말하는 아뢰야식을 쇼펜하우어가 말하는 예지적 성격과 비교할 수 있는 것은 또한 아뢰야식이 신체와 기세간까지도 산출하고 유지하는 것이기 때문이다. 쇼펜하우어가 말하는 예지적 성격은 결국 현상계에서는 개별적인 생을 향한 의지로 나타나고, 이러한 생을 향한 의지에서 산출된 지성에 의해서 세계가 표상된다. 현상계는 이러한 지성의 인식형식에 의해서 규정된 세계이기 때문에 쇼펜하우어에서도 일정한 의미에서 예지적 성격이 현상계를 낳는다고 할 수 있다. 아울러 쇼펜하우어는 우리의 성격에 따라서 신체도 달라진다고 보는바, 결국은 예지적 성격에 의해서 우리의 신체가 형성된다고 보는 셈이다.

이러한 유사성에도 불구하고 외계의 성립과 관련하여 유식불교와 쇼펜하우어 사이에는 무시할 수 없는 차이도 보인다. 유식불교는 흔히 관념론적인 성격을 갖는 것으로 간주되고 있다. 아뢰야식이 물질적인 것이 아니고, 오히려 우리가 물질적인 것으로 생각하는 기세간을 낳고 유지하는 것이라는 점에서 유식불교는 실로 관념론적인 성격을 갖고 있다. 그러나 이러한 관념론은 우리의 지성이 자신에게 구비되어 있는 시간과 공간 그리고 인과율이라는 인식형식을 통해서 외계를 구성해 낸다고 보는 쇼펜하우어의 선험적 관념론과는 근본적으로 다른 것이다. 유식불교의 관념론은 우리의 의식 아래에 존재하는 아뢰야식이라는 심층의식과 이러한 심층의식 내의 공업종자에서 기세간이라는 외계가 구성된다고 말하고 있다.

더구나 후기의 쇼펜하우어가 지성을 뇌의 기능으로 보고 시간과 공간 그리고 인과율이라는 것을 뇌가 기능하는 형식이라고 보면서 외계가 이러한 뇌의 작동에 의해서 구성된다고 볼 때, 유식불교와 쇼펜하우어 사이에는 넘어설 수 없는 차이가 생기게 된다. 유식불교는 기세간뿐 아니라 신체와 뇌도 아뢰야식에서 현현한 것으로 보기 때문이다.

물론 쇼펜하우어는 우리의 신체를 포함하여 우리가 표상하는 세계를 한편으로는 지성에 의해서 구성된 것이라고도 말하고 있지만, 다른 한편으로는 물자체로서의 의지가 간접적으로 나타난 것이라고도 말하고 있다. 우리는 앞에서 쇼펜하우어가 현상계라는 말을 두 가지 의미로 쓰고 있는 것을 보았다. 한편으로 쇼펜하우어는 칸트의 선험적 관념론을 받아들이면서 현상계를 지성이 시간과 공간 그리고 인과율이라는 인식형식을 통해서 구성한 것으로 보고 있다. 다른 한편으로는 플라톤의 철학을 나름대로 수용하면서 이데아를 물자체의 직접적 현상으로 보고, 현상계를 물자체의 간접적인 현상으로 보고 있다. 쇼펜하우어가 현상계를 지성이 시간과 공간 그리고 인과율이라는 인식형식을 통해서 구성된 것으로 볼 때, 현상계는 주관적인 것이 된다. 이에 반해 현상계를 물자체의 간접적인 현상으로 볼 때, 그것을 주관적인 것으로 보기는 어렵게 된다. 이 점에서 쇼펜하우어의 형이상학은 주관적 관념론의 성격과 더불어 객관적 관념론의 성격을 갖고 있다고 할 수 있다.[137]

---

137 아커만은 객관적 관념론이라는 표현보다는 실재론이라는 표현을 쓰고 있다. Frank

쇼펜하우어는 특히 각 개인의 신체는 물자체의 영역에 속하는 예지적 성격이 표현된 것이라고 본다. 쇼펜하우어에서 우리가 지각하는 외부세계와 신체가 물자체로서의 의지의 표현인 것처럼, 유식불교에서도 신체와 우리가 지각하는 외부세계는 심층의 아뢰야식이 나타난 것이다. 다시 말해 쇼펜하우어가 객관적 관념론의 입장을 취할 경우에 신체와 외계의 성립에 대한 쇼펜하우어의 견해는 유식불교의 견해와 일정한 유사성을 갖게 된다.

그럼에도 불구하고 유식불교와 쇼펜하우어의 객관적 관념론 사이에는 상당한 차이가 존재한다. 이는 쇼펜하우어가 객관적 관념론의 입장을 취하면서 우리의 이성과 외부세계를 물자체의 간접적 표현이라고 볼 때, 이러한 이성과 외부세계가 물자체를 왜곡하고 은폐한다고 보기 어렵게 되기 때문이다. 쇼펜하우어는 주관적 관념론의 입장에서는 지성이 자신의 인식형식인 시간과 공간 그리고 인과율을 통해서 물자체를 왜곡하고 은폐한다고 보는 반면에, 객관적 관념론의 입장에서는 우리의 이성과 외부세계는 간접적으로나마 물자체의 표현이기에 물자체를 왜곡하고 은폐한다고 볼 수 없는 것이다. 이는 역시 객관적 관념론인 헤겔의 철학에서 외부세계와 우리의 이성이 절대정신의 표현이기 때문에 외부세계에 대한 우리의 인식이 절대정신을 왜곡하고 은폐한다고 볼 수 없는 것과 마찬가지다.

그러나 유식불교에서는 우리의 아뢰야식 자체가 실재 자체를 은폐하

Ackermann, 앞의 책, 59쪽, 117쪽 이하 참조. 필자는 객관적 관념론은 넓은 의미의 실재론 속에 포함될 수 있다고 본다. 객관적 관념론의 대표적인 예는 헤겔 철학이다. 헤겔은 우리의 이성과 외부세계의 근원을 절대정신이라고 보지만, 이 경우 이러한 절대정신은 우리 인간의 주관적인 관념에 지나지 않는 것이 아니라 가장 궁극적인 실재인 것이다.

는 유루(有漏)종자를 강하게 포함하고 있다고 본다. 이 점에서 아뢰야식에 의해서 규정되어 있는 외계와 우리의 의식은 실재 자체를 가린다고 본다. 쇼펜하우어가 이성이라고 부르고 있는 것은 유식불교에서는 요별경식(了別境識)에 포함된다고 할 수 있다. 요별경식은 외부의 대상을 크다든가 작다든가, 좋다든가 나쁘다든가, 아름답다든가 추하다든가 분별하면서 좋고 아름답다고 느끼는 것에는 집착하고 그렇지 않은 것은 멀리하는 기능을 갖는다. 이러한 요별경식은 자신이 분별하는 대상이 자기 외부에 실재한다고 본다.

그러나 유식불교에서는 이러한 대상을 아뢰야식에서 비롯된 것으로 본다. 유식불교에서는 우리의 아뢰야식이 우리가 수억겁 동안 쌓아 온 업습(業習)이고 이러한 업습에 의해서 오염된 요별경식도 외부사물을 참으로 인식할 수 없다고 본다.

유식불교는 사물을 참으로 인식하기 위해서는 아뢰야식까지도 정화되어야 한다고 본다. 유식불교에서는 아뢰야식에는 실재 자체를 드러내는 무루(無漏)종자도 포함되어 있다고 보며, 우리의 의식에 해당하는 요별경식은 이러한 무루종자에 영향을 받으면서 실재를 있는 그대로 보는 지혜로 변화될 수 있다고 본다.[138] 역으로 요별경식은 이를 통해서 아뢰야식에 영향을 미치면서 그것을 정화해 나갈 수 있다고 본다. 이에 반해 쇼펜하우어의 객관적 관념론에서는 이성이 물자체를 정화시킬 여지는 없게 된다. 물자체는 아뢰야식처럼 변화될 수 있는 것이 아니라 영원불변의 일자이기 때문이다.

---

138 무루종자에 대해서는 『성유식론 외』, 634쪽 참조.

(3) 인과관계에 대한 파악에서의 차이

쇼펜하우어가 말하는 인과관계에는 불교에서 말하는 연기가 상응한다고 할 수 있다. 쇼펜하우어가 세계의 모든 사건은 어떤 원인에서 비롯된다고 보는 것처럼 불교도 모든 것은 직접적인 인(因)과 간접적인 연(緣)에 의해서 발생한다고 본다. 감기에 걸렸을 때 감기를 걸리게 한 감기바이러스가 인에 해당하는 것이고, 겨울에 옷을 춥게 입고 나가는 것처럼 감기바이러스에 감염되기 쉬운 조건을 제공하는 것은 연이라고 할 수 있다. 이런 맥락에서 많은 연구자가 인과율에 대한 쇼펜하우어의 견해와 불교의 연기설 사이에 존재하는 유사성에 대해서 언급하고 있다.[139] 그러나 필자는 이러한 유사성은 피상적인 것이고, 양자 사이에는 근본적인 차이가 존재한다고 생각한다.

---

[139] 예를 들어 김진은 충분근거율에 의해서 지배되는 표상으로서의 세계에 대한 쇼펜하우어의 이해가 불교의 연기적 세계 이해와 매우 유사하다고 보고 있다. 김진은 이렇게 말하고 있다.

"표상으로서의 세계 이해는 불교의 연기적 세계 이해와 매우 유사하다. 다른 한편 칸트의 물자체 개념을 의지라고 규정한 쇼펜하우어는 표상으로서의 세계가 의지의 객관화라는 주장을 펴고 있다. 이와 같은 그의 생각은 연기를 공(空)과 같은 것으로 규정한 나가르주나의 세계 이해와 유사하다." 김진, 「쇼펜하우어와 초기불교의 존재 이해」, 『동서철학연구』 30, 2003, 168쪽.

"쇼펜하우어의 충족이유율은 시간, 공간, 인과성과 같은 상상 가능한 모든 경험의 형식을 보편적으로 표현한 선천적 형식이다. 쇼펜하우어가 표방한 대로 그의 철학의 목표가 세계의 시원을 규명하는 데 있지 않고 세계의 본질을 드러내는 데 있다고 한다면, 충족이유율이야말로 세계를 우리들에게 드러내는 선천적 형식인 것이다. 이와 마찬가지로 불교에서의 연기법 역시 석가가 만든 것이 아니라 그 자체로서 자연적으로 이미 주어져 있는 진리이다." 김진, 앞의 글, 191쪽.

크로스도 쇼펜하우어가 말하는 '표상으로서의 세계'를 불교에서 말하는 연기적인 세계와 동일한 것으로 본다. Stephen Cross, "Schopenhauer and the European Discovery of Buddhism," *Middle Way* 89(2), 2014, 129쪽 참조.

김진은 불교의 연기법은 4성제를 가리킨다고 말하면서도, 정작 불교의 연기설과 충분근거율에 대한 쇼펜하우어의 견해 사이에 존재하는 근본적인 차이는 무시하고 있다. 김진, 앞의 글, 186쪽 참조.

쇼펜하우어는 인과율이 우리가 지각하는 세계인 현상계에 대해서만 타당할 뿐 그것의 근저에 있는 물자체에 대해서는 타당하지 않다고 본다. 인과율은 우리가 오감에게 주어지는 감각자료들을 정리하는 주관적인 사고형식이다. 후기의 쇼펜하우어는 지성을 뇌에서 일어나는 현상으로 보는바, 인과율은 감각자료들을 이해 가능한 정보로 변환시키는 뇌의 메커니즘에 해당한다. 따라서 후기의 쇼펜하우어에서 우리가 지각하는 사물은 사실 외부에 실제로 존재하는 것이 아니라 뇌가 만들어 낸 주관적 표상에 불과하다. 후기의 쇼펜하우어는 인과율뿐 아니라 시간과 공간도 지성의 직관형식으로 보면서 이것들 역시 결국은 뇌가 기능하는 방식으로 본다.

이에 반해 불교는 세계가 연기로서 존재한다고 본다. 그것은 단순히 지성이 감각자료들을 정리하는 형식이 아니라 세계의 실상이다. 아울러 불교에서는 연기의 법칙이 가치론적인 성격을 띤다는 점에서 쇼펜하우어가 말하는 인과법칙과 구별된다. 불교에서는 선인선과(善因善果)와 악인악과(惡因惡果)를 말한다. 이에 대해서 쇼펜하우어가 말하는 인과법칙은 자연과학적인 법칙을 가리킨다고 볼 수 있다.

그리고 쇼펜하우어가 말하는 인과법칙이 우리가 지각하는 세계에 대해서 타당한 반면에, 불교에서는 연기법칙이 윤회를 통해서 중생이 거치는 육도세계 전체[140]에 대해서 타당하다고 본다. 불교는 우리가 현생에서 행하는 선한 행위는 내생에서 선한 과보를 낳는다고 보며, 그러지 않고 탐진치(貪瞋癡) 삼독(三毒)에 매여 악한 업을 쌓으면 그것이 인이 되

---

140 육도(六道)는 중생이 업에 따라서 윤회하는 여섯 가지 길인 지옥도, 아귀도, 축생도, 아수라도, 인간도, 천상도를 가리킨다.

어 고통스러운 삶을 살면서 육도를 윤회하게 된다고 본다.

이 점에서 불교의 인과론 내지 연기설은 구원론적인 성격을 가지고 있다고 할 수 있다. 이러한 구원론적 성격은 붓다의 십이연기설에서 잘 나타나고 있다. 무명(無明)·행(行)·식(識)·명색(名色)·육처(六處)·촉(觸)·수(受)·애(愛)·취(取)·유(有)·생(生)·노사(老死)라는 연기의 사슬로 이루어져 있는 십이연기는 무명으로 인해 생사의 굴레에서 유전(流轉)하게 되고[유전문(流轉門)], 어떻게 하면 무명을 멸하여 생사의 굴레에서 벗어나게 되는가[환멸론(還滅門)]를 설하고 있는 것이다. 이런 의미에서 미네시타 히데오는 이렇게 말하고 있다.

"십이연기는 단지 자연의 인과율처럼 인으로부터 과에로 기계적으로 진행되어 나가는 것이 아니라 구속론적인 견지로부터 어떻게 해서 번뇌를 끊어버리고 깨달음에 도달하는가라는 근본적인 관점으로 설하고 있는 것이다."[141]

또한 쇼펜하우어는 불변적인 이데아를 상정하면서 원인이라는 것을 어디까지나 '기회원인'이라고 보고 있다.[142] 즉 불변적인 이데아가 자신을 나타내는 기회가 된다는 것이다. 예를 들어 물의 이데아는 얼음에 불이 닿을 때 자신을 드러내는데, 이 경우 불은 물이라는 이데아가 자신을 나타낼 수 있는 기회가 된다. 그러나 불교에서는 쇼펜하우어가 말하는 것과 같은 이데아를 인정하지 않는다.

141 미네시타 히데오, 『서양철학과 불교』, 김승철 옮김, 황금두뇌, 2000, 100쪽.
142 쇼펜하우어, 앞의 책, 708쪽 이하 참조.

불교에서는 모든 사건이 수많은 인연이 모여서 일어난다고 말하며 이러한 인연 자체도 또다시 수많은 인연에 의해서 형성되었다고 본다. 이러한 인연관계에서 벗어난 물자체나 이데아와 같은 것을 불교에서는 인정하지 않는 것이다. 이처럼 불교의 인연관은 앞에서 본 것처럼 가치론적인 성격을 띤다는 점에서 인과관계에 대한 근대자연과학의 견해와 전적으로 동일시될 수 없지만, 그럼에도 불구하고 불교의 인연관은 원인을 이데아가 나타나기 위한 기회원인으로 보는 쇼펜하우어의 입장보다는 근대자연과학의 견해에 더 가깝다고 볼 수 있다.

쇼펜하우어의 기회원인론은 물질이 갖고 있는 모든 특수한 성질, 예를 들어서 가연성(可燃性)이나 수용성(水溶性)과 같은 것을 이데아라는 자립적 실체에서 비롯되는 것으로 본다. 이 점에서 쇼펜하우어의 기회원인론은 근대과학 이전의 실체론적 사고방식에 의해서 구속되고 있다고 할 수 있다. 이와 관련하여 카시러는 근대과학, 특히 라부아지에(Lavoisier)가 형성한 것과 같은 근대화학은 실체론적 사고방식을 넘어서는 완전한 혁신을 이루었다고 보고 있다. 카시러는 이렇게 말한다.

"근대화학에서는 각각의 '성질'은 단순한 것이 아니고 극도로 복합적인 것이며, 근원적·원소적인 것이 아니라 파생적인 것이며, 절대적인 것이 아니라 철저하게 상대적인 것이다. 감각에만 의거한 고찰이 사물들의 '속성'이라고 부르고 그러한 것으로서 직접적으로 파악하고 이해한다고 믿는 것을 비판적 분석은 특정한 작용방식, 특수한 '반응'으로 환원한다. 다만 이러한 반응 자체는 전적으로 특정한 조건들 아래에서만 나타난다. 따라서 어떤 물체가 갖는 가연성은 그것에 플로지스톤이라는 특정한 실체가 포함되어 있다는 것을 의미하지 않고 산소에 대한 그 물체의 반응방식을 의미한다. 이와 마찬가지로 어떤 물체가 갖는 용해되는 성질은 물이라든가 임의의 산(酸)에 대한 그 물체의 반응방식을 의미한다. 그리고 모든 성질이 이와 같은 방식으로 고찰된다. 개별적인 성질은 이제 더 이상 사물적인 것으로서 나타나지 않고 철저하게 조건 지어진 것으로서, 즉 인과적 분석에 의해 여러 관계들의 조합으로 해소되는 것으로서 나타난다."[143]

쇼펜하우어의 인과 개념과 불교의 연기 개념 사이에 존재하는 가장 큰 차이는, 불교에서는 연기의 세계가 항상 동일하게 나타나는 것이 아니라 중생이 도달한 깨달음의 단계에 따라서 다르게 나타난다고 보는 데 존재한다. 깨달음의 상태에 있는 마음과 그렇지 못한 마음에게 연기의 세계는 달리 나타난다는 것이다.

깨닫지 못하여 자아라는 고정된 실체에 집착하는 자에게는 모든 것이 생성 소멸의 부침 속에 있는 것으로 나타난다. 이는 생로병사나 생성 소멸이라는 것도 하나의 고정된 실체를 상정해야지 가능한 개념이기 때문이다. 예를 들어 시간의 흐름을 관통하는 소크라테스라는 하나의 고정된 실체를 상정할 경우에만 우리는 소크라테스가 젊었다가 늙게 되었고 태어났다가 죽었다고 말할 수 있다. 이에 반해 자아라는 고정된 실체에 집착하지 않는 자에게 연기의 세계는 생성도 소멸도 하지 않으며 탄생도 젊음도 늙음도 없는 것으로 나타난다.

그렇다고 해서 이는 깨달은 자에게 모든 것이 정지되어 있다는 것이 아니며 쇼펜하우어가 말하는 것과 같은 영원불변한 일자로서의 물자체

---

143 에른스트 카시러, 『상징형식의 철학─제2권 신화적 사유』, 박찬국 옮김, 아카넷, 2014, 158쪽 이하.

와 같은 것이 나타난다는 것도 아니다. 깨달은 자에게도 세계는 연기의 세계로 나타난다. 그러나 이러한 연기의 세계에는 고정된 실체라는 것이 없기 때문에 생로병사도 생성 소멸도 없게 된다. 다시 말해서 늙은 소크라테스도 태어난 소크라테스도 죽는 소크라테스도 존재하지 않기 때문에 생로병사도 생성 소멸도 없는 것이다. 깨달은 자에게 연기의 세계는 이렇게 나타난다.

불교의 연기설이 갖는 이러한 성격을 우리는 유식불교의 삼성설(三性說)과 연관 지어 고찰함으로써 보다 분명히 할 수 있다. 유식불교에서도 세계의 모든 것은 인연에 따라서 생멸부침(生滅浮沈)하는 것으로서, 즉 의타기성(依他起性)으로서 존재한다. 의타기성은 세계에는 어떠한 독립적인 실체도 존재하지 않고 모든 것이 중중무진(重重無盡)의 인연에 따라서 서로 얽혀 있다는 연기의 사실을 가리킨다.

인간은 보통 이러한 인연의 세계에 자신이 내던져져 있다고 느끼면서 이러한 인연의 흐름에 대해서 자신을 지킬 수 있는 많은 것들을 소유하려고 한다. 건강과 부, 권력, 타인들의 인정 등을 자기 것으로 만듦으로써 인간은 연기의 세계 내에서 자신의 지위를 공고하게 만들려고 한다. 이와 함께 인간은 자신이 소유하려고 하는 모든 것이 인연에 따라서 생멸부침한다는 사실을 무시하면서 자신의 욕망대로 이러한 인연을 움직이게 하려고 한다.

이렇게 인연의 흐름에 대해서 자신의 욕망을 강요하려고 할 때 우리는 모든 것을 자기중심적으로 바라보게 된다. 즉 자신의 욕망에 부응하는 것은 좋은 것으로 간주하고, 그렇지 않은 것은 나쁜 것으로 보는 것이다. 이렇게 인연의 흐름을 자기중심적인 욕망에 따라서 좋은 것이나 나쁜 것으로 고착시키면서 그것들에게 자신의 욕망을 강요하는 삶의 방식을 유식불교에서는 변계소집성(遍計所執性)이라고 부른다.

변계소집성은 의타기성으로서의 세계를 있는 그대로 받아들이지 않고, 만법이 고정되고 고립된 실체들로 이루어져 있다고 착각하여 의타기성으로서의 세계를 왜곡시킨다. 이에 따라서 변계소집성은 영원히 살아야 할 '나'가 있다고 생각하고, 돈이나 사회적 지위 그리고 건강과 같은 것들이 그 '나'의 영속을 보장해 줄 것이라고 착각하면서 그것들에 집착하는 방식으로 생사에 얽매인다.

그러나 이렇게 자신을 공고하게 만들려는 몸부림 속에서도 인간은 종종 자신의 몸과 부나 명예와 같이 자신이 소중히 하는 세간적인 가치들이 자신이 통제할 수 없는 인연의 흐름에 떠맡겨 있는 무상한 것이라는 사실을 느낄 때가 있다. 이러한 느낌은 우리가 죽음을 생각할 때 심각해진다. 자신이 집착하는 그 모든 것이 죽음 앞에서 허망한 것으로 나타나는 것이다. 이렇게 인간이 죽음 앞에서 자신이 집착하는 모든 것을 허망한 것으로 느끼는 사건이야말로 세계의 연기 실상이 인간 앞에 드러나는 사건이라고 할 수 있다.

이 경우 우리는 모든 것이 무상(無常)하다고 느낀다. 그러나 이렇게 느낄 뿐이지 아직 세간적인 가치들에 대한 집착에서 완전히 벗어나지 못한 상태에서는, 우리는 삶은 허망한 것이라는 허무주의에 빠지게 된다. 모든 것이 무상하다는 사실을 우리는 머리로 알 수 있으며 또한 무상감마저도 느낄 수 있다.

그러나 모든 것이 무상함을 느끼는 것을 넘어서 모든 것의 무상함을 온몸으로 체득하면서 세간적인 가치들에 대한 집착에서 온전히 벗어나는 것은 참으로 어렵다. 죽음을 생각하면 좋은 대학에 가거나 좋은 직장에 취업하는 것도 무상하다는 사실을 누구나 알고 그것들의 덧없음도 느낄 수 있지만, 정작 좋은 대학에 가고 싶거나 좋은 직장에 취업하고 싶은 욕망을 완전히 버리기는 쉽지 않다. 이렇게 세간적인 가치들에 대한 집착은 온전히 버리지 못했으면서도 모든 것의 허망함을 알고 느낄 때 우리는 인생은 허망한 것이라는 허무주의에 사로잡히게 된다.

불교가 모든 것의 무상함을 깨달아야 한다고 말할 때, 이는 단순히 모든 것이 무상하다는 것을 머리로 알아야 한다거나 무상감을 느껴야 한다는 것이 아니다. 그것은 자기 것으로 영구히 소유할 수 있는 것은 아무것도 없음을 깨닫고, 모든 종류의 소유욕에서 벗어나야 한다는 것을 의미한다. 더 나아가 그것은 이렇게 세간적인 가치들을 자기 것으로 소유하려는 그 '자기'라는 것이 사실은 고정되고 통일적인 실체가 아니라 한갓 인연에 의해서 형성된 성격과 신체의 혼합물이라는 것을 깨닫고, 허구적인 자기에 대한 집착에서 벗어나는 것을 의미한다.

세간적인 가치들에 대한 집착과 허구적인 자기에 대한 집착에서, 즉 법집과 아집에서 온전히 벗어난 삶의 방식을 유식불교에서는 원성실성(圓成實性)이라고 부른다. 원성실성은 세간적인 가치들이 이른바 고정불변의 고립된 실체로서의 자기가 영원히 소유할 수 있는 것이 아니라 한갓 인연에서 비롯된 것이고, 인연에 따라서 다시 사라져 버릴 것이라는 사실을 깨달아 그것들에 대한 집착에서 벗어난 삶이다. 예를 들자면 변계소집성은 우리 인간이 생로병사라는 연기의 흐름 속에 있다는 사실을 무시하고 자신의 젊음과 생을 유지하기 위해서 애를 쓰지만, 원성실성은 그러한 연기의 사실을 있는 그대로 받아들일 뿐이다.

그렇다고 하여 원성실성이 생로병사를 어찌할 수 없다는 사실 앞에서 한탄하면서 인생의 허망함을 느끼는 것은 아니다. 원성실성은 그렇게 생로병사를 겪는 육신에 대한 집착을 완전히 여의었기에 육신이 겪는 생로병사를 흔연히 받아들인다. 이런 의미에서 원성실성은 생로병사라는 연기의 세계 속에 있으면서도 그러한 연기의 세계에 매이지 않는다. 이 점에서 원성실성은 생멸을 여의었다고 할 수 있다.

여기에서 우리는 『무문관(無門關)』에 나오는 백장 야호(百丈野狐)의 이야기를 생각할 수 있다.

"중국 백장회해(百丈懷海: 720~814) 선사가 설법하는 자리마다 반드시 참석하는 한 노인이 있었다. 백장이 "당신은 누구요"라고 묻자 이 노인은 "나는 사람이 아니라 야호(여우)올시다. 옛날 어떤 사람이 깨달은 사람은 인과에 떨어집니까라고 묻기에 떨어지지 않는다(不落因果)라고 대답했습니다. 그 때문에 500년 동안 야호가 되었습니다. 부디 저에게 일전어(一戰語: 이것에 의해서 해탈할 수 있는 그런 말)를 주시어 야호의 몸으로부터 벗어나게 해 주십시오"라고 말했다. 백장은 "인과에 매이지 않는다(不昧因果)"고 대답했다. 이 한마디에 의해서 노인은 즉시 깨달음을 얻어 절을 하고 돌아갔다. 후에 깊은 산중에서 한 마리의 죽어 있는 야호를 백장은 화장해 주었다."[144]

인과는 부처도 피할 수 없다. 부처도 늙는 것은 어쩔 수 없고 죽는 것도 어쩔 수 없다. 그런데 인과에 떨어지지 않는다고 말하는 것은 인과세상에서 벗어나고 싶은 욕망에 사로잡혀 있다는 것을 의미한다. 그러나 이렇게 인과에서 벗어나고 싶은 욕망은 우리가 아직 인과에 구속되어 있기 때문에 생긴다. 따라서 이런 사람은 인과에 떨어진다. 인과에서

---

144 에른스트 카시러, 앞의 책, 100쪽 이하.

벗어나는 길은 인과에 얽매이지 않는 데 있다. 인과에 얽매이지 않는다는 것은 인과가 존재하는 그대로 흔연히 받아들이는 것을 말한다. 인간이 늙고 죽는 것을 있는 그대로 받아들이는 것이다.

자신이 늙는다고 애달아 하거나 자신이 죽을 것이라고 애통해하는 것은 그렇게 늙고 죽는 실체로서의 자아가 있다고 생각하면서 그러한 자아에게 집착하기 때문이다. 그러나 이러한 집착에서 벗어난 자에게는 늙음도 죽음도 없다. 일어나는 현상을 늙는다거나 죽는다고 규정하면서 그것에 얽매이는 것이 아니라 그것을 흔연히 받아들일 뿐이다.[145] 이와 관련하여 십이연기에 대한 이중표의 다음과 같은 해석은 인용할 만하다.

"12연기의 모든 지(支)는 우리의 의식 상태입니다. 마지막 지인 노사(老死)도 생물학적으로 늙어 죽는 것을 의미하는 것이 아니라, 오온을 '자아'로 생각함으로써, 그 자아가 늙어 죽는다고 생각하고 있는 중생들의 의식 상태를 의미합니다. 이러한 중생들의 생각이 왜 나타나게 되었는지 그 원인을 추구하여, 그러한 생각이 진리에 대한 무지에서 비롯된 것임을 밝힌 것이 12연기입니다. 만약 늙어 죽는다는 생각이 허망한 생각이 아니라면, 우리는 노사에서 결코 벗어날 수 없을 것입니다. 그러나 노사는 어리석은 생각에서 비롯된 것이기 때문에, 어리석은 생각을 버리면 늙어 죽는다는 허망한 생각도 사라지게 됩니다.

노사의 원인인 생(生)도 몸이 태어나는 것을 의미하는 것이 아니라 몸을 '자아'로 생각하여 태어났다고 생각하고 있는 중생들의 착각을 의미합니

---

145 에른스트 카시러, 앞의 책, 101쪽 이하 참조.

다. 유(有)는 태어났다는 생각을 갖게 하는 '자아'가 존재한다는 생각을 의미합니다. '자아'가 존재한다고 생각하고 있기 때문에 우리는 그 '자아'가 태어나서 죽는다는 생각을 하게 됩니다. 따라서 12연기는 '자아'가 존재한다는 중생들의 생각이 어떻게 형성되고 있는지를 밝히고 있다고 할 수 있습니다."[146]

그런데 원성실성이 연기의 세계를 흔연히 받아들일 때 이 연기의 세계는 더 이상 허망한 것으로 나타나지 않는다. 그것은 모든 것이 연기에 따라 얽혀 있으면서 자신의 성스러운 빛을 드러내는 화엄법계(華嚴法界)의 세계로서 드러난다. 이러한 세계에서 우리는 자신이 다른 것들과 분리되어 있는 실체라는 생각에서 벗어나 있으며, 세계를 자타일여(自他一如)의 평등세계로 경험한다.

변계소집성이나 원성실성은 의타기성으로서의 세계, 즉 연기세계에 대해서 인간이 취하는 서로 대립하는 삶의 태도들이라고 볼 수 있다. 의타기성을 의타기성으로 통찰하지 못하고 자기 자신과 자신이 집착하는 사물들을 영원히 존재하는 것으로 실체화하는 삶이 변계소집성이다. 반면에 이러한 실체화된 것들도 사실은 허망분별(虛妄分別)이라는 인연에 의해서 형성된 허구라는 사실을 깨닫고, 모든 것이 인연에 따라서 생성소멸한다는 세계의 실상을 여실하게 받아들이면서 어떠한 인연도 흔연히 받아들이는 삶이 원성실성이다. 변계소집성은 자신의 삶도 허망분별이라는 의타기적인 식(識)의 인연 속에서 성립된 것이라는 사실을 보지 못하고 있다. 이에 반해 변계소집성이 허망분별에 의해서 오염된 의

---

146 이중표, 『붓다가 깨달은 연기법』, 전남대학교출판부, 2015, 297쪽 이하.

타기성의 산물이라는 사실을 깨닫고 그것이 집착하는 것들에서 벗어날 때, 우리의 마음은 청정하게 되어 원성실성이 성립하게 된다.

변계소집성은 자신을 지켜 줄 세간적인 가치들을 소유하고 축적함으로써 자신의 삶이 의타기성의 흐름에서 벗어나 공고해졌다고 착각한다. 그러나 변계소집성은 실제로는 오염된 의타기성에 의해서 농락되고 있는 삶이다. 변계소집성은 자신의 삶이 공고해졌다고 생각하는 중에도 인연의 흐름은 자신의 뜻대로 진행되지 않는다는 사실을 암암리에 느끼면서, 이러한 인연의 흐름에 대해서 두려움을 갖고 있다.

그러나 그것은 이러한 두려움이 자신의 욕망에서 비롯된 것이라는 사실을 깨닫지 못한다. 이때 욕망은 자기 자신과 자신이 집착하는 세간적인 가치들이 영구히 존재할 수 있는 실체라고 생각하는 무지와 인연의 흐름을 자기중심적으로 실체화하려고 한다. 변계소집성은 자신의 두려움이 고립된 실체로서의 자신을 지켜 줄 세간적인 가치들을 충분히 많이 소유하지 못한 데서 생긴다고 생각한다. 이에 따라서 그것은 세간적인 가치들을 더 많이 소유하는 데 심신의 에너지를 바치고, 심지어 남의 것을 빼앗으려고까지 한다.

이에 반해 변계소집성이 영원불변한 것으로 생각하면서 집착하는 자기와 세간적인 가치들이 허구에 불과하다는 것, 즉 인연소생으로서 공(空)하다는 것을 깨닫게 될 때 우리에게 인연의 흐름은 더 이상 우리를 위협하는 것으로 나타나지 않는다. 그것은 모든 것이 서로 상의상자(相依相資)하면서 자신의 진리를 환히 드러내는 비로자나의 세계, 즉 편조(遍照)의 세계로서 나타난다. 이러한 인연의 세계는 모든 것이 단순히 작용을 미치고 작용을 받는 것으로 드러나지 않고, 서로가 자신의 성스러운 진리를 드러내는 광명의 세계로서 나타나는 것이다. 이러한 세계에

172

서 우리는 모든 것에서 풍겨 나오는 성스러운 빛을 보면서 그 모든 것에 대해서 경이와 신비로움 그리고 감사함을 느끼게 된다. 이 경우 나의 마음은 세계에 자신을 주장하지 않고 세계의 모든 것을 다 감싸 안는 충만한 것이 된다.

원성실성은 고립된 실체로서의 자신을 의타기성의 세계에 대해서 주장하면서 영속시키고 싶어 하는 욕망에서 벗어나 있기 때문에 생사를 여의었다고 할 수 있다. 그것은 태어나서 늙고 죽는 어떤 실체로서의 자아가 존재한다는 생각이 망상이라는 사실을 깨달았기에, 태어난 나도 없고 늙는 나도 없으며 죽는 나도 없다고 생각한다. 이 점에서 그것은 불생불멸이며 불로불사이다. 그러나 이는 원성실성의 상태에서 인간이 문자 그대로의 의미에서 영원한 세월을 산다는 것이 아니라 고립된 실체로서의 자아가 한갓 허구이기에 그러한 자아에서 일어나는 변화인 늙음과 죽음도 사실상 하나의 허구에 불과하다는 것을 의미한다. 원성실성에서 인간은 육신이 늙고 병든다는 사실을 알지만, 그러한 육신에서 일어나는 사건을 자신의 육신에게 일어나는 사건으로 보면서 애달아 하지 않는다. 그것은 생로병사에 대해서 초연한 자세로 임한다. 그것은 이렇게 생사에 얽매이지 않는다는 점에서 생사를 여읜 것이며 불로불사다. 우리가 의타기성이라는 세계의 실상에 대해서 분별하면서 실체화하고 집착하는 성향을 버리면 곧바로 원성실성이 성립하게 된다.

쇼펜하우어는 인과의 세계, 즉 연기의 세계가 그것에 대해서 인간이 취하는 태도에 따라서 두 가지로 나타날 수 있다는 사실을 알지 못하고 있다. 인과의 세계는 쇼펜하우어가 말하고 있는 것처럼 모든 것이 상대적이고 시간의 흐름에 내맡겨져 있는 허망한 세계로 나타날 수 있다. 그러나 불교에서는 세계가 이렇게 나타날 수 있는 것은 인간이 아직 자기에 대한 집착과 세간적인 가치들에 대한 집착에서 벗어나지 못한 상태에 있을 때뿐이라고 본다. 그러나 이러한 집착에서 온전히 벗어날 때 인과의 세계, 즉 연기의 세계는 허망한 것이 아니라 충만한 아름다움으로 가득 찬 세계로 나타나는 것이다.

쇼펜하우어에게 세계는 인과에 의해서 지배되는 세계로서의 현상계로서나 아니면 인과에서 벗어나 어떠한 변화도 없는 영원한 일자만이 존재하는 물자체로서의 세계로서 존재한다. 그리고 쇼펜하우어는 인과법칙에 의해 지배되는 세계에서 인과의 실상은 자연과학에 의해서 가장 잘 드러난다고 본다. 불교도 자연과학이 인과의 일단(一端)을 드러내 준다고 생각하지만, 자연과학에는 자연을 지배하여 자신의 뜻대로 자연이 작동하도록 만들려는 인간의 욕심이 그 기저에서 개입하고 있다고 본다.

다시 말해 근대자연과학 역시 인연의 흐름을 인간에게 유리한 쪽으로 조작하려는 욕망에 의해서 움직인다는 것이다. 근대자연과학은 자연 사건들을 규정하는 인과법칙을 파악하려고 하지만, 그것은 이러한 인과법칙을 드러내는 것 자체를 목표로 하기보다는 이러한 인과법칙을 이용하여 세상의 인연이 자신에게 유리하게 전개되도록 조작하는 것을 목표로 한다. 예를 들어 감기바이러스가 생기고 소멸하는 법칙을 우리가 파악할 경우, 우리는 그 바이러스를 소멸시키는 약을 개발하여 감기에 걸리지 않게 할 수 있는 것이다. 이렇게 자연과학이 자연을 지배하려는 욕망에 의해서 규정되어 있는 한 그것에서도 연기의 실상은 제대로 드러나지 못한다. 불교에서는 이러한 연기의 실상은 자연을 지배하려는 욕심을 포함한 모든 욕심을 다 버릴 때에만 드러난다고 본다.

쇼펜하우어도 자연과학이 실재를 왜곡한다고 보지만, 자연과학이 왜곡하는 실재를 물자체로서의 하나의 우주적인 의지라고 본다. 이에 반해 불교는 자연과학이 왜곡하는 것은 연기 실상이라고 본다.

(4) 개별적 자아의 본질에 대한 파악에서의 차이

불교에 따르면 우리가 흔히 자아라고 생각하는 것에는 어떠한 자립적인 실체도 상응하지 않는다. 쇼펜하우어 역시 우리의 개별적 자아는 현상일 뿐 물자체는 아니라고 본다. 쇼펜하우어에 따르면 개별적 자아란 사실 생을 향한 개별 의지에 불과하다. 우리는 흔히 '인식하는 의식'을 자기 자신이라고 생각하는데, 그러한 의식은 사실 생을 향한 개별 의지의 도구에 불과하다. 그런데 생을 향한 개별 의지는 실재 자체가 아니라 실재 자체인 물자체로서의 의지가 개별화의 원리인 시간과 공간에서 나타난 현상일 뿐이며 하나의 환상에 지나지 않는다. 이 점에서 쇼펜하우어와 불교 사이에는 근본적인 일치가 존재한다고 할 수 있으며 많은 연구자들이 이 점과 관련하여 쇼펜하우어와 불교 사이의 큰 유사성 내지 동일성을 인정하고 있다.[147]

그러나 쇼펜하우어와 불교 사이에 보이는 이러한 표면상의 일치 이면에 보다 근본적인 차이가 존재한다. 개별적 자아에 대한 쇼펜하우어의 견해는 미스트리와 같은 사람이 파악하는 것처럼 이중적이다. 한편으로 쇼펜하우어는 개인적 자아를 시간, 공간이라는 개별화 원리에 의해서 규정되어 있는 환상으로 보고 있지만,[148] 다른 한편으로는 물자체로서의

---

147 특히 Yasuo Kamata가 이러한 입장을 표방하고 있다. Yasuo Kamata, "Schopenhauer und der Buddhismus," *Schopenhauer Jahrbuch* 65, 1984, 201쪽 참조.
148 쇼펜하우어, 앞의 책, 917쪽 참조.

에지적 성격의 표현이라고 본다.[149]

이 점에서 쇼펜하우어는 신체와 세계의 본질을 파악할 때와 마찬가지로, 한편으로는 주관적 관념론의 입장을 취하면서 다른 한편으로는 객관적 관념론의 입장을 취하고 있다. 쇼펜하우어는 신체와 세계를 한편으로는 감각자료들을 지성이 시간과 공간 그리고 인과율이라는 인식형식을 통해서 외부로 투사하는 것이라고 보고 있다. 이런 의미에서 신체와 세계는 우리의 지성에 의해서 구성된 주관적 표상에 지나지 않는다. 그러나 다른 한편으로 쇼펜하우어는 신체와 세계를 물자체로서의 의지가 표현된 것이라고 본다. 이 경우 신체와 세계는 우리의 지성에 의해서 구성된 주관적 표상에 불과한 것이 아니라 물자체의 일정한 반영이 된다. 개별적 자아의 본질에 대한 쇼펜하우어의 파악에서도 이러한 주관적 관념론의 입장과 객관적 관념론의 입장이 똑같이 보이고 있다.

개별적 자아가 시간과 공간이라는 개별화 원리에 의해서 규정되어 있는 환상일 경우, 이러한 자아가 궁극적으로는 물자체로서의 의지가 투영된 것일지라도 개별적 자아의 개별성은 시간과 공간이라는 직관형식에서 비롯된 것이 된다. 그러나 다른 한편으로 쇼펜하우어는 개별적 자아의 개별성의 근거를 시간과 공간이란 직관형식에서보다는 개별적 자아가 시간적인 질서 속에서 보이는 경험적 성격, 즉 개성이 서로 다르다는 데서 찾고 있다. 그리고 쇼펜하우어는 이러한 경험적 성격을 물자체라는 예지적 차원에서 이미 결정되어 있는 예지적 성격의 반영으로 본다.[150]

---

[149] Freny Mistry, 앞의 글, 80쪽 참조.
[150] 쇼펜하우어, 앞의 책, 733쪽 참조.

이 경우 개별적 자아의 개별성은 시간과 공간이라는 직관형식에 의해서 규정된 단순한 현상 이상의 것이 되며, 물자체 내의 예지적 성격에 뿌리를 박고 있는 것이 된다. 그런데 이렇게 개별적 자아의 경험적 성격이 물자체에 속하는 예지적 성격에서 비롯된 것이라면, 인간의 성격은 변화 불가능한 고정된 것이 된다. 이 점에서 쇼펜하우어는 인간의 성격을 변화 불가능한 것으로 보면서, 고상하고 유덕한 인간은 타고난다고 보고 있다.

더 나아가 쇼펜하우어가 인간의 개별성을 궁극적으로 물자체 차원에서 결정되는 예지적 성격의 표현으로 볼 때, 쇼펜하우어에게 인간의 개별성은 단순한 환상이 아니게 되며 고정불변의 실체와 같은 것이 되어버린다. 이와 함께 쇼펜하우어에서는 우리가 고정불변의 개별적인 실체로서의 자아가 있다고 생각하는 것이 환상이 아니라 실재의 반영이 되고 만다.

이에 반해 불교에서는, 특히 유식불교에서는 우리가 흔히 자신의 자아라고 착각하는 개별적인 성격을 수억겁 동안 축적해 온 업의 산물로 본다. 따라서 불교는 각 개인의 성격을 고정불변의 것으로 보지 않는다. 불교에 따르면 우리는 자신이 쌓은 업에 따라 변하고 있는 것을 고정불변의 자아라고 착각하면서 집착할 뿐이다. 이와 함께 불교에서는 고정불변의 실체로서의 자아란 철저하게 환상에 불과한 것이 된다. 이와 관련하여 드르와는 불교보다 더 반(反)실체주의적인 사유는 없다고 하면서 이렇게 말하고 있다.

"'주체'든 '대상'이든, 어떤 것도 '자기'를 지니는 것이란 없다. 어떤 것도 고유성을 지니는 것이란 없다. 불교에서의 세계는 불연속적이며 즉각적인 현상들, 바탕도 실체도 없는 현상들, 끊임없이 출몰하는 현상들의 질서 있는 연속이다. 하지만 우리는 감각의 조야함으로 인해, 욕망이 빚어내는 환상과 우리의 언어가 야기하는 환상으로 인해 대상의 존재 및 우리들 자신의 존재를 믿으려 한다."[151]

(5) 고통의 궁극적 원인에 대한 파악에서의 차이

쇼펜하우어는 개별화의 원리를 실재를 가리는 미망의 베일로 보면서 이러한 개별화의 원리에 사로잡혀 개별적 자아에 집착하는 것에서 현상계의 모든 고통이 비롯된다고 본다. 그러나 다른 한편으로는 현상계의 모든 고통은 궁극적으로는 물자체로서의 의지가 가지고 있는 자신에 대한 불만과 자기 갈등에서 비롯된다고 보고 있다. 이 점에서 쇼펜하우어는 고통의 원인을 이중적으로 파악하고 있다고 할 수 있다. 신체와 세계 그리고 개체의 본질을 파악할 때 쇼펜하우어가 주관적 관념론의 입장과 객관적 관념론의 입장을 동시에 제시하고 있는 것과 마찬가지로, 고통의 원인을 파악할 때도 쇼펜하우어는 이 두 가지 입장을 제시하고 있는 것이다.

쇼펜하우어에 따르면 개별화의 원리라는 미망의 베일에 사로잡혀 개별적인 자아가 자신을 실재 자체라고 착각하면서 다른 개체들에게 자신을 주장함으로써 자신의 욕망을 관철하려고 하는 데서 개체들 간의 모든 갈등과 고통이 생긴다. 이는 고통의 원인을 주관적인 관념론의 입장에서 파악하는 것이라고 할 수 있다. 이 경우 개별적 자아는 사실 환상에 불과한 것이기 때문에 그러한 자아에 대한 집착에서 생기는 고통도

---

151 로제-폴 드르와, 『철학자들과 붓다』, 신용호·송태효 옮김, 심산, 2006, 21쪽.

환상적인 것이 된다.

즉 우리가 개별적 자아를 실재 자체가 아니라 환상에 불과한 것으로 간파하면서 그것에 대한 집착을 버리자마자 고통도 사라지는 것이다. 다시 말해서 우리는 시간과 공간이라는 개별화의 원리가 주관적인 인식형식에 불과하다는 것을 깨닫고 '모든 것은 하나'라는 사실을 깨달을 때 모든 고통에서 벗어날 수 있다는 것이다.

그런데 우리가 앞에서 보았듯이 쇼펜하우어는 후기에 이르러 자신의 주관적 관념론을 유물론적으로 해석하고 있다. 즉 쇼펜하우어는 지성을 뇌의 기능으로 보며 지성이 감각자료들을 정리하는 인식형식인 시간과 공간 그리고 인과율도 모두 뇌가 기능하는 메커니즘으로 본다. 우리의 뇌가 이러한 성격을 갖는다면 우리가 뇌를 가진 이상 개별화의 원리에서 벗어나는 것은 불가능하게 되며, 이와 함께 '모든 것은 하나'라는 사실을 깨달으면서 고통에서 벗어나는 것도 불가능하게 된다. 우리는 시간과 공간 그리고 인과율이라는 뇌의 메커니즘에서 벗어날 수 없기 때문이다.

그러나 쇼펜하우어는 다른 한편으로 현상계의 모든 고통이 개별화의 원리라는 미망의 베일로 인해 생긴 것이 아니라 스스로 내적인 불만에 사로잡혀 있는 물자체로서의 의지에서 비롯되는 것으로 보고 있다. 이 경우에 쇼펜하우어는 객관적 관념론의 입장을 취하고 있는데, 이러한 입장에서 고통은 개별화의 원리에서 비롯된 환상이 아니라 실재 자체에서 비롯되는 것이 되기 때문에 극복할 방법이 없게 된다. 고통이란 문제와 관련하여 불교와 쇼펜하우어 사이에 존재하는 차이에 대해서 이규성도 이렇게 말하고 있다.

"불교가 보는 고통은 현상계에 속하므로 상대적인 것이어서 실제로 존재하는 것이 아니지만 쇼펜하우어의 고통은 그 원인이 의지라는 본질에 있으므로 절대적인 것이 된다. 그러나 '고통이 존재한다면 그 고통은 언제나 존재할 것이고, 그렇다면 어떠한 구원도 불가능할 것이다'라는 나가르주나의 사상이 불교의 진리를 잘 표현한다."[152]

불교는 고정불변의 실체로서의 개별적 자아를 환상으로 보며, 모든 고통은 그러한 환상에서 비롯되는 것으로 보기 때문에 고통도 환상으로 본다. 인간의 마음은 환상에 불과한 개별적 자아를 만드는 것과 함께 고통의 환상을 만들면서 스스로 괴로워한다. 불교는 쇼펜하우어와 마찬가지로, 고정불변의 실체로서의 개별적 자아라는 관념을 환상으로 본다. 그러나 불교는 그러한 관념은 쇼펜하우어가 말하는 것처럼 시간과 공간이라는 인식형식에서 비롯된 것도 아니고 예지적 성격에서 비롯된 것도 아니라고 본다. 그러한 관념은 환상에 불과한 것을 실재 자체로 착각하는 무명에서 비롯된 것이라고 본다.

이러한 무명은 쇼펜하우어가 말하는 것처럼 현상계의 이면에 동일하고 불변적인 물자체로서의 의지가 존재한다는 사실에 대한 무지가 아니다. 무명은, 이른바 고정불변의 실체로서의 자아는 초기 불교식으로 말하면 색수상행식이라는 오온의 덩어리에 불과하고, 유식불교식으로 말하면 수억겁에 걸친 경험과 기억의 집합체라는 사실 즉 인연의 소산이

---

152 나가르주나가 '고통이 존재한다면'이라고 말할 경우, '존재한다면'은 '영원한 실체로서 존재한다면'이라는 의미를 갖는다. 이규성, 『의지와 소통으로서의 세계—쇼펜하우어의 세계관과 아시아의 철학』, 동녘, 2016, 692쪽.

라는 사실을 깨닫지 못하고 있는 상태를 말한다.

다시 말해서 불교는 고정불변의 실체로서의 개별적 자아라는 관념이 우리의 마음 안에 존재하는 아집과 법집에의 성향, 즉 복잡한 인연의 소산에 불과한 것들을 고립된 실체들로 간주하는 성향에서 비롯된다고 보는 것이다. 따라서 불교는 사물들을 "불연속적인 것으로, 단일하지 않은 것으로, 조건 지어진 것으로, 항구적이지 않은 것으로, 고유성이 결여된 것으로" 볼 것을 요구하며[153] 이렇게 보는 자는 자신을 세상에 대해서 관철하려는 욕망에서 벗어나게 되며 고통도 종식될 것이라고 본다.

이렇게 의지 자체가 아니라 무명을 고통의 근본적 원인으로 보는 불교의 입장에서는, 의지는 쇼펜하우어에서와 달리 종속적인 지위를 지니고 있을 뿐이다.[154] 불교에서 의지는 행(行)이라고 지칭되고 있으며 이는 오온 중의 하나에 불과하다. 불교에서는 본질적으로 자기중심적인 성격을 갖고 있는 이러한 의지는 실체로서의 자아가 존재한다고 생각하는 무명에서 생긴다고 본다. 따라서 이러한 무명에서 벗어나면 그러한 의지도 사라진다고 본다.

아울러 쇼펜하우어는 물자체를 끊임없는 결핍감에 시달리는 맹목적인 의지로 보면서 현상계에서 보이는 고통의 궁극적 원인을 이러한 물

---

153 로제-폴 드르와, 앞의 책, 20쪽 참조.

154 이런 맥락에서 웬차오 리는 쇼펜하우어가 말하는 것처럼 세계가 나의 주관적인 표상이라면 의지도 물자체로서의 실체가 아니라 한갓 표상에 불과한 것은 아닐까 하고 불교를 물었을 것이라고 말하고 있다. 여기서 웬차오 리가 염두에 두고 있는 표상은 쇼펜하우어에서처럼 현상계에 대한 인식을 의미하는 것이 아니라 무명에서 비롯된 환상을 의미한다. Wenchao Li, "Der Wille ist meine Vorstellung—Kritische Bemerkungen zu Schopenhauers Philosophie und der Lehre Buddhas," Dieter Birnbacher hg., *Schopenhauer in der Philosophie der Gegenwart*, Königshausen & Neumann, 1996, 120쪽 참조.

자체에서 찾고 있다. 쇼펜하우어의 관점에서 고통은 끊임없는 욕망으로서의 물자체에 뿌리박고 있는 것이라는 점에서 실재하는 것이고, 행복이나 기쁨은 이러한 욕망에 기생하는 것이라는 점에서 환상적인 것이다. 행복이나 기쁨은 욕망이 충족되는 것에 불과한 것이고, 욕망이 충족되는 것과 함께 사그라지면서 권태로 변하거나 새로운 욕망에 시달리는 고통으로 변화된다는 것이다.

이에 반해 불교에서는 끊임없는 욕망에서 비롯되는 고통이든 그러한 욕망이 충족되는 상태로서의 행복이나 기쁨이든 모두가 환상적인 것이다.[155] 그것들은 우리가 무명에 사로잡혀 있는 탓에 시달리게 되는 번뇌에 지나지 않는다.

쇼펜하우어는 죽음에 대한 공포도 우리가 물자체의 차원에서는 영원하다는 것을 깨달음으로써 극복할 수 있다고 본다. 죽음이란 우리 자신의 근원인 영원한 물자체로 되돌아가는 것에 지나지 않는다는 사실을 깨달을 때, 우리는 죽음에 대한 공포를 극복할 수 있다는 것이다. 그러나 불교에서는 영원불변한 물자체라는 관념도 그리스도교에서 말하는 인격신이나 천국처럼 죽음에 대한 공포와 같은 것을 극복하기 위해서 만들어 낸 환상에 불과하다고 볼 것이다.

불교에서는 죽음에 대한 공포는 애초부터 태어나고 늙고 죽는 실체로서의 자아가 한갓 허구라는 사실을 깨달을 때 극복될 수 있다고 본다. 어차피 태어나고 늙고 죽는다는 관념은 그러한 상태들의 변화의 근저에 존재하는 동일한 실체를 가정할 경우에만 의미가 있다. 그러나 이러한 실체가 하나의 환상이라는 사실을 깨달을 때 우리는 '태어난 나'도 '죽는

---

155 Johann J. Geistering, 앞의 글, 55쪽 이하 참조.

나'도 없다는 사실을 깨닫게 되며, 이와 함께 죽음에 대한 공포에서도 벗어날 수 있다는 것이다.

(6) 시간관의 차이

쇼펜하우어는 시간을 공간과 마찬가지로 우리의 지성이 감각자료들을 정리하는 주관적인 직관형식이라고 본다. 후기의 쇼펜하우어는 지성을 뇌의 기능으로 보기 때문에 결국 시간이란 뇌가 감각자료들을 처리하는 메커니즘에 지나지 않는다고 본다. 앞에서 본 것처럼 쇼펜하우어는 시간과 공간이라는 개별화의 원리에 의해서 개체라는 환상이 생긴다고 말하고 있다. 다른 한편으로 쇼펜하우어는 개별적 자아의 개별성의 근거를 물자체의 차원에 속하는 예지적 성격에서 찾고 있다. 그러나 후자의 입장을 취할 경우에조차도 쇼펜하우어는 인간을 포함한 모든 사물은 결국 시간과 공간이라는 개별화의 원리를 통해서 개별자로 나타나게 된다고 본다. 쇼펜하우어는 시간과 공간이라는 개별화의 원리를 어떤 존재자가 개체로서 나타나기 위한 조건이라고 보는 것이다.

불교는 쇼펜하우어와 정반대의 입장을 취하고 있다. 불교에서는, 앞에서 말한 것처럼, 개별적 자아의 개별성이 시간과 공간이라는 개별화의 원리에 의해서 생기는 것이 아니라 우리의 마음 안에 존재하는 아집(我執)과 법집(法執)에의 경향, 다시 말해 복잡하게 얽힌 인연의 소산에 불과한 것들을 고립된 실체들로 간주하는 데서 비롯되는 것으로 본다. 그리고 불교는 시간이 우리가 자신을 다른 것들과 분리되고 대립되는 개별적인 자아로 실체화하는 경향과 함께 나타나게 된다고 본다.

시간은 우리 인간의 시간의식에게만 존재한다. 우리가 시간의 세 양상으로서 과거·현재·미래를 구별하지만, 이러한 구별은 인간의 의식에게만 존재한다. 이는 아우구스티누스가 말한 것처럼 과거와 미래란 지금은 없고 우리의 의식인 기억과 기대 속에만 있기 때문이다. 동물도 물론 시간 속에 존재하지만 시간을 의식하지 못한다. 그것은 과거를 기억하지 않으며 미래를 예상하지도 않기 때문이다. 동물에게는 과거에 대한 기억도 미래에 대한 예상도 없기에, 과거에 대한 추억이나 회한도 없고 미래에 대한 희망이나 불안도 없다. 동물에게는 어떤 의미에서는 현재의 순간만이 있으나 현재라는 순간도 어디까지나 과거와 미래에 대한 의식을 전제한다는 점에서 사실상 현재도 없다.

그런데 불교에서는 이러한 시간의식과 시간은 아직 아집과 법집을 벗어나지 못한 미망의 마음에만 존재한다고 보면서, 아집과 법집을 벗어난 '깨달은 마음'에는 시간의식과 시간이 존재하지 않는다고 본다. 따라서 불교는 쇼펜하우어와는 달리 시간을 개별화의 원리로 보지 않고 오히려 자신을 개별적인 실체로 간주하려는 우리 자신의 경향에서 비롯된 것으로 본다. 사실 인간의 시간의식이 구체적으로는 '자신의' 미래에 대한 희망이나 불안 혹은 '자신의' 과거에 대한 긍지나 회한으로 나타나는 한, 그것은 고립된 실체로서의 자기에 대한 의식을 전제한다고 할 수 있다. 소광희 역시 자아의식이 시간의식의 전제가 되고 있음을 지적하고 있다.

"현재는 스스로 있으면서 동시에 이미 없는 과거와 아직 없는 미래를 존재로 전환하고 그 존재를 서로 연결한다. 그 중심에 '나'가 있다. 나는 시간의 주체이다. […] 과거가 그냥 지나가버린 시간이 아니라, 내가 살았던 과거―나는 그 과거의 나의 삶을 거울삼아서 미래를 기획하면서 오늘을 산다. 미래는 그냥 막연히 다가올 시간이 아니라 나의 과거와 현재를 근거로 해서 규정될 시간이다."[156]

우리의 자아의식은 보통 자기 자신을 가장 소중한 것으로 생각하는
자기중심적 성격을 가지고 있다. 우리에게는 뿌리 깊은 자기애가 존재
한다. 아무리 사회적으로 무시받는 사람이라도 자신이 가장 소중한 존
재이고 세계는 무너져도 자신은 살아남아야 한다는 생각을 갖고 있다.
우리는 이 소중한 나를 세계에서도 소중한 존재로 인정해 주기를 바란
다. 그러나 이 세계는 우리 뜻대로 되지 않는다. 사람들은 타인인 나보
다는 자신들을 더 소중하게 생각하고 세계도 내 뜻대로 운행되지 않기
때문이다.

나는 언제 다른 인간들과 세계에 의해서 별 볼 일 없는 존재로 짓눌릴
지 모른다. 이러한 가능성에 대한 두려움이 우리에게는 암암리에 항상
존재하면서 우리로 하여금 삶을 짐으로 느끼게 한다. 이러한 짐은 우리
가 인생의 중요한 길목에서 결국은 스스로 결단을 내려야 한다는 사실
에 의해서 가중된다. 그러한 결단을 내리는 데 부모를 비롯한 여러 사람
이 도움을 줄 수 있지만, 결국 그 책임은 내가 짊어져야 한다는 것, 그리
고 이러한 결단은 내가 원하지 않은 결과를 초래할 수 있다는 것, 바로
이러한 사실이 우리로 하여금 고독감과 무력감을 느끼게 만들고 삶이
우리를 짓누르는 듯한 느낌을 갖게 만든다.

우리가 느끼는 고독감과 무력감은 죽음을 생각할 때 가장 심각하게
된다. 하이데거의 말을 굳이 빌릴 것도 없이 죽음은 우리들 각자의 죽음
이기에 어느 누구도 대신해 줄 수 없다. 따라서 우리는 죽음을 생각하면

---

156 소광희, 『시간의 철학적 성찰』, 문예출판사, 2001, 178쪽.

홀로 죽음의 길을 걸어야 하는 자신을 생각하면서 고독감을 느끼게 된다. 또한 죽음은 우리가 가장 무력감을 느끼게 되는 사건이다. 우리는 죽음을 피하고 싶지만 죽음은 언제든 찾아올 수 있으며 우리는 죽음 앞에 무력하게 내던져져 있다. 또한 죽음을 생각하면서 우리는 고독감과 무력감뿐 아니라 허무감을 느끼게 된다. 어차피 죽으면 모든 것이 흔적도 없이 사라질 것인데 무엇을 위해서 우리는 이렇게 발버둥 치면서 살려고 하는가, 이 모든 몸부림이 무슨 의미가 있는가 하는 생각에 우리는 사로잡히게 된다.

시간의식을 갖는 인간이 영원을 생각하게 되는 것도 바로 인생에서 느끼는 무력감과 고독감 그리고 허무감에서 벗어나기 위한 것이라고 할 수 있다. 우리가 진정으로 마음의 평안을 얻으려면 시간 속에서 생성 소멸하는 것들에 의존하는 것을 넘어서야 한다. 시간 속에서 생성 소멸하는 것은 무상한 것들이기에 우리의 진정한 의지처가 될 수 없다. 언제까지나 내 편이라고 생각했던 사람도 언젠가는 나에게 무관심해지거나 나를 적대시할 수 있으며, 내 것이라고 생각하면서 의지했던 재산이나 명예나 지위 같은 것들도 시간 속에서 사라질 허망한 것들에 불과하다.

따라서 인간이 고독감과 무력감 그리고 허무감에서 완전히 벗어날 수 있는 길은 시간을 넘어서 영원한 존재 차원 속으로 진입하는 것이다. 인류의 역사가 종교와 함께 시작하고, 과학기술이 아무리 발달해도 종교와 영원에 대한 관심이 사라질 수 없는 이유가 바로 이 때문이다. 죽음의 상하(相下)에서 모든 것의 허망함을 느끼면서도 영원의 차원이 존재할 수 있다는 것을 부정하게 될 때, 우리는 허무주의와 염세주의에 빠지게 된다. 이러한 허무주의와 염세주의야말로 니체가 말하듯이 우리가 견디기 가장 어려운 것이기에 우리는 영원을 생각하게 되는 것이다.

삶의 덧없음을 극복하려고 한다는 점에서 불교도 영원을 추구한다고 볼 수 있다. 그러나 불교가 지향하는 영원은 단순히 삶이 무한히 연장되는 것이 아니라 인생의 부침이나 생사에 흔들리지 않고 항상 충만한 평정과 기쁨을 누리는 마음상태라고 할 수 있다. 불교는 이러한 마음상태로의 진입은 자기중심적인 자아의식을 넘어서는 것과 함께 가능하다고 본다.

우리는 앞에서 인간의 시간의식이 자아의식을 전제하고 있고 인간이 자신의 뜻을 세계에서 관철시키면서 자신의 삶을 형성하려고 한다는 사실과 밀접한 연관을 갖는다는 사실을 보았다. 현재와 과거 그리고 미래는 이른바 자아라는 실체에 대한 집착에서 비롯된다. 이는 어떤 것의 시간적 변화를 말하기 위해서는, 속성들의 변화에도 불구하고 지속하는 실체를 전제해야만 하기 때문이다. 앞에서 들었던 예이지만 소크라테스라는 하나의 고정된 실체, 즉 시간을 관통하면서 동일하게 존재하는 하나의 실체를 상정해야 우리는 소크라테스가 과거에는 청년이었다가 지금은 중년이 되었고 나중에는 노인이 될 것이라고 말할 수 있다는 것이다. 현재와 과거 그리고 미래는 하나의 고정된 실체를 상정해야 성립할 수 있는 것이다. 그러나 모든 것이 연기하고 있다고 보는 불교의 입장에서는 이러한 고정된 실체는 하나의 허구에 불과한 것이기에, 현재나 과거, 미래라는 시간도 존재하지 않는다.

따라서 실체로서의 자아라는 관념이 하나의 허구라는 사실을 깨닫고 자아에 대한 집착을 버릴 때 우리는 시간의식도 넘어서게 된다. 이 경우 우리는 시간의 변화 속에서 늙고 병들어 가는 신체를 '나'라는 실체에 속하는 것으로 보지 않게 되기에, '내'가 늙고 병들어 간다고 생각하지 않는다. '태어나서 늙고 죽는 어떤 실체로서의 자아가 존재한다'는 생각이 망상이라는 사실을 깨달을 때, 우리는 '태어난 나'도 없고 '늙는 나'도 없으며 '죽는 나'도 없다고 생각하게 되는 것이다. 태어난 나도 없고 늙는 나도 없으며 죽는 나도 없다고 생각하게 될 때 우리는 생로병사에 대해서 초연한 자세로 임하게 되며 이렇게 생사에 얽매이지 않는다는 점에서 생사를 여의게 된다. 우리는 생사의 부침과 그러한 생사의 부침을 의식하면서 아쉬워하는 시간의식을 벗어나면서 영원한 현재의 충만한 평정과 기쁨 속으로 들어가게 된다.

우리가 이러한 영원한 현재 속으로 진입함으로써 극복하려는 시간은 단순히 미래에서 와서 과거로 흘러가는 중립적인 시간이 아니라 개인으로서의 나의 인생을 무화시키는 것으로서의 시간이다. 무한한 시간의 흐름 속에서 나의 인생이라는 것을 바라보면 사실상 허깨비 같은 무와 같다. 이런 의미에서 서산대사가 임종게(臨終偈)에서 읊고 있듯이 '천 가지 생각과 만 가지 계획이 화로에 떨어지는 눈꽃 한 송이'와 같고 '인간의 생사는 구름이 생겼다가 사라지는 것'과 같은 것이다. 온갖 고뇌도 업적도 아무것도 남지 않는다. 간혹 위대한 인물의 경우 후세인들의 기억에 남아 있겠지만 사실상 그들도 무로 돌아간 것이나 다름이 없다.

불교는 이렇듯 세상의 모든 것을 결국 무로 떨어지는 헛된 것으로 보기 때문에 세간의 모든 것에 대한 집착을 버릴 것을 요구한다. 이러한 입장은 흔히 현실을 중시하는 불교로 평가받는 선불교도 마찬가지라고 생각한다. 선불교의 소의(昭儀)경전인 『금강경』에서는 "응무소주이생기심(應無所住而生起心)" 즉 "그 어느 것에도 집착하지 말고 마음을 내라"라고 말하고 있다. 선불교에서는 현실에 관여하되 그 어느 것에 대해서도 우리 자신의 의지를 관철시키겠다는 욕심 없는 마음으로 현실에 관여하라고 말하고 있는 것이다.

그렇다고 해서 불교는 현실을 전혀 무시하면서 피안의 세계로 도피하려고 하지 않으며 그리스도교처럼 피안의 영원한 인격신에게 귀의하려고 하지도 않는다. 오히려 불교는 우리가 현실을 새롭게 볼 것을 요구한다. 우리는 앞에서 우리의 시간의식이 자아의식, 즉 세계와 대립된 실체로서의 '내'가 있다는 의식을 전제하고 있다는 사실을 보았다. 우리가 자기중심적인 자아의식에 사로잡혀 이 세계에 자신의 뜻을 관철해야 하는 것으로 세계를 볼 때, 이 세계 내의 모든 사물이나 인간은 나의 의지에 대한 장애물이나 아니면 나의 의지를 관철하는 데 이용할 수 있는 도구와 같은 것으로 나타난다. 그리고 이 경우 시간 역시 나의 의지를 관철하는 데 부족하거나 아직 여유가 있는 것으로 나타나게 된다. 시간 역시 하나의 도구적인 것으로 나타나는 것이다.

그러나 내가 이러한 자아의식에서 벗어날 경우 세계는 완전히 다른 모습으로 나타날 것이다. 자기중심적인 자아의식에 사로잡혀 있을 때의 우리는 존재자들을 우리의 이해관심을 중심으로 하여 좋고 나쁜 것, 혹은 아름답고 추한 것으로 분별했지만 그러한 자아의식에서 벗어날 때, 모든 것은 불성을 갖는 것으로서 나타난다. 이러한 세계 내에 존재하는 모든 것이 자신의 성스러운 존재를 드러내면서도 연기의 관계를 통해서 하나로 결합되어 있는 상태가 화엄불교에서 말하는 비로자나[遍照]의 세계다.[157] 그리고 이렇게 세계와 대립되는 자아에 대한 의식을 버린 상태에서는 미래에 대한 걱정도 희망도 과거에 대한 회한이나 자부심도 사라진 상태이기에, 과거도 미래도 없으며 또한 미래에서 와서 과거로 흘러가는 현재도 없이 항상 평온한 현재만이 존재한다.

---

157 소광희, 앞의 책, 662쪽 참조.

불교에서 과거와 미래란, 자신을 세계와 대립된 실체로 생각하면서 세계에서 자신을 유지하고 강화하는 데 급급해하는 '깨닫지 못한' 인간에게만 존재한다. 유식불교에서 일수사견(一水四見)의 비유가 말하듯이 깨닫지 못한 자들과 깨달은 자들은 세계와 시간을 전적으로 다르게 경험하게 된다. 일수사견의 비유에서 우리 인간은 물을 음료수나 목욕물로 경험하지만, 물고기는 거주처로 경험하며, 자손의 공양을 받지 못하고 죽은 배고픈 귀신인 아귀들은 고름으로 보고, 하늘의 신은 보배 궁전으로 본다고 파악되고 있다.

우리는 모든 존재자가 하나의 동일한 세계와 시간 속에서 산다고 생각하지만, 유식불교에서는 존재자들은 각각의 식(識)의 성격에 따라서 다른 세계와 시간 속에서 산다고 보는 것이다. 불교에서 말하는 열반의 초시간적 상태는 우리의 삶을 초월해 있는 피안의 신과 같은 존재에게 귀속되는 것은 아니다. 그것은 우리가 삶 속에서 경험할 수 있는 것이며 오히려 삶을 절대적으로 긍정하는 것이다. 그러나 그것은 삶을 긍정하되 삶에 집착하지 않는다. "그 어떤 것에도 머무르는 바 없이 마음을 낸다"라는 『금강경』의 말처럼 그것은 과거의 일을 아쉬워하지도 않고 미래의 일을 걱정하지도 않는다. 그것은 마음의 동요 없이 매 순간을 영원한 현재로서 살 뿐이다.

(7) 자유와 의지의 본질적 성격에 대한 파악에서의 차이

앞에서 보았듯이 쇼펜하우어는 인간의 모든 행위는 타고난 성격과 동기에 의해서 결정되기 때문에 인간의 의지에는 자유가 없다고 본다.[158]

---

158 쇼펜하우어, 앞의 책, 873쪽 참조.

인간의 성격은 개별 인간이 갖는 의지의 결정체라고 할 수 있으며, 이러한 성격은 물자체의 차원에서 이미 결정되어 있는 예지적 성격에 근거한다. 예지적 성격은 충분근거율이 적용될 수 없는 물자체의 차원에 속하는 것이기 때문에 쇼펜하우어는 어떤 사람의 성격이 왜 애초에 그러한지는 수수께끼로 남을 수밖에 없다고 본다. 사람들이 각각 가지고 태어나는 성격은 아무런 근거도 없이 그렇게 세계에 나타난다는 것이다.

그러나 불교에서는 우리의 성격이 수억 겁의 전생에서 몸과 입과 뜻으로 쌓아 온 업, 즉 신구의(身口意) 삼업에 의해 인연의 법칙에 따라서 형성된 것이기 때문에 충분히 바뀔 수 있다고 본다. 쇼펜하우어는 선한 성격을 타고난 사람은 선하게 살 것이고 악한 성격을 타고난 사람은 악하게 살 것이라고 보지만, 불교는 인간의 성격은 인연의 법칙에 따라서 형성되었기 때문에 선한 업을 쌓다 보면 악의로 가득 찬 성격도 선한 성격으로 바뀔 수 있다고 본다. 인간에게는 자신을 변화시킬 수 있는 자유가 있다고 보는 것이다. 불교는 실로 인간이 전생에 쌓은 카르마가 현생에서의 생각과 의지 그리고 행위를 제약한다는 사실을 인정하지만, 그럼에도 불구하고 인간은 자신의 생각과 의지 그리고 행위의 근본성격을 변화시킬 수 있다고 보는 것이다.[159] 따라서 부처는 고통으로부터의 해탈을 위한 조건으로서 선한 생각과 행위를 할 것을 요구하며 인간의 생각과 의지 그리고 행위를 개선할 수 있는 구체적인 방법인 팔정도(八正道)를 제시했다.

불교는 다른 것들로부터 고립되고 자신에게서 비롯된 모든 것을 전폭적으로 책임져야만 하는 실체로서의 자아는 존재하지 않는다고 보기 때

---

159 Freny Mistry, 앞의 글, 85쪽 참조.

문에 어떤 특정한 개인이 자신이 겪고 있는 모든 고통에 대해서 전적인 책임을 져야 한다고 보지는 않는다. 물론 그렇다고 해서 불교가 모든 종류의 윤리적 책임을 부정하는 것은 아니다. 불교는 우리가 우리의 성격을 바꿀 수 있는 자유의지를 갖는다고 보는 만큼, 비윤리적 행위에 대한 우리 자신의 책임도 인정한다.

윤리적 책임이라는 문제와 관련해서도 불교는 중도에 따를 것을 요구하는 것이다. 불교는 자신이 전적으로 책임이 없다고 생각하는 것도 잘못된 것으로 보지만, 자신이 전적으로 모든 책임을 져야 한다고 생각하는 것도 잘못된 것으로 본다. 다시 말해서 불교는 우리가 어떤 일에 대해 전적으로 책임이 없다고 여기면서 아무런 부끄럼도 느끼지 않는 것을 잘못된 것으로 보지만, 그렇다고 해서 자신에게 모든 책임을 돌리면서 자학에 빠지는 것도 잘못된 것으로 본다.

불교는 모든 행위는 인연에 의해서 규정되어 있는 것으로 보기 때문에 잘못된 행위라도 그것이 전적으로 우리 자신의 자유로운 의지에 의해서 행해진 것이라고 보지 않는다. 우리는 불우한 가정환경이나 자기 중심주의가 지배하는 사회구조의 영향을 받아 어릴 적부터 ─혹은 불교 입장에서 말하면 수억 겁 이전의 전생에서부터─ 형성되어 온 자신의 그릇된 습성으로 인해서 잘못된 행위를 범하는 것이다. 이 경우 우리는 자신이 잘못된 행위를 범하고 있다는 것을 알고 있으면서도 자신의 오랜 습성으로 인해서 잘못된 행위에 이끌리게 된다.

이 점에서 불교는 인간의 행위가 순전히 자유의지에서 비롯된다고 보는 철학을 순진한 철학으로 보며 이러한 철학은 사람들을 자학에 빠뜨리기 쉽다고 본다. 인간을 철저하게 자유로운 존재로 보는 철학은 언뜻 보기에는 인간을 매우 높이 평가하면서 인간에 대한 애정을 담고 있는 것 같지만, 사실 그러한 철학은 인간을 단죄하기 쉬운 철학인 것이다. 이러한 철학은 교도소에 있는 모든 사람을 순전히 자신의 자유의지에 따라서 악을 저지른 죄인으로 단죄하는 것이다. 이런 의미에서 니체는 자유의지의 철학을 단죄의 철학이라고 부르고 있다. 그러나 불교는 우리 인간에게는 다른 한편으로 자신의 습성의 그릇됨을 반성할 수 있는 능력이 있기 때문에 그러한 습성을 바꿀 수 있다는 점을 인정하고 있다. 이런 의미에서 불교는 자유의지의 철학과 필연성의 철학을 넘어선 중도를 설파하고 있다고 할 수 있다.

이에 반해 한편으로 쇼펜하우어는 사람들의 성격은 변할 수 없기 때문에 윤리적인 덕과 예술적인 관조의 능력도 타고난 소수만이 가질 수 있다고 본다. 훌륭한 성격을 타고난 사람들이 있다는 것이다. 그리고 물자체로서의 의지 자체의 표현인 이러한 성격에 비하면 인식은 부차적인 것이기 때문에 천재성과 덕은 교육에 의해서 길러질 수 없다고 본다. 그럼에도 쇼펜하우어는 다른 한편으로는 동정의 윤리와 금욕을 말하면서 인간이 의지를 부정함으로써 자신의 성격을 극복할 가능성을 인정하고 있다. 이 점에서 쇼펜하우어는 모순을 범하고 있다고 할 수 있다.

불교는 자애와 같은 윤리적 덕성과 열반의 경험은 어느 누구나 훈련을 통해서 획득할 수 있다고 본다. 그것은 천재성과는 무관하다.[160] 불교는 개인들의 성격조차도 물자체로서의 예지적 성격에서 비롯된 것이 아니라 연기의 소산이라고 보기 때문에 성격도 극복할 수 있다고 본다. 이와 함께 불교는 인간이 통상적으로 무명에 사로잡혀 있다고 보면서도 근본적으로는 인간을 신뢰한다. 이에 반해 쇼펜하우어는 소수의 천재를

---

160 Freny Mistry, 앞의 글, 87쪽 참조.

제외한 인간 일반에 대해서는 조소하는 경향이 있다.[161]

성격을 불변적인 것으로 파악하는 것과 함께 쇼펜하우어는 개인이 갖는 의지도 물자체로서의 의지에 뿌리박고 있는 것으로 보면서 그것을 철저하게 부정하는 것 이외에는 그것을 극복할 방법이 없다고 본다.[162] 이와 함께 쇼펜하우어는 의지 자체를 악한 것으로 보고 있다. 그러나 불교는 의지 자체가 아닌 자기중심적인 의지만을 악한 것으로 본다. 불교에서는 의지 자체가 문제가 아니라 무명이 문제라고 보기 때문에 모든 의지를 잘못된 것으로 보지는 않는 것이다.

불교가 잘못된 것으로 보는 의지는 다른 인간들이나 사물들과 대립된 자아가 있다고 보면서 그것들을 자신의 마음대로 이용하거나 소유하려는 의지다. 인간의 의지는 과거의 카르마에 의해서 제약되지만 그럼에도 불구하고 의지활동은 창조적일 수 있으며 자신을 변용할 수 있는 힘을 갖는다. 따라서 이러한 의지는 자기에 대한 집착에서 벗어나 깨달음을 구하려는 의지로 변화될 수 있으며, 더 나아가 이러한 의지마저도 넘어서 만인에게 덕을 베풀려는 자비심으로 변화될 수 있다.[163]

다시 말해서 불교가 극복해야 할 것으로 보는 자기중심적인 의지는 무명에 입각하고 있기 때문에 무명만 벗어나면 자비심으로 전환될 수 있지만, 쇼펜하우어에서 자기중심적 의지는 물자체로서의 의지에 뿌리박고 있기 때문에 그러한 전환이 불가능하다. 이 때문에 쇼펜하우어는

---

161 Freny Mistry, 앞의 글, 89쪽 참조.
162 쇼펜하우어, 앞의 책, 969쪽 이하 참조.
163 김문환은 쇼펜하우어가 말하는 의지는 불교에서 말하는 집착과 아주 유사하다고 주장하지만, 양자의 의지관에 포함되어 있는 이러한 근본적인 차이에 대해서는 언급하고 있지 않다. 「쇼펜하우어 미학사상─미적 무욕성과 열반」, 『불교연구』 1, 1985, 14쪽 참조.

의지의 정화가 아니라 의지의 근절을 촉구하게 된다. 불교든 쇼펜하우어든 고통의 뿌리를 자기중심적인 욕망에서 찾고 있지만, 불교는 욕망 자체가 문제가 아니라, 그릇된 자아 개념에 붙들려 있는 욕망이 문제라는 것이다. 따라서 불교의 목표는 의지 자체의 근절이 아니라 자기중심주의적인 의지의 극복이 된다.[164]

불교는 고정불변의 실체로서의 자아가 있다고 생각하는 자기중심주의에 의해 오온이 오염된 데서 고통이 생긴다고 보기 때문에, 우리가 자기중심적인 생각에서 벗어나 오온이 정화될 때 고통은 사라진다고 본다. 이 점에서 우리는 불교는 오온의 제거가 아니라 오온의 정화를 목표한다고 말할 수 있다. 즉 그것은 신체와 느낌 그리고 의지와 생각과 인식 자체를 부정하는 것을 주장하는 것이 아니라 그것들이 자기중심주의에서 벗어난 무아(無我)의 상태로부터 발현되어야 한다고 주장하는 것이다.

불교와 마찬가지로 쇼펜하우어도 정의와 사랑은 자신이 마야의 베일이라고 부른 '개별화의 원리'의 부정에 의해서 가능하게 된다고 본다. 그러나 다른 한편으로 쇼펜하우어는 개별화의 원리를 부정하는 것을 넘어서 의지 자체를 부정해야 한다고 본다. 쇼펜하우어는 개별화의 원리를 부정한다는 것과 의지 자체를 부정하는 것을 동일한 것으로 보고 있지

---

164 이런 맥락에서 Benjamin A. Elman도 쇼펜하우어와 불교를 구별하고 있다. 즉 쇼펜하우어는 의지의 부정을 주창하지만, 부처는 의지의 정화를 말하고 있다는 것이다. 더 나아가 그는 쇼펜하우어가 불교가 의지의 부정을 주창한다고 본 것은 불교와 우파니샤드에 대한 19세기 유럽의 불충만한 이해를 반영한 것이라고 말하고 있다. Benjamin A. Elman, "Nietzsche and Buddhism," *Journal of the History of Ideas*, 1983년 10월, 676쪽 참조. 중국에서 거의 최초로 쇼펜하우어 철학과 불교를 비교 연구한 장타이옌도 불교는 의지 자체가 아니라 이기적 욕망의 완벽한 소멸을 의도했으며 현실 개입의 동력으로서 '선의지'를 긍정했다고 말하고 있다. 김영진, 「중국 근대 장타이옌(章太炎)의 쇼펜하우어 철학수용과 열반론」, 『불교학보』 7, 2017, 249쪽 참조.

만, 사실상 이 양자는 동일하지 않다. 불교에서는 갈애나 집착은 무명에서 비롯된다고 볼 뿐, 물자체로서의 의지에서 비롯된다고 보지 않는다. 따라서 불교는 무명에서 벗어나면 갈애나 집착은 사라진다고 본다. 다시 말해서 불교에서는 의지 자체를 부정하지 않고서도 개별화의 원리를 부정할 수 있다고 보는 것이다. 이때 의지는 왜곡된 자기중심성을 버리고 보편적인 사랑과 자비의 성격을 갖게 된다.

(8) 이성에 대한 견해의 차이

쇼펜하우어는 이성을 의지의 도구로 본다.[165] 이성은 의지가 추구하는 목적을 실현하기 위하여 그 방법을 고안해 내는 도구적인 것에 불과하다. 의지가 식욕이나 성욕으로 가득 차 있을 경우 그러한 식욕이나 성욕을 충족시킬 방법을 생각해 내는 것이 이성이 하는 일이라는 것이다. 앞에서 본 것처럼 불교, 특히 유식불교에서는 우리의 이성을 요별경식에 포함시키고 있다. 유식불교는 쇼펜하우어가 우리의 인식이 의지의 지배를 받는다고 보는 것과 유사하게, 요별경식은 무의식의 영역에 속하는 아뢰야식과 말나식(末那識)의 영향을 받고 있다고 본다.

말나식은 아뢰야식을 고정된 자아로 실체화하면서 그것에 집착하는 심층의식이며, 그렇게 실체화된 자아에 애착하고 그것을 세상에서 가장 귀한 것으로 내세우고 싶어 하는 아애(我愛)와 아만(我慢)을 특징으로 갖는다.[166] 우리가 의식적으로 선한 일을 하는 경우에도 무의식의 차원에

---

165 쇼펜하우어는 지성과 이성을 구별하고 있지만, 여기서는 지성과 이성을 포함하여 이성이라고 부르겠다.
166 『성유식론 외』, 258쪽 이하, 316쪽 이하 참조.

서는 말나식이 작용할 수 있다. 선한 일을 하면서도 우리가 자신도 모르게 다른 사람들에 비해서 선한 사람이라는 아만에 빠질 수 있는 것은 말나식이 작용하기 때문이다.[167]

아뢰야식과 말나식은 무의식의 차원에서 작동하기 때문에 알아채기도 어렵고 극복하기도 어렵다. 아뢰야식뿐 아니라 말나식도 무의식 속에서 작동하기 때문에 꿈속에서도 우리는 자기중심적으로 생각하고 행동한다. 그것들은 우리가 알지 못하는 사이에 우리의 이성, 즉 요별경식을 철저하게 자기중심적인 것이 되도록 오염시킨다.

쇼펜하우어가 우리의 이성이 의지에 의해서 규정된다고 보는 것처럼 유식불교도 요별경식이 아뢰야식과 말나식에 의해서 크게 규정되어 있다고 보지만, 유식불교는 요별경식이 아뢰야식 내의 무루종자, 즉 선한 종자의 영향을 받아서 말나식과 아뢰야식을 정화하는 데 결정적인 동력이 될 수 있다고 본다. 이 점에서 불교와 유식불교는 우리의 이성을 쇼펜하우어처럼 꼭두각시 같은 것으로 보지 않는다. 이러한 이성을 갖고 있기 때문에 우리는 예를 들어 부처의 말씀을 듣고 감복하면서 고정된 실체로서의 자아라는 관념이 허구임을 깨닫고 자기에 대한 집착에서 벗어나려고 노력할 수 있다. 쇼펜하우어도 다른 한편으로는 이성이 의지를 통제하고 부정할 수 있다고 보고 있다.

(9) 고행에 대한 입장의 차이

쇼펜하우어는 의지와 욕망 자체를 악한 것으로 보기 때문에 결국에는 의지 자체의 부정과 근절을 목표하는 금욕주의적 고행을 주창하게 된

---

167 『성유식론 외』, 258쪽 참조.

다. 이러한 금욕주의적 고행은 신체에 대한 학대로 나타난다. 신체야말로 의지가 가시화된 것이기 때문이다. 아울러 쇼펜하우어는 의지를 생의 본질이라고 보기 때문에 의지의 부정은 삶의 부정, 삶으로부터의 치유가 아니라 삶의 소멸을 권하는 것이 되고 만다.[168] 쇼펜하우어의 이러한 입장은 다음과 같은 구절에서 가장 분명하게 나타나고 있다.

"그는 의지를 억제하는 것처럼 의지가 가시화되고 객관화된 것, 즉 신체까지도 억제한다. 그는 의지의 단순한 표상과 반영에 불과한 자신의 신체가 지나치게 생기 있고 강건하게 되어서 의지를 다시 활기차게 만들고 더욱 강하게 자극하는 일이 없도록 신체에 영양도 조금만 공급한다. 그래서 그는 단식하고, 나아가 금욕과 고행도 하고, 끊임없는 결핍과 고통을 통해서 자신이 자신과 세계의 고통의 원천이라고 인식하면서 혐오하는 의지를 점점 더 좌절시키고 죽인다. 결국 이 의지의 현상[신체]을 해소하는 죽음이 오는데, 의지의 본질은 자신에 대한 자유로운 부정을 통해서 이미 오래 전에 이 신체에 활력을 주는 것으로 나타났던 약한 잔재에 이르기까지 모두 소멸해 버린다. 그러므로 죽음은 고대하던 해탈로서 대단히 환영을 받고 기꺼이 받아들여진다. 이 경우 죽음과 더불어 끝나는 것은 다른 사람들에게서와 마찬가지로 단지 현상[신체]만이 아니다. 현상을 통해 희미한 생존을 유지하고 있었던 본질 그 자체[의지]가 없어지는 것이다. 이 최후의 약한 유대도 끊겨 버리고 만다. 이렇게 끝나는 사람에게는 세계도 동시에 끝난다."[169]

---

168 프레데릭 르누아르, 『불교와 서양의 만남』, 양영란 옮김, 세종서적, 2002, 146쪽 참조.
169 쇼펜하우어, 앞의 책, 974쪽(번역을 약간 수정했으며, [ ]는 필자에 의한 삽입주임).

쇼펜하우어는 자신이 주창하는 고행 내지 금욕과 불교의 수행법이 동일하다고 보지만, 불교는 욕망과 의지의 근절을 목표하는 고행을 추구하는 것이 아니라 고행 내지 금욕과 방일(放逸) 사이의 중도를 추구한다. 다시 말해서 불교는 의지의 근절이 아니라 의지의 정화를 추구하며, 모든 생각과 행위를 중지하고 무의 상태로 들어가는 것이 아니라 생각과 행동과 말을 모든 집착이 사라진 마음의 상태로부터 내는 것을 지향한다. 불교는『금강경』에서 말하는 '응무소주이생기심'의 상태를 지향하는 것이다. 이 점에서 불교는 열반의 세계도 생성 소멸의 세계와 분리된 것이 아니라 생성 소멸의 세계가 정화된 것이라고 보며, 열반의 세계와 윤회의 세계는 동일하다고 본다.[170]

이에 반해 쇼펜하우어는 세계의 무상함과 고통에 대해서 분노하면서 의지를 근절할 것을 요구하며, 이 세계에 대한 관심도 버릴 것을 요구한다. 이에 반해 불교는 세계의 무상함에 대해서 한탄하지도 분노하지도 않으며 그것을 여실하게 볼 것을 요구할 뿐이다. 그것은 세계의 무상함과 고통을 냉철하면서도 진지하게 통찰하면서 그것을 극복할 방법을 강구한다. 물론 불교도 생의 비참함에 대해서 이야기하기는 하지만 이는 삶에 대한 집착을 버리도록 하는 방편으로서 행해지고 있을 뿐이다.[171]

---

[170] Freny Mistry, 앞의 글, 82쪽 참조.
　　필자가 열반에 대한 쇼펜하우어와 불교의 견해가 근본적으로 다르다고 보는 반면에, 글라제나프와 같은 사람은 양자의 견해가 근본적으로 동일하다고 보고 있다. Helmuth von Glasenapp, 앞의 글, 56쪽 참조. 여기서 그는 쇼펜하우어가 구원으로 묘사하는 사태는 불교가 열반으로 묘사하는 것에 대한 정확한 서술이라고 말하고 있다.
[171] 글라제나프는 세계의 무상함과 고통에 대한 태도에서 불교와 쇼펜하우어 사이에서 보이는 이러한 차이는 사실은 불교뿐 아니라 인도 철학 전반과 쇼펜하우어 사이에서 보이는 차이라고 말하고 있다. 글라제나프는 인도인들은 일찍부터 모든 지상적인 것의 무상함, 무실체성, 고통스러움을 삶의 불가피한 속성으로서 받아들였기 때문에, 인도인들에게는 삶

이와 관련하여 피터 아벨슨도 쇼펜하우어는 자주 불교의 염세주의적인 관점을 강조하지만 그의 세계관에 비해서 불교는 명랑한 것 같다고 말하고 있다. 불교는 우수에 빠지지 않고 냉정하게 고통의 원인을 탐색하면서 고통을 극복할 수 있다는 밝은 신념에 차 있을 뿐, 삶에 대한 염증에 사로잡혀 있지 않다는 것이다.[172]

쇼펜하우어는 무를 의지의 부정을 통해서 구현되는 어떤 상태라고 본다. 이에 반해 불교에서 무는 이미 항상 존재하는 것이었고 세계의 실상에 해당하는 것이다. 불교에서 무는 어떠한 고정되고 고립된 실체도 없으며 모든 것이 중중무진의 인연에 의해서 얽혀 있고 이러한 인연에 따라서 생성 소멸한다는 것을 의미한다. 따라서 불교에서 깨달음은 의지를 부정하는 것이 아니라, 세계는 현상하는 실체가 없는 현상일 뿐이며 표상하는 실체도 표상되는 실체도 없는 것이라는 사실, 즉 세계는 원래 무이고 공이라는 사실을 깨치고 이러한 무 내지 공을 실체화하는 집착을 버리는 것을 의미한다.

따라서 불교가 말하는 무는 존재와 대립되는 것이 아니라 존재의 실

의 무상함과 고통에 대해서 한탄하고 삶을 저주하는 것이 극히 낯선 것이라고 말하고 있다. Helmuth von Glasenapp, "Schopenhauer und Indien," *Jahrbuch der Schopenhauer-Gesellschaft*, 1955, 39쪽 참조.

[172] Peter Abelson, "Schopenhauer and Buddhism," *Philosophy East and West* 43(2), University of Hawaii Press, 1993, 256쪽 참조. 이규성도 이렇게 말하고 있다.

"대체로 그의 대부분의 언급들은 아시아의 선사들의 명랑성과 자유로움을 결여하고 있다. 이것은 당시의 문화적 허무주의와 쇼펜하우어의 심리적 불안과도 연관되어 있지만, 서양 전통에서 내려오는 이분법적이고 실체적인 이른바 존재론적 사고의 습관에도 원인이 있는 것으로 보인다." 이규성, 앞의 책, 689쪽.

이와 함께 이규성은 "유럽의 기독교에는 선종의 자유로움과 웃음이 없다"라는 사실을 지적하고 있다. 이규성, 앞의 책, 696쪽.

상에 해당하는 것으로서 항상 이미 존재해 온 것이며, 다만 우리 인간에 의해서 어떤 고정된 실체들로 간주되었을 뿐이다. 이러한 실체들은 갖가지 번뇌를 낳은 환상일 뿐이다. 부처의 설은 무와 함께 시작하지만, 쇼펜하우어의 경우는 무와 함께 끝난다. 불교에서 무는 근원에 해당하는 것이기에, 세계의 실상이 무라는 것을 깨치는 것은 근원으로 돌아가는 것을 의미한다. 이에 반해 쇼펜하우어에서 근원은 물자체로서의 의지인바, 깨달음은 물자체로서의 의지라는 근원으로 귀환하는 것이 아니라 그것을 부정하는 것이다.[173]

또한 쇼펜하우어가 신체를 물자체로서의 의지의 표현이라고 보면서 신체와 신체에 결부된 욕망인 식욕이나 성욕을 억압해야 한다고 주장하는 반면에, 불교에서는 신체에 대한 억압이 아니라 마음을 청정하게 함으로써 신체를 청정하게 만들 것을 주장한다. 불교에서는 우리의 마음이 이기주의적인 집착에서 벗어나게 되면 우리의 신체, 불교용어로 말하자면 육근(六根)도 함께 청정해진다고 말하는 것이다. 유식불교에서는 아뢰야식에서 우리의 신체와 기세간이 생겼기 때문에 아뢰야식이 청정해지면 신체와 세계도 청정해진다고 본다.

우리는 보통 자신의 신체를 자신의 욕망을 실현하기 위해서 사용하는 도구와 같은 것으로 간주한다. 따라서 어떤 도구가 제대로 기능할 때는 아무런 관심을 갖지 않다가 그것이 제대로 기능하지 않을 때에야 그것에 관심을 갖고 짜증을 내는 것처럼, 우리는 신체가 제대로 기능하면 신

---

173 Wenchao Li, 앞의 글, 120쪽 이하 참조. 이와 관련하여 이규성은 이렇게 말하고 있다.

"반야종이 지나치게 '공'을 강조하여 원융한 정신을 드러내지 못한다는 비판이 불교사에 있었던 것처럼, 쇼펜하우어는 '무'에서 멈춘다. 그는 다시 '유'로 돌아와 현실과 대면하는 보다 진전된 세계상에는 이르지 못한다." 이규성, 앞의 책, 709쪽.

체에 아무런 관심도 갖지 않지만 신체가 제대로 기능하지 않을 때는 그것에 대해서 관심을 갖고 짜증을 낸다. 이에 반해 불교에서는 우리의 신체도 나에게 속한 도구와 같은 것이 아니라 인연화합에 따라서 생긴 것이라고 보며, 신체에 대해서 감사하는 마음을 가질 것을 촉구한다. 그러나 이러한 마음은 억지로 노력해서 생기는 것이 아니라 마음이 청정해지면 신체가 청정해지는 것과 함께 저절로 생기는 것이다.

그런데 쇼펜하우어는 한편으로는 의지 자체의 절멸을 말하고 있지만, 다른 한편으로는 이기주의적인 의지의 절멸만을 말하고 있을 뿐이라고 해석할 수 있는 여지도 상당히 존재한다. 다음과 같은 구절을 보면 쇼펜하우어는 이기주의적 의지의 절멸만을 말하고 있다고 볼 수 있다.

"그는 개인이 되어 나타나고 있는 의지를 부정하는 것이기 때문에, 남이 똑같은 일을 해도, 즉 그에게 불법을 가해도 이에 저항하지 않을 것이다. 그러므로 그는 우연히 또는 다른 사람의 악의에 의해 외부에서 주어지는 어떠한 고통, 손해, 굴욕, 모욕도 기꺼이 받아들인다. 그는 자기가 이미 의지를 긍정하지 않고, 그 자신인 의지 현상의 모든 적대자에게도 편을 든다고 하는 확신을 자신에게 줄 수 있는 기회로서 기꺼이 이 고통을 받아들인다. 그러므로 그는 굴욕이나 고통을 한없는 인내와 온화로 견디고, 아무런 겉치레 없이 악에 대한 보상을 선으로 한다. 그리고 욕망의 불, 분노의 불까지도 다시는 자기 속에서 태우지 않는다."[174]

쇼펜하우어의 이 구절을 읽으면서 우리는 불교에서 말하는 육바라밀

---

174 쇼펜하우어, 앞의 책, 973쪽 이하.

중 인욕바라밀을 떠올리게 된다. 인욕바라밀은 어떤 사람이 가하는 온갖 모욕에도 불구하고 원한을 일으키지 않고 상대에게 선한 마음을 갖는 것을 의미한다. 또한 쇼펜하우어가 말하는 의지의 부정이 생 자체의 부정이 아니라 이기주의적 의지를 부정함으로써 우리 내면에 저절로 생기게 되는 환희의 상태라는 점도 다음과 같은 구절에서 분명히 드러난다.

"생에 대한 의지를 부정한 사람은 그 상태가 겉으로 볼 때 아무리 가난하고, 기쁨도 없고, 결핍뿐인 것이라고 해도, 완전한 내적인 희열과 참된 천국의 고요함 속에서 살고 있다. 그것은 인생을 향락하는 사람의 행동을 이루는 것과 같은 불안한 생의 충동, 격렬한 고통을 그 선행 조건이나 귀결 조건으로 갖는 방종한 기쁨이 아니라, 움직임 없는 잔잔한 평화와 깊은 평정과 내면적인 밝음이다."[175]

이런 맥락에서 쇼펜하우어는 열반을 무에 비유하면서도 이러한 무는 절대적인 공허의 상태가 아니라고 말하고 있는 것이다. 그러한 열반의 상태는 우리가 이기주의적인 욕망의 구속에서 벗어났을 때 우리를 엄습하게 되는 내적인 기쁨의 상태다. 이 상태는 현상계에 집착하는 사람에게는 공허한 무로 간주될 것이다. 현상계에 집착하는 사람이 상상할 수

---

175 쇼펜하우어, 앞의 책, 982쪽(번역을 약간 수정했음). 이규성 역시 "생을 부정하는 어두운 모습이 아닌, 붓다의 미소를 좋아하고 무욕의 경지에서 자유와 평화를 찾는 쇼펜하우어의 모습이 있다는 것도 부정할 수 없다"라고 말하고 있다(이규성, 앞의 책, 696쪽). 이와 함께 이규성은 "쇼펜하우어가 '무'를 인간 내면에 절실한 것으로 만들려 하고, 그것을 성인이 갖는 마음의 고요와 기쁨에 도달하는 관문으로 삼고자 하는 의도를 이해할 수 있을 것이다"라고 말하고 있다(이규성, 앞의 책, 697쪽).

있는 기쁨은 식욕이나 성욕 혹은 소유욕을 충족시킬 때 우리가 갖게 되는 기쁨일 뿐이지, 모든 이기주의적인 욕망에서 벗어날 때 생기는 기쁨은 그에게는 상상할 수도 없는 것이기 때문이다. 그러나 그러한 내적인 기쁨을 맛본 사람에게는 오히려 그러한 기쁨이야말로 실재이며, 우리가 통상적으로 집착하는 현상계야말로 무라고 할 수 있다. 이런 의미에서 쇼펜하우어는 이렇게 말하고 있다.

"오히려 우리는 의지를 완전히 폐기한 후에 남는 것은 아직 의지를 충분하게 갖고 있는 사람들에게는 무에 지나지 않는다고 거리낌 없이 고백한다. 그러나 그와 반대로 의지가 스스로를 바꾸고, 스스로를 부정하여 버린 사람에게도, 우리에게 그렇게 사실적으로 보이는 이 세계가 모든 태양과 은하수와 더불어 무인 것이다."[176]

이러한 구절들에 입각해 볼 때 우리는 쇼펜하우어가 말하는 의지의 부정을 의지 자체의 부정이 아니라 이기주의적 의지의 부정이라고 해석할 수도 있다. 이 경우 고행에 대한 쇼펜하우어와 불교의 입장은 큰 차이를 갖지 않게 되며, 불교는 쇼펜하우어가 지향하는 사태를 보다 수미일관되고 사태에 맞게 설파하고 있다고 할 수 있다.

(10) 예술관의 차이

쇼펜하우어는 불교의 열반을 의지의 절멸상태로 보고 있지만, 필자는 오히려 불교의 열반은 쇼펜하우어가 말하는 세계에 대한 심미적인 관조

---

176 쇼펜하우어, 앞의 책, 1006쪽.

와 더 유사하다고 생각한다. 그리고 앞에서 본 것처럼 쇼펜하우어가 말하는 의지의 절멸이 의지 자체의 절멸이 아니라 이기주의적인 의지의 절멸일 경우에는, 쇼펜하우어에서도 의지의 절멸은 심미적인 관조상태와 유사한 상태를 수반한다고 생각된다.

쇼펜하우어는 세계를 심미적으로 관조할 때 세계는 생성 소멸하는 세계이면서도 사물들의 본질인 영원한 이데아의 현현으로서 나타난다고 말하고 있다.[177] 이 경우 사람들은 세계를 자신이 대결해야 할 객체로서 경험하는 것이 아니라 사물들이 자신의 진리를 스스로 드러내면서 다가오는 것으로 경험하게 된다.[178] 이러한 심미적인 관조는 세계를 부정하는 것이 아니라 긍정하는 것이며, 인식하는 주관이 자신을 세계와 대립하는 개별적 자아로서가 아니라 세계와 하나가 되는 것으로서 경험하는 것이다. 쇼펜하우어는 의지를 부정한 자가 경험하는 행복을 이러한 심미적 관조상태에서 경험하는 행복과 유사하다고 보면서도 이것을 보다 심화시킨 것으로 보고 있다.

"아름다운 것에 대한 미적인 희열은 대부분 순수한 관조의 상태에 들어가, 그 순간에 모든 의욕, 즉 모든 소망과 근심을 떠나서 자신으로부터 벗어나고, 자기의 끊임없는 의욕을 위해 인식하는 개체, 즉 객관들의 동기가 되는 개체의 상대 개념이 아니라 의지를 떠난 영원한 인식주관, 즉 이데아의 상대 개념이라고 하는 데에서 기인한다. 잔인한 의지의 충동에서 벗어나, 무거운 지상의 대기에서 떠오르는 이 순간이 우리가 알 수 있는 가장 행복한

---

177 쇼펜하우어, 앞의 책, 754쪽 참조.
178 쇼펜하우어, 앞의 책, 747쪽 이하 참조.

순간이라는 것을 우리는 안다. 여기에서 우리는 미의 향락에서처럼 의지가 순간적으로 진정되어 있는 것이 아니라 영원히 진정되고, 또 의지가 없어져서 신체를 유지하다가 신체와 더불어 소멸해 버릴 최후의 불씨까지도 없애게 되는 사람의 삶이 얼마나 행복할 것인지를 추측할 수 있다. 자신의 본성에 대해 여러 가지 힘든 싸움을 거쳐 결국 승리를 획득한 이와 같은 사람은 이제는 순수하게 인식하는 존재로서, 세계를 비추는 맑은 거울로서 존재할 뿐이다."[179]

이와 같이 쇼펜하우어는 우리가 세계에 자신을 관철하려는 모든 의지에서 벗어나 세계를 심미적으로 관조할 때 세계는 이데아가 현현하는 곳으로서 나타나게 된다고 본다. 그리고 쇼펜하우어는 의지를 완전히 부정한 사람에게도 세계는 세계를 심미적으로 관조하는 사람에게 나타나는 것과 동일하게 나타날 것이라고 보고 있다. 이러한 사실은 쇼펜하우어가 심미적으로 세계를 관조할 경우에 인간은 '밝고 영원한 세계의 눈'으로 존재하게 된다고 보는 것과 마찬가지로, 의지를 부정한 자도 '세계를 비추는 맑은 거울'로 존재하게 된다고 말하고 있는 데서도 드러난다. 다만 쇼펜하우어는 심미적인 관조는 오래 지속되지 않기 때문에 심미적 관조를 통해서 누릴 수 있는 기쁨은 짧은 순간에 그치는 반면에, 의지를 완전히 극복한 자가 누릴 수 있는 기쁨은 지속된다고 보고 있다.

쇼펜하우어가 말하는 심미적 관조는 칸트가 말하는 '무관심한 관조'이며 이러한 '무관심한 관조'가 선적(禪的)인 관조와 유사하다는 것은 분

---

179 쇼펜하우어, 앞의 책, 982쪽 이하(번역을 약간 수정했음).

명하다.[180] 그러나 쇼펜하우어는 심미적 관조를 이데아와 연관 지어 설명하고 있는 반면에, 불교에서는 쇼펜하우어가 상정하는 것과 같은 영구불변의 이데아를 인정하지 않는다고 보는 점에서 양자 사이에는 차이가 있다.[181] 불교는 모든 것이 중중무진의 인연으로 얽혀서 변화할 뿐이라고 보며 쇼펜하우어가 상정하는 것과 같은 영원히 동일하게 존재하는 이데아는 인정하지 않는다. 그러면 불교는 아름다움을 어떻게 파악하고 있는가?

쇼펜하우어처럼 모든 사물의 이상적 원형으로서의 이데아를 상정하게 되면 우리는 그러한 이데아를 기준으로 하여 사물들을 차별하게 된다. 뒤러의 정물화 〈토끼〉에 대해서도 쇼펜하우어는 이 작품이 토끼의 이데아를 잘 드러내고 있다고 볼 것이다. 이와 함께 우리는 우리가 지각하는 토끼들 중에서도 건강하게 잘 자란 토끼는 병들고 노쇠한 토끼보다도 토끼의 이데아를 상대적으로 더 잘 반영한 것으로 보아야 할 것이며, 활짝 잘 핀 장미가 시들어 있는 장미보다도 장미의 이데아를 더 잘 반영한 것으로 보아야 할 것이고, 장려한 신전이나 궁전이 그것들을 짓는 데 사용된 석재의 이데아를 다른 허름한 돌집들보다도 더 잘 반영한

---

180 명법 스님, 앞의 책, 9쪽.

181 쇼펜하우어의 예술관을 불교와 비교하는 연구들은 본인의 독서 범위 내에서는 하나같이 양자의 동일성 내지 유사성만을 이야기할 뿐 양자 사이의 차이에 대해서는 고찰하고 있지 않다. 이러한 연구들은 쇼펜하우어가 말하는 심미적 관조와 불교에서 미망에서 벗어나 세계를 경험하는 상태가 근본적으로 동일하다고 본다. 김문환, 「쇼펜하우어 미학사상─미적 무욕성과 열반」, 『불교연구』 1, 1985; Michael Eckert, "Ästhetische Übergänge in Metaphysik und Mystik─Einflüsse buddhischen Denkens in der Philosophie Schopenhauers," 『철학・사상・문화』 5, 2007; Tony Lack, "Aesthetic Experience as Temporary Relief from Suffering─Schopenhauer, Buddhism, Mu Qui's Six Persimmons," *Rupkatha Journal on interdisciplinary Studies in Humanities* 6(3), 2014 참조.

것으로 보아야 할 것이다. 쇼펜하우어는 또한 이데아를 보통사람들보다도 더 잘 표현할 수 있는 천재가 있다고 본다. 쇼펜하우어의 예술론은 자칫 사물들과 사람들에 대한 차별로 이어질 수 있다.

그러나 불교에서는 우리가 살고 있는 동일한 세계도 아집과 법집에서 벗어나면 아름답게 나타난다고 본다. 추하게 보였던 사람이나 사물도, 아무리 허름한 집이나 시든 장미도 우리가 모든 아집과 법집에서 벗어나게 되면 아름답게 나타날 수 있다는 것이다. 이와 함께 불교에서는 굳이 천재가 아니라 평범한 예술가들이 만든 작품들도 무심의 마음으로 만든 것이면 훌륭한 것이 될 수 있다고 본다.

불교의 이러한 예술론을 가장 심도 있게 전개한 사람은 야나기 무네요시인 것 같다. 우리는 예술을 생각하면 곧바로 천재를 떠올리고, 재능이 없는 자가 예술을 하는 것은 불가능할 것으로 생각한다. 야나기는 바로 이런 생각으로 인해 예술이 기교적인 아름다움에 집착하게 되었다고 본다. 야나기는 진정한 예술에서는 천재와 범인의 차이가 거의 문제가 되지 않는다고 본다. 왜냐하면 우리는 범인도 매우 아름다운 것을 만드는 불가사의한 사례들을 수없이 목격할 수 있기 때문이라는 것이다. 야나기는 수많은 무명(無名)의 도공들이 만든 민예품(民藝品)을 예로 하여 이렇게 말하고 있다.

"천재가 아니라 가난한 도공들이 훌륭한 작품을 만들 수 있다. 이들은 평범하기 짝이 없는 공인들이며 싸구려를 만들었다. 그들은 아름다움을 의식하지 않았다. 대충 손쉽게 만들었다. 아취가 있다고 하지만 어떤 것도 의도되지 않았다. 손쉽게 필연적인 흐름에 내맡겼다. 그렇기 때문에 아취가 넘쳐 나온다. 말하자면 미나 추가 고려되지 않은 작품이다. 이런 것들에 구애되지 않고 미망의 병이 나타나기 전에 만들었다. 오히려 싸구려인 덕택으로 이 자유를 얻었다. 주위 환경, 이어받은 전통, 사심(私心)이 없는 일, 소박한 생활, 자연적인 재료, 간단한 기법 등이 모여서 이 작품이 만들어졌던 것이다. 그들은 담담히 보통의 것을 만들었다. 그래서 구원되었다고 해도 좋을 것이다."[182]

"싸구려 잡기이기 때문에 그것은 빨리 만들어져야 한다. 그것은 대단한 속도로 만들어지고 조작 없이 끝나 버린다. 여기에 무엇인가 자유로움을 느끼게 하는 원천이 있다. 무심으로 만든다. 완전히 내(私)가 없는 것, 미추가 없는 일, 즉 일이 일하는 경지에 도달한다."[183]

"생각하건대 개인적 천재들은 자신의 재능으로 일을 한다. 이에 반해 평범한 공인들은 자신의 역량에 의지할 수 있는 작가가 아니다. 주어진 재료를 그대로 받아들여 자신에게 맡기지 않고 관례적인 제작방식에 맡김으로써 헤매지도 않고 목표도 없이 그저 만들었던 것에 불과하다. 따라서 이것을 '타력적(他力的)' 제작방식으로 불러도 좋다. 이리하여 모든 일이 타력에 의존하여 완만하고 순수하며 자연스럽게 이루어졌다. 이러한 과정이 일에 무리를 주지 않고 필연적인 것에 도달하게 하였다. 평범한 공인들이 자신의 힘을 과신하여 골똘히 궁리를 하거나 아집에 사로잡히거나 아름다움을 목표로 삼아 만들었다면, 바로 미혹이나 의심에 빠져 잘못 인도될 수 있

---

182 야나기 무네요시, 『미의 법문—야나기 무네요시의 불교미학』, 최재목·기정희 옮김, 이학사, 2005, 88쪽.
183 야나기 무네요시, 앞의 책, 80쪽.

었다. 다행스럽게도 전통은 커다란 타력이 되어 그들을 따뜻하게 수호했다. 또한 그들이 의지한 천연의 자재도 그들의 작품을 아름답고 안전한 것으로 만들게 했다. 이 필연적인 수동의 길이 공인(工人)이라는 약한 존재를 강하게 수호했다."[184]

야나기는 소박한 공인은 자신의 기교를 뽐내려고 하기보다는 무심 속에서 작업하면서 자연이 스스로 창작하게 한다고 말하고 있다. 이러한 작업에서 나타나는 아름다움을 야나기는 불꽃과 재의 은혜에 의한 것이라는 의미에서 '은혜의 미'라고 부르고 있다. 그리고 이러한 은혜의 미가 깃든 물건은 조작이 없는 만큼 청정하고 영원히 싫증 나지 않아서 항상 가까이에 두고 싶은 물건이 된다고 말한다. 그러한 물건의 아취는 만들어진 아취가 아니라 저절로 생긴 아취라는 것이다.[185]

야나기는 또한 이러한 자연스러운 아름다움을 미와 추의 차별을 넘어선 미라는 의미에서 '불이(不二)의 미'라고 부르고 있다. 그러나 이렇게 미와 추의 차별을 넘어섰다는 것은 모든 것이 서로 같게 되어 차이가 없게 된다는 의미가 아니라, 하나하나가 서로 다르면서도 모두 구원되어 있다는 의미다.[186] 이러한 사상의 연장선상에서 야나기는 우리를 둘러싸고 있는 자연에는 풀이든 돌이든 추한 것이 하나도 없다고 말하고 있다. 자연 속의 모든 것은 본래는 아름다운데 인간이 제멋대로 차별을 하고 있다는 것이다.[187] 야나기는 오히려 추함은 자신의 능력을 돋보이려 하

---

184 야나기 무네요시, 앞의 책, 159쪽 이하.
185 야나기 무네요시, 앞의 책, 164쪽 참조.
186 야나기 무네요시, 앞의 책, 82쪽 참조.
187 야나기 무네요시, 앞의 책, 118쪽 이하 참조.

는 자아의 그림자와 자신의 기교를 자연에 강제하려는 부자유스러움의 그림자가 작품에 배는 데서 비롯된다고 말하고 있다.[188]

야나기는 우리가 흔히 추하다고 생각하는 것에 기교를 더하여 추한 모습을 아름답게 고치는 것이 아니라 추한 것이 추한 대로 소생되어 아름다움과 만나게 해야 한다고 말하고 있다. 흔히 거칠게 만들어진 목조 불상이나 석불도 나름대로의 아름다움을 가질 수 있다. 이 경우 거칠게 다듬어진 상태나 미완성의 상태로 나타나는 것이 오히려 아름다움을 더욱 강하게 하는 요인이 될 수 있다. 이런 의미에서 야나기는 참으로 뛰어난 사람은 기술의 뛰어남에 얽매이지 않는 무구한 사람이라고 말하고 있다. 누구나 알 수 있는 교묘함을 남기면, 그것을 참된 교묘함이라고 말하기 어렵다는 것이다. 진정한 교묘함이란 자신이 인위적으로 조작하는 것이 아니라 자신이 아닌 '그것'이 작업하도록 해야 한다.[189]

야나기는 기교의 졸렬함, 즉 '졸(拙)'이 아름다움을 방해한 예가 분명 있기 때문에 '졸'이 아름다움에 대한 필수조건이라고 할 수는 없다고 말하고 있다. 그러나 마찬가지로 교묘함, 즉 '교(巧)'도 필수조건은 아니라고 본다. 그뿐만 아니라 우리는 '졸'보다는 자신의 기교를 내세우고 싶어하는 '교'에 사로잡힐 가능성이 더 많다. 이런 의미에서 야나기는 이 세상에는 '교'에 발이 걸려 넘어진 작품이 너무나 많다고 말하고 있다.[190] 이렇게 진정한 예술가는 기교로 가득 찬 미에 사로잡히지 않고 무심으로 작업한다는 의미에서 야나기는 다시 한번 불이(不二)의 미를 말하고 있다.

---

188 야나기 무네요시, 앞의 책, 130쪽 참조.
189 야나기 무네요시, 앞의 책, 192쪽 참조.
190 야나기 무네요시, 앞의 책, 107쪽 이하 참조.

"불이의 미는 추도 아니고 미도 아니다. 그것은 미와 추가 아직 나누어지기 이전의 것이다. 추가 없는 미 자체다."[191]

이렇게 모든 차별을 떠난 상태에서 나타나는 아름다움을 야나기는 '적(寂)의 미'라고도 부른다. 이 경우 '적'이란 모든 집착을 떠나서 고요한 상태를 가리킨다.

물론 쇼펜하우어도 천재의 특징을 기교의 탁월성에서 찾지 않고 사물과 세계를 욕망에서 벗어나 순수한 눈으로 볼 수 있는 능력에서 찾는 것은 사실이다. 그럼에도 쇼펜하우어가 그러한 천재는 소수의 타고난 인간만이 될 수 있다고 보는 반면에, 야나기는 하찮게 여겨지는 도공의 평범한 작품이 천재의 작품 못지않은 아름다움을 가질 수 있다고 보는 것이다.

쇼펜하우어와 불교의 예술관 사이에 보이는 이러한 차이에도 불구하고 우리는 그것들 사이에 존재하는 일정한 유사성을 부인하는 것은 아니다. 쇼펜하우어와 불교는 무엇보다도 사물을 지배하려는 욕심을 버리는 무심의 상태에서 사물의 진리와 아름다움이 드러난다고 보는 점에서는 동일하다. 사물의 진리와 아름다움은 우리가 사물을 지배하는 욕망에서 벗어나 마음을 비우는 상태에서 우리에게 자신을 스스로 드러내는 것이다. 이 경우 우리는 사물을 지배하는 주체가 되는 것이 아니라 세계와 사물이 자신을 드러내는 거울과 같은 것이 된다. 쇼펜하우어와 불교의 이러한 예술관은 20세기의 대표적인 철학자인 하이데거의 예술관과도 상통한다고 할 수 있다.

---

191 야나기 무네요시, 앞의 책, 61쪽 이하.

하이데거 역시 과학을 통해서 세계와 사물의 진리가 드러나는 것이 아니라 예술을 통해서 드러난다고 보고 있다. 하이데거는 현대과학을 규정하는 사유는 사물들을 계산 가능한 에너지로 환원하는 '계산적인 사유'라고 부르고 있다. 이러한 계산적인 사유는 사물들의 신비와 은닉성(隱匿性, Verborgenheit)을 인정하지 않고 그것들을 인간이 마음대로 이용할 수 있는 것으로 본다는 점에서, 하이데거는 계산적인 사유가 사물들에 대한 공격(Angriff)의 성격을 갖고 있다고 말하고 있다. 이에 반해 진정한 예술을 규정하는 사유를 하이데거는 '시적인 사유'라고 부르고 있다. 이러한 시적인 사유는 인간이 사물들을 지배하려는 의지를 버린 방념(Gelassenheit)의 상태에서 사물들의 진리를 드러낸다고 말하고 있다. 이 경우 사물들은 그것을 객관화하여 냉정하게 관찰하는 사유에 의해서 자신의 진리를 드러내도록 강요되는 것이 아니라 오히려 자신의 진리를 스스로 드러낸다. 하이데거는 원래 사물은 자신의 진리를 환히 드러내고 있지만 그것을 지배하려는 인간의 욕망이 그것을 은폐하고 있다고 보는 것이다.

하이데거는 현대과학도 사물들을 지배하려는 인간의 관심에 입각해 있기 때문에 사물들을 자기 자신으로부터 소외시킨다고 보고 있다. 쇼펜하우어가 말하는 것처럼 현대과학은 사물들의 고유한 본질을 드러내려고 하는 것이 아니라 그것들 사이에 성립하는 '계산 가능한 외적인 인과관계'를 드러내려고 할 뿐이다. 이러한 외적 인과관계를 파악함으로써 우리는 사물들을 우리에게 유리하게 이용할 수 있다. 이렇게 인류의 협소한 관점을 사물들에게 강요하는 것 대신에 하이데거는 우리가 모든 존재자를 포괄하는 존재의 관점에서 존재자를 경험할 것을 요구한다. 이러한 존재는 최대의 포괄자로서 모든 것을 포용하는 것이기에 사물들을 그 자신으로부터 소외시키지 않는다. 오히려 그것은 사물들이 자신들의 고유한 진리와 성스러움 그리고 아름다움을 스스로 드러내게 한다.

이러한 존재의 관점에 진입하기 위해서 필요한 것은 우리가 사물들에 대한 지배의지를 철저하게 포기하는 것이다. 존재의 관점은 '세계를 자신과 대립하는 것으로 보면서 자신을 세계로부터 고립된 실체로 생각하는 사고방식에서 벗어나 있다'는 점에서 공(空)의 관점이라고 할 수 있다.

이와 같이 쇼펜하우어의 예술관과 불교는 하이데거의 예술관과 밀접한 친연성(親緣性)을 갖는다. 하이데거의 예술관이 현대기술문명의 위기를 극복하는 것을 지향하고 있다는 데서 알 수 있는 것처럼, 쇼펜하우어의 예술관과 불교는 하이데거 철학과 마찬가지로 현대기술문명이 봉착하고 있는 위기를 극복하는 데 중요한 통찰을 제시한다고 여겨진다.[192]

(11) 철학에 대한 입장의 차이

쇼펜하우어는 의지의 부정을 설파하면서도 위대한 철학자로 명성을 얻고 싶어 하는 강한 욕망을 가졌었으며, 자신의 청년 시절에 큰 인기를 끌고 있던 헤겔과 같은 사상가에 대해 강한 질투심을 느꼈다. 이런 쇼펜하우어를 보면서 사람들은 쇼펜하우어가 금욕과 의지의 부정을 설파하면서도 왜 정작 그 자신은 의지를 부정하지 못하는 삶을 살고 있는가 하는 물음을 제기했다. 이러한 물음에 대해서 쇼펜하우어는 철학의 목표

---

192 불교 및 원효에 대해서 하이데거가 갖는 친연성에 관해서는 졸저 『원효와 하이데거의 비교연구』(서강대학교출판부, 2010)를 참조할 것.

는 사람들의 성격을 변화시키는 데 있는 것이 아니라 단순히 인간과 세계를 인식하는 데 있고, 인간은 타고난 성격대로 살 뿐이라고 답했다. 이 점에서 쇼펜하우어는 인도 사상이나 불교와 근본적으로 다른 입장을 취하고 있다고 할 수 있다.

인도 사상이나 불교에서는 진리는 삶으로 체화될 경우에만 의미가 있다고 본다. 그리고 이렇게 체화된 진리만이 진정으로 이해된 진리라고 보는 것이다. 따라서 인도 사상이나 불교에서는 진정한 철학자는 단순히 언설로 진리를 말하는 자가 아니라 진리 자체를 경험한 자다. 이에 반해 쇼펜하우어는 자신을 '진리를 언설로 전하는 철학자'로 이해할 뿐이다.[193]

---

193 Johann J. Geistering, 앞의 글, 57쪽 참조.

IV.

쇼펜하우어와
원효의 비교

　우리는 지금까지 쇼펜하우어와 불교 사이에 존재하는 유사성과 차이를 살펴보았다. 이러한 비교고찰은 쇼펜하우어와 불교 사이에 존재하는 유사성과 차이를 단순히 나열하는 것을 넘어서 쇼펜하우어와 불교가 서로 간의 대화를 통해서 서로를 풍요롭게 하는 것을 목표했다. 예를 들어 우리는 쇼펜하우어의 성격 이론과 유식불교의 아뢰야식이 어떤 식으로 서로를 풍요롭게 할 수 있는지를 살펴보았다. 동시에 우리는 쇼펜하우어 철학 자체에 존재하는 모순과 약점을 살펴보았으며 이러한 모순과 약점을 불교가 어떤 식으로 극복할 수 있는지를 살펴보았다.

　이제부터는 쇼펜하우어와 원효의 사상을 비교하면서 쇼펜하우어와 불교 사이의 대화를 보다 심도 있게 개진하고자 한다. 여기서 우리는 우선 쇼펜하우어와 원효 사이의 유사성과 차이를 살펴본 후, 원효가 쇼펜하우어 사상의 내적인 모순을 어떤 식으로 극복할 수 있는지를 살펴볼 것이다.[194]

---

[194] 이 장은 졸고 「쇼펜하우어와 불교의 인간이해의 비교연구―쇼펜하우어와 원효의 비교연구를 토대로」(『현대유럽철학연구』 32, 2013), 126~135쪽의 내용을 심화 확대한 것임을 밝혀 둔다.

1. 쇼펜하우어와 원효의 유사성[195]

쇼펜하우어는 인간의 삶을 자기중심적인 의지에 의해 지배되는 상태와 자기중심적인 의지를 부정한 상태로 구별하고 있다. 이러한 상태 각각에 상응하는 것은 원효에서는 불각의(不覺義)와 각의(覺義)다. 불각의가 인간이 자신에게 존재하는 청정한 자성(自性)인 진여심을 망각하고 근본무명에 사로잡혀 미망 속에서 헤매고 있는 상태를 가리킨다면,[196] 각의란 청정한 자성을 깨쳐서 그러한 자성으로부터 사유하고 행위하는 상태를 의미한다.[197] 불각의에서 우리의 마음은 진여심이 무명에 물들어 망상이 끊임없이 생겨났다가 사라지는 생멸심으로 존재한다. 이에 반해 각의에서는 망상에 의해서 은폐되었던 진여심이 여실하게 드러나 우리의 마음은 매사에 청정한 적정을 유지하는 상태가 된다.

생멸심에서는 우리 마음속의 온갖 욕망과 생각이 우리의 뜻과 상관없이 그때마다의 자극에 따라서 생겼다가 사라지면서 요동치는 반면에, 진여심은 외부의 자극에 동요하지 않고 불생불멸의 상태로 존재한다. 이 경우 진여심이 불생불멸하다는 것은 그것이 영원한 고정불변의 실체로서 존재한다는 것이 아니라 어떠한 조건에도 동요하지 않는 마음으로 존재한다는 것을 의미한다. 이와 관련하여 박태원은 이렇게 말하고 있다.

---

195 이 부분에서 원효에 대한 서술은 졸저 『원효와 하이데거의 비교 연구』(서강대학교출판부, 2010), 69~72쪽, 105~114쪽, 117~137쪽의 내용을 수정 보완한 것임을 밝혀 둔다.
196 원효, 『대승기신론 소·별기』, 은정희 역주, 일지사, 1991, 186쪽 참조.
197 원효, 앞의 책, 140쪽 참조.

"『대승기신론』이나 원효가 '진리다움'이나 '본래적 완전성'을 지칭할 때 사용하는 '불생불멸'이라는 언어를 물리적 동작의 부재로 해석할 때는, '불생불멸'이라는 말을 애용하는 대승불교나 원효 사상을 '아트만적 실체를 상정하는 비불교적 사상'으로 오해하기 쉽다. 『대승기신론』이나 원효 사상에서 등장하는 '불생불멸'은 어디까지나 불교 인식론적 맥락에서 구사되는 것임을 간과하지 말아야 한다."[198]

"마음의 온전함과 안정을 나타내는 말이 불생불멸이다. 다시 말해 '생멸'은, 불변의 독자적 실체가 있다는 무지에 의거하여 전개되는 마음이, 존재와 세계를 사실과 다르게 왜곡시켜 가는 전 과정을 가리키는 용어다."[199]

『대승기신론 소·별기』에서 원효는 이렇게 말하고 있다.

"불각의 뜻이라고 말한 것은, 진여법(眞如法)이 하나임을 여실히 알지 못하기 때문에 불각의 마음이 일어나서 그 망념이 있게 된 것을 이른 것이다."[200]

여기서 불각의는 진여법이 하나라는 것을 알지 못하는 것, 다시 말해서 우리 인간이 세상과 자신을 대립시키는 상태로서 파악되고 있다. 불각의의 상태에서 우리 인간은 쇼펜하우어가 말하는 자기중심적인 의지

---

198 박태원, 앞의 책, 93쪽.
199 박태원, 같은 곳.
200 원효, 앞의 책, 186쪽.

에 의해 지배되는 상태에서와 마찬가지로 개별적인 자아라는 실체가 존재한다고 생각하면서 이러한 실체야말로 세상에서 제일 존귀한 존재로 보게 된다. 따라서 불각의의 상태에서 인간은 이러한 실체를 위하는 온갖 욕망에 사로잡혀서 다른 인간들이나 존재자들을 자신의 욕망 실현을 위한 수단으로 만들려고 한다.

그러나 다른 인간들이나 존재자들은 우리의 이러한 욕구에 순순히 부응하지 않기 때문에 우리의 마음은 희로애락의 방식으로 끊임없이 요동칠 수밖에 없다. 우리의 마음은 다른 인간들이나 존재자들이 우리의 욕구에 부응할 때 즐거워하고 그렇지 않을 때는 불쾌해하는 것이다. 또한 우리는 다른 인간들이나 존재자들을 자신의 뜻대로 지배하기 위해서 부지런히 생각을 굴리고 자신의 몸을 혹사하는 등 심신의 에너지를 소모하게 된다. 따라서 불각의의 상태에서 우리의 마음은 통일성과 안정을 상실한 채 다양한 존재자들을 향해 분산되어 있으며 또한 그러한 존재자들이 자신의 욕망에 유리하게 작용하느냐 그렇지 않느냐에 따라서 끊임없이 요동치는 것이다. 이렇게 끊임없이 요동치는 마음이 생멸심이다.

이에 반해 각의란 망념에서 온전히 벗어난 허공계와 같다.

> "각(覺)의 뜻이라고 하는 것은 심체(心體)가 망념을 여읜 것을 말함이니, 망념을 여읜 상(相)이란 허공계(虛空界)와 같아서 두루 하지 않는 바가 없어 법계일상(法界一相)이며 바로 여래의 평등한 법신이니, 이 법신에 의하여 본각(本覺)이라고 말하는 것이다."[201]

---

201 원효, 앞의 책, 140쪽.

여기서 '허공계와 같다'는 것은 어두움이 없을 뿐 아니라 지혜의 광명이 두루 비쳐 모든 것을 평등하게 보면서 모든 것과 하나 됨을 경험하게 되는 상태를 의미한다. 각의의 상태에서 나는 다른 인간들과 존재자들을 내 뜻대로 지배하려고 하는 욕심에서 벗어나 있기 때문에, 다른 인간들과 존재자들이 나의 욕심에 부응하느냐 그러지 않느냐에 따라서 희비가 교차하는 심적인 상태에서 벗어나 평온한 적정(寂靜)을 유지할 수 있게 된다. 또한 각의의 상태에서 세계는 모든 것이 자기중심적으로 서로 대립하고 갈등하는 것이 아니라 서로 의지하고 도우면서 하나의 조화를 이루고 있는 세계로 나타난다. 각의의 상태에서 우리의 마음은 자신을 다른 인간들이나 존재자들과 대립시키지 않고 그것들 모두를 받아들이면서 포용하는 허공처럼 존재한다.

위 인용문에서 원효는 마음은 본래 깨달아 있는 마음인 본각으로 존재하는데, 무명에 의해서 이 본각이 현실화되지 못했을 뿐이라고 말하고 있다. 무명에서 벗어나 잠재적인 깨달음의 상태였던 본각이 현실화되어 깨달음을 실제로 얻게 되는 것을 원효는 시각(始覺)이라고 부르고 있다.

쇼펜하우어도 인간이 자기중심적인 의지에 의해서 지배되는 상태에서는, 다른 존재자들은 이러한 나의 욕망을 충족시키는 수단이나 나의 욕망이 충족되는 것을 방해하는 장애물로서 나타난다고 말한다. 다른 인간들 역시 나의 생존이나 이익을 위협하는 경쟁자 또는 내가 이용할 수 있는 객체로 나타난다. 자기중심적인 의지에 사로잡힌 상태에서 나는 존재자들과 다른 인간들에 대해서 친밀감을 느끼기보다는 적대감을 느끼며 그것들을 어떻게든 나의 욕망에 굴복시켜야 할 것으로 생각하는 것이다.

나는 그것들이 나의 욕망에 부응하면 선한 것으로 보면서 좋아하고, 나의 욕망에 부응하지 않으면 악한 것으로 보면서 싫어한다. 이에 반해 자기중심적인 의지를 부정한 상태에서는 다른 존재자들과 인간들이 내가 그것들의 고통을 함께해야 할 친근한 것으로 나타난다. 나는 그것들을 나와 본질을 함께하는 형제자매로서 경험하게 된다.

이와 같이 쇼펜하우어가 말하는 자기중심적인 의지에 의해서 지배되는 삶과 원효의 불각의 사이에는, 그리고 쇼펜하우어가 말하는 자기중심적인 의지를 부정한 삶과 원효의 각의 사이에는 큰 유사성이 존재한다. 원효는 『대승기신론 소·별기』에서 인간의 마음이 어떻게 해서 생멸심으로 전락하고 또한 어떻게 해서 진여심을 회복할 수 있는지를 분석하고 있다. 원효의 이러한 분석은 인간이 어떻게 해서 자기중심적인 의지에 사로잡히고 또한 어떻게 해서 그것을 부정할 수 있는지에 대한 쇼펜하우어의 분석과 일정한 유사성을 갖는다.

여기서는 『대승기신론 소·별기』를 중심으로 하여 원효의 사상과 쇼펜하우어의 사상에 존재하는 유사성에 대해 고찰할 것이다. 이 경우 두 사상가의 비교는 단순히 원효의 어떤 사상과 쇼펜하우어의 어떤 사상이 유사하다는 것을 나열하는 것이 아니라, 양자가 서로를 어떤 식으로 보완할 수 있는가 하는 측면에서 두 사상가를 고찰할 것이다.

1) 근본불각과 지말불각

원효는 불각을 근본불각(根本不覺)과 지말불각(枝末不覺)으로 구별하고 있다. 근본불각은 우리에게 본래 존재하는 자성청정심을 가리는 근본무명을 가리키며, 지말불각은 이러한 무명에서 일어난 일체의 오염된 현상 즉 염법(染法)을 가리킨다.

근본불각은 쇼펜하우어식으로 말하자면 '물자체 차원에서는 모든 것이 하나다'라는 사실을 가리키면서 모든 것을 개체로서 드러내는 시간과 공간이라는 개별화의 원리를 미망의 베일로 보지 않고 실재 자체로 보는 것에 해당한다고 볼 수 있다. 그러나 앞에서 보았듯이 쇼펜하우어는 인간의 경우 개별성의 출현근거를 개별화의 원리에서만 찾지 않고 물자체의 차원에서 형성되는 예지적 성격에서도 찾고 있다. 시간과 공간이라는 개별화의 원리가 우리의 지성과 이성이 세상을 파악할 때 작용하는 것이라면, 예지적 성격은 그러한 지성과 이성이 작용하기 전의 상태에서 형성된다.

쇼펜하우어가 개별성의 원천을 예지적 성격에서 찾을 경우, 쇼펜하우어에서 원효가 말하는 근본불각에 해당하는 것은, 자신의 생각과 행동이 예지적 성격에 의해서 규정되고 있음을 자각하지 못하면서 오히려 자신의 지성과 이성을 그러한 생각과 행동의 주체라고 생각하는 착각이라고 할 수 있다. 근본불각은 자신의 지성과 이성을 자신의 생각과 행동의 주체라고 생각하면서 실질적으로는 예지적 성격에 의해서 규정되고 그러한 성격에 얽매이는 것을 가리키게 된다.

원효에서 지말불각은 근본불각으로 인해서 우리의 마음이 겪게 되는 구체적인 상태들을 가리킨다. 즉 지말불각은 쇼펜하우어에서는 개별화의 원리나 예지적 성격에 예속되어 있는 근본불각으로 인해서 우리가 빠지게 되는 갖가지 생각과 감정 그리고 욕망과 고통을 가리킨다고 할 수 있다.

원효는 지말불각을 그 미세함의 정도에 따라서 삼세(三細)와 육추(六麤)로 구별하고 있다. 세 가지의 미세하게 움직이는 마음상태인 삼세는 무명업상(無明業相), 능견상(能見相), 현상(現相)이며, 여섯 가지 거친 움직임의 마음상태인 육추는 지상(智相), 상속상(相續相), 집취상(執取相), 계명자상(計名字相), 기업상(起業相), 업계고상(業繫苦相)이다. 삼세가 우리가 보통 의식하기 힘든 심층의식에 해당한다면, 육추는 표층의식이라고 할 수 있다.

삼세와 육추에 대한 원효의 분석은 유식불교를 크게 수용하고 있다고 할 수 있다. 삼세는 유식불교에서 말하는 제8식인 아뢰야식에 해당하고, 육추 중 지상은 유식불교에서 말하는 제7식인 말나식 내지 마나식에 해당하며, 상속상·집취상·계명자상·기업상은 유식불교에서 말하는 제6식인 분별식에 해당한다.

2) 삼세의 분석

(1) 무명업상

무명업상이란 용어에서 업상(業相)은 무명이 청정한 진여 자성을 물들이는 것을 가리킨다. 무명업상은 무명에 의해서 청정한 진여 자성이 물들면서 생멸심이 처음으로 일어나는 상태다. 무명업상에서는 생멸심의 본질적인 특징인 능견과 소견, 즉 나와 세상 내지 주관과 객관의 분리가 일어나기 시작하지만 아직은 본격적으로 전개되지 않고 있다. 무명업상은 생멸심의 기점이 되고 이와 함께 마음이 생사윤회하는 업의 세계에 발을 들여놓는 것이라는 점에서 모든 고통의 출발점이 된다.

"[…] '무명업상'이라고 말한 것은 무명에 의하여 움직이는 것을 '업상(業相)' 이라고 이름하기 때문이며, 움직임을 일으킨다는 뜻이 바로 '업'의 뜻이니 그러므로 '마음이 움직이는 것은 업이라고 이름한다'고 말한 것이다. '깨달으면 움직이지 아니한다'는 것은 깨닫지 못하면 움직인다는 것[不覺則動]의 상대를 들어서 도리어 나타내는 것이니, 시각(始覺)을 얻을 때에는 곧 동념(動念)이 없는 것이다. 그러니 지금 움직이는 것이 다만 불각으로 말미암았음을 알아야 할 것이다. '움직이면 고통이 있다'는 것은, 만약 적정을 얻으면 곧 이것이 극락이기 때문에 여기서 움직임이 곧 고통이라고 하는 것이다."[202]

원효는 여기에서 무명업상을 마음이 움직이지 않는 상태, 다시 말해서 생멸심의 상태에서 벗어나 열반적정에 들어간 상태와 비교하고 있다. 이러한 열반적정의 상태는 세계와 대립되는 자아라는 실체에 대한 집착이 완전히 사라져 세계와 부딪힐 것이 없는 상태이고 따라서 마음이 항상 평온한 상태다. 생멸심이 세상과 대립각을 세우는 긴장된 마음이라면 열반적정의 상태는 세상과 하나가 된 원융한 마음이다.

무명업상은 아뢰야식 속에 잠복해 있던 종자가 현행하기 시작하는 것이라고 볼 수 있다. 무명업상의 움직임은 극히 미세한 것이지만 거기에서 서로 갈등하고 분열하는 만상이 나오게 된다. 무명업상은 아뢰야식이라는 심층의 무의식에서 일어나는 것이기에 우리는 과연 그러한 무명업상이 존재하는지에 대해서 의문을 가질 수 있다.

"그러나 이 업상이 비록 동념(動念)이 있으나 매우 미세하여 능(能: 주체)과 소(所: 대상)가 아직 나누어지지 않았으니 그 근본무명도 역시 이러함을 알

---

202 원효, 앞의 책, 190쪽.

아야 할 것이다. 이는 『무상론(無想論)』에 이르기를, "묻기를, '이 식(아뢰야식)이 어떤 상이며 어떤 경계인가?' 답하기를, '(식의) 상과 경계를 분별할 수 없으니, 일체(一體)이어서 다름이 없다.' 묻기를, '만약 그렇다면 어떻게 (그 식이) 있다는 것을 알겠는가?' 답하기를 '행사(行事)로 인하여 이 식이 있음을 알 수 있으니, 이 식이 모든 번뇌와 업과 과보의 일을 일으킴이 비유하자면 다음과 같다. 즉 무명이 항상 일어나지만 이 무명을 분별할 수 있느냐 없느냐? 만약 분별할 수 있다면 무명이라고 말하지 아니하였을 것이고, 만약 분별할 수 없다면 마땅히 있는 것이 아니로되 실은 있는 것이요 없는 것이 아니다. 또한 욕(欲)·진(瞋) 등의 행사로 말미암아 무명이 있다는 것을 알 수 있으니, 본식도 역시 마찬가지다'"라고 한 것과 같다. 그러므로 이러한 글의 뜻은 바로 업상에 의하여 본식을 드러낸 것이다."[203]

원효는 여기서 무명업상을 업상이라고 부르면서, 아뢰야식에서는 아직 분별할 수 있는 상과 경계가 존재하지 않기 때문에 아뢰야식이 존재하는지, 그리고 그것에서 일어나고 있는 무명업상도 과연 존재하는지를 우리는 직접적으로는 알 수 없다고 말하고 있다. 그러나 원효는 모든 번뇌와 업과 과보가 존재하고 있다는 것으로 미루어 무명업상이 존재한다는 것을 알 수 있다고 말한다. 이는 근본불각인 무명도 우리가 직접적으로 의식하지 못하지만, 우리가 탐욕과 분노에 사로잡히는 것으로 미루어 보아서 무명이 있다는 것을 알 수 있는 것과 마찬가지다.

앞에서 본 것처럼 우리는 아뢰야식을 쇼펜하우어가 말하는 예지적 성격과 비교해 볼 수 있다. 쇼펜하우어는 예지적 성격은 물자체의 영역에

---

203 원효, 앞의 책, 190쪽 이하.

속하는 것이기 때문에 우리가 인식할 수 없는 것이라고 본다. 그러나 우리는 시간 속에서 전개되는 경험적인 성격을 알고 있으며 이러한 성격은 쉽게 변하지 않는다는 사실을 잘 알고 있다. 이러한 사실로 미루어보아 우리는 타고난 성격이 있다고 상정할 수 있다.

이는 원효가 우리가 아뢰야식을 직접 의식할 수 없고 이러한 아뢰야식이 처음으로 동하는 것을 의식할 수 없지만, 우리가 의식 차원에서 경험하고 있는 갖가지 번뇌와 업과 과보를 통해서 아뢰야식과 무명업상의 존재를 헤아릴 수 있다고 말하는 것과 유사하다.

(2) 능견상(견상, 전상)

무명업상이 진여심을 물들이면서 사물들을 서로 고립된 실체들로 보는 경향이 생기기 시작한다. 그리고 이에 이어서 외계사물을 고정된 독자적 자아로서의 자신과 대립되는 것으로 바라보려는 미세한 주관의식, 즉 능견상이 형성된다. 능견(能見)이란 문자 그대로 능동적으로 보는 능력을 의미한다. 그러나 능견상은 업상에 의해 마음이 움직여서 능견을 이루기 때문에 전식(轉識)이라고도 불린다.[204] 능견상은 다만 밖으로 향하고 있을 뿐 대상 경계를 아직은 보지 못하고 있는 상태다.[205] 쇼펜하우어식으로 말하면 예지적 성격이 꿈틀거리면서 무엇인가를 보려고 하지만 아직 대상이 분명하게 드러나지 않은 상태라고 할 수 있다. 유식불교에서는 능견상을 견상이라고 칭한다.

---

204 원효, 앞의 책, 191쪽 참조.
205 원효, 앞의 책, 192쪽 참조.

(3) 현상(경계상, 현식)

능견상은 자신이 보는 객관인 현상(現相) 혹은 경계상 내지 현식(現識)을 낳는다. 현상은 능견상, 즉 주관과 무관하게 독자적으로 존재하지 않고 능견인 주관에 의해 보이는 한에서 존재하는 객관이다.[206]

"세 번째 경계상이라는 것은 곧 현상(現相)이니, 앞의 전상에 의하여 정체를 나타낼 수 있기 때문에 '능견에 의하기 때문에 경계가 거짓되게 나타난다'고 말하였다."[207]

여기서 원효는 대상들이 거짓되게 나타난다고 말하고 있다. 이는 경계상을 드러내는 능견상 자체가 진여심을 흐리는 무명업상에 의해서 일어나는 것이기 때문이다. 거짓된 환상과 같은 경계상이 생기게 되면 그것을 분별하면서 또한 그것에 집착하는 거친 분별심인 육추가 나타나게된다.

원효는 무명업상, 능견상, 현상 모두를 아뢰야식에 속하는 것으로 보았다. 이것들은 움직이더라도 무명에 의해서 움직일 뿐 아직 경계상에 의해서 움직이는 것은 아니기 때문이다. 이는 경계상까지만 해도 아직 자아와 세상의 분리가 분명히 이루어지지 않은 상태라는 것을 의미한다. 이에 반해 주객분리가 분명히 이루어지면서 마음이 대상들에 의해서 움직이는 상태가 바로 육추다.

경계상을 쇼펜하우어식으로 말하면 예지적 성격이 움직이면서 그러

---

206 이기영, 『원효사상 1─세계관』, 홍법원, 1967, 178쪽 참조.
207 원효, 앞의 책, 193쪽.

한 성격을 통해서 보이는 대상들을 가리킨다고 할 수 있을 것이다.

3) 육추의 분석

삼세가 의식 차원에서는 알 수 없는 미세한 분별이라면, 육추는 경계상에 대한 의식적인 집착으로서 거친 분별이라고 할 수 있다. 삼세는 의식되지 않는 아뢰야식의 영역에 속하며 육추는 지상을 빼놓고는 모두 의식의 영역에 속한다.[208] 따라서 육추는 우리가 갖가지 욕망에 사로잡혀 외부의 사물들에 집착하는 상태라고 할 수 있다.

"경계의 연(緣)이 있기 때문에 다시 여섯 가지의 상을 내는 것이니, 무엇이 여섯 가지인가? 첫째는 지상(智相)이니, 경계에 의하여 마음이 일어나 좋아하고 좋아하지 않음을 분별하기 때문이다. 둘째는 상속상(相續相)이니, 지상에 의하기 때문에 고락을 내어서 각심(覺心)으로 망념을 일으켜 상응하여 끊어지지 않기 때문이다. 셋째는 집취상(執取相)이니 상속에 의하여 경계를 반연하여 생각해서 고락에 주지(住持)하여 마음이 집착을 일으키기 때문이다. 넷째는 계명자상(計名字相)이니, 잘못된 집착에 의하여 거짓된 명칭과 언설의 상을 분별하기 때문이다. 다섯 번째는 기업상(起業相)이니 명자(名字)에 의하여 이름을 따라가면서 집착하여 여러 가지의 행동을 짓기 때문이다. 여섯 번째는 업계고상(業繫苦相)이니, 업에 의하여 과보를 받아서 자재(自在)하지 못하기 때문이다."[209]

---

208 원효, 앞의 책, 189쪽 참조.
209 원효, 앞의 책, 195쪽 이하.

(1) 지상

경계상이 마음에서 나온 현상인 줄 모르고 실재하는 것으로 잘못 생각하면서 자신을 기준으로 하여 좋아하거나 싫어하는 마음이 지상이다. 지상에서 '지'는 지혜(智慧)라는 긍정적인 의미로 쓰이는 것이 아니라 자기와 세상을 구별하면서 모든 것을 자신의 유불리에 따라 '분별하는' 작용을 가리키는 의미로 쓰이고 있다. 이렇게 분별하는 지상은 자기중심적인 자아에 세상을 대치시킨다. 지상은 자기중심적인 자아에 집착하기 때문에 아견(我見), 아치(我癡), 아애(我愛), 아만(我慢)의 네 가지 번뇌에 시달리게 된다.

아견이란 우리가 흔히 집착하는 '나'라는 것이 초기 불교식으로 말하면 '색수상행식'이라는 오온의 화합물에 불과하고 유식불교식으로 말하면 과거의 기억과 경험의 총체인 아뢰야식에 불과하다는 사실을 깨닫지 못하고, '나'라는 절대적이고 영원한 실체가 있다는 그릇된 견해다. 아치란 '나'의 진상을 알지 못하고 무아의 도리를 깨치지 못하는 번뇌이며, 그런 '나'에 대해서 애착을 느끼는 것이 아애이고 그러한 자아야말로 세상에서 가장 존귀한 존재라고 생각하는 교만에 사로잡혀 있는 것이 아만이다. 이러한 지상은 우리의 오감과 의식의 근저에서 작용하면서 모든 대상을 자신이 집착하는 자아에 맞추어서 분류한다. 즉 지상은 자아의 존립과 강화에 유리하게 작용한다고 생각하는 것은 좋아하고 그렇지 않은 것은 싫어한다. 따라서 '색성향미촉'이라는 오감은 대상을 그대로 받아들이는 것 같지만 이렇게 무의식 깊숙한 곳에서부터 작용하는 근본적인 분별심인 지상에 의해서 규정되어 있다. 우리가 지상의 영향을 받기에 우리에게 이롭게 작용하는 것은 좋은 것으로 보이지만 그렇지 않은 것은 나쁘게 보인다.

"처음에 '지상(智相)'이라고 말한 것은 제7식이니, 추상 가운데의 처음이다. [···] 만약 선도(善道)에 있다면 좋아할 만한 법을 분별하여 아(我)와 아소(我所)라고 계탁하고 악도(惡道)에 있을 때에는 좋아하지 않는 법을 분별하여 아와 아소라고 계탁하기 때문에 '경계에 의하여 마음이 일어나 좋아하고 좋아하지 않음을 분별하기 때문이다'라고 말한 것이다. 갖추어 말한다면 본식을 반연하여 아라고 계탁하고 본식이 나타낸 경계를 반연하여 아소라고 계탁하지만, 이제 이 가운데서는 추상에 의하여 나타내기 때문에 '경계에 의하여 마음이 일어난다'고 말하였다. 또한 이 경계가 현식을 여의지 아니함이 마치 영상(影像)이 거울의 면을 여의지 않은 것과 같다. 이제 제7식은 곧바로 안으로 향하여 아와 아소를 계탁하지만 마음 밖에 경계가 있음을 따로 계탁하지 않기 때문에 다른 곳에서는 도리어 저 식(본식 중의 현식)을 반연한다고 말하였다."[210]

무명업상, 능견상, 현상이 속하는 아뢰야식에서는 나와 세상, 즉 아와 아소가 아직 잠재적으로 존재할 뿐 현실화되지는 않은 반면에, 지상에서는 그러한 분열이 현실화된다. 지상은 아뢰야식의 능견, 즉 능견상을 영구적이고 존귀한 실체로서의 자기라고 착각하면서 그것에 집착한다. 즉 지상은 아뢰야식에 저장되어 있는 수많은 기억과 경험들에서 주관으로 떠오르는 것을 그러한 기억과 경험들의 주인이자 주체라고 착각하는 것이다. 그리고 그러한 기억과 경험들에서 대상으로 떠오른 것, 즉 현상에 대해서 그러한 주관에 유리한 것은 좋은 것이라고 여기고 그렇지 않은 것은 나쁜 것이라고 분별한다.

210 원효, 앞의 책, 197쪽.

앞에서 말했듯이, 우리는 지상이 집착하는 아뢰야식을 쇼펜하우어식으로 말하면 예지적 성격이라고 볼 수 있다. 이러한 성격은 억겁의 세월 동안 "몸과 입과 뜻으로 행한 모든 행위가 습관적 에너지의 형태로 저장된 과거의 경험, 기억"에 불과한 것이지만[211] 지상은 이러한 성격을 영원한 실체라고 생각하면서 그것을 유지하고 강화하며 내세우는 데 몰두한다.

아뢰야식은 오염된 성격 내지 성향으로 나타나는바, 지상은 이러한 성격 내지 성향을 자기 자신이라고 생각하고 그것을 세상에서 가장 존귀한 것으로 보면서 애착을 갖는다. 이러한 자기의식과 함께 지상은 그러한 성격에 대해서 대상으로 떠오르는 것들을 자아에 유리한 것과 그렇지 않은 것으로 분별하면서 유리한 것은 좋은 것으로 보면서 가까이 하려고 하고, 그렇지 않은 것은 나쁜 것으로 보면서 멀리하는 것이다.

다시 말해서 아뢰야식으로부터 종자들이 현행할 때 지상은 그것들을 자기중심적인 이해관계에 따라서 분별하면서 오염시키는 것이다. 따라서 우리의 인식과 행위는 일차적으로는 아뢰야식, 즉 억겁의 세월 동안 자신이 축적한 경험과 기억에 의해 왜곡되지만 또한 지상에 얽매임으로써 더욱 왜곡된다. 의식 차원에서의 우리의 생각과 행동은 이렇게 이중으로 왜곡되고 오염된 바탕 위에서 행해진다. 그리고 우리의 생각과 행동은 모두 지상이 집착하는 자아를 유지하고 강화하기 위한 것이다.

다시 말해서 우리는 부나 명예나 권력 등을 탐하지만, 그것들은 그 자체가 궁극적인 목적이 아니라 사실은 지상이 집착하는 자아를 강화하고 공고하게 하기 위한 것이다. 이는 쇼펜하우어가 우리의 일상적인 생

---

211 서광 스님, 『현대심리학으로 풀어본 유식 30송』, 불광출판부, 2004(4판), 29쪽.

각과 행동 모두가 결국은 자신을 유지하고 강화하려는 의지에 봉사하기 위한 것이라고 말하는 것과 일맥상통한다고 할 수 있다. 이러한 의지가 각 개인에서는 성격으로 나타나며 이러한 성격은 신체로 발현되는바, 우리는 자신의 신체와 성격을 자기 자신으로 보면서 그것에 집착한다.

이러한 자기집착을 쇼펜하우어는 생을 향한 의지라고 말하고 있다. 생을 향한 의지는 결국 자신의 성격을 계속 유지하려는 집착이고, 이러한 성격은 현상계의 차원에서는 일차적으로 신체로 발현되는바, 자기집착은 자신의 신체에 대한 집착으로 나타난다. 생을 향한 의지는 자신의 신체를 지킴으로써 자신의 성격을 유지하려는 의지로 나타나는 것이다.

지상은 아직 무의식적으로 작용한다. 따라서 위에서 원효는 제7식인 지상은 안으로 향하여 아와 아소, 즉 나와 대상을 분별하지만, 아뢰야식 중의 현식을 대상으로 하기에 아직 마음 밖에 경계가 있다고 의식하지는 못하는 상태다. 지상은 과거의 경험과 기억에 바탕을 두고 갖가지 상들을 분별할 뿐이며 그것들이 분별하는 것은 아직은 심상(心象)에 지나지 않는다.

그러나 지상 이후에 이어지는 상속상, 집취상, 기업상, 업계고상은 이렇게 지상이 분별한 상들이 외부에 마음과 무관하게 실제로 존재한다고 믿으면서 그것들이 자신을 위협하면 힘들어하고 그렇지 않으면 좋아한다. 따라서 지상이 자기의식에 해당된다면, 상속상, 집취상, 기업상, 업계고상은 대상 의식에 해당된다고 할 수 있다. 대상 의식이나 대상 인식이 성립하기 위해서는 이미 분별하여 인식하고자 하는 자기의식 내지 자의식이 전제되어야 한다.

(2) 상속상

상속상은 지상에서 일어난 주객분리에 입각해서 끊임없이 대상에로 향하면서, 대상을 좋은 것이나 나쁜 것으로 분별하는 망념들이 꼬리를 물고 이어지면서 끊기지 않는 자리다. 다시 말해 상속상은 우리로 하여금 계속해서 자신의 생각에 매이게 하는 기억과 상상의 기능을 가리킨다.

"다섯째는 상속식이라고 이름하니, 망념이 상응하여 끊어지지 않기 때문이다. 과거 한량없는 기간의 선악의 업을 간직하여 잃어버리지 않게 하기 때문이며, 또 현재와 미래의 고락 등의 과보를 상속시켜 어긋남이 없게 하기 때문에 현재 이미 지나간 일을 문득 생각하게 하고 미래의 일을 자기도 모르게 잘못 생각하게 하는 것이다."[212]

지상의 좋아하거나 싫어하는 힘은 우리가 의식할 수 없을 정도로 매우 미약하기 때문에 그것은 아직 미세한 세상(細相)에 속한다. 이에 반해 상속상은 거친 추상(麤相)이기 때문에 그것은 우리가 의식할 수 있는 즐거운 생각과 괴로운 생각을 일으킨다. 즉 지상은 나와 대상을 분별하기는 하지만 아직은 무의식의 상태에 머물러 있고, 아뢰야식의 현상(現相)을 안으로 분별하고 있을 뿐 마음 밖에 객체가 있다고는 의식하고 있지 않기 때문에 마치 잠자고 있는 상태와 같다. 이에 반해 상속상은 대상경계가 실제로 외계에 있다고 생각하면서 분별하기 때문에 깨어 있는 상태와 같다.[213]

---

212 원효, 앞의 책, 217쪽.

우리가 의식 차원에서 '나'라는 실체라고 착각하는 것은 사실은 이러한 상속심이다. 우리는 의식 차원에서 보통 '나'라는 실체가 있고 이러한 실체가 다양한 생각을 일으키고 과거를 기억하고 미래를 예기한다고 생각하지만, 이렇게 우리가 의식하는 '나'란 사실 경험과 기억의 흐름에 지나지 않는다. 따라서 생각을 떠나서 내가 있는 것이 아니라, 사고와 사고하는 사람은 동일하다. 사고하는 주체로서의 내가 우선적으로 존재하고 사고를 만들어 내는 것이 아니다.

이러한 나란 결국은 기억과 경험 그리고 생각이 끊임없이 잇달아 일어나는 것에 불과한데도 우리는 그것들이 하나의 실체로서의 자기 자신에서 비롯된다고 생각하면서 그러한 것들을 '자신의' 기억과 경험으로 간주하는 방식으로 그것들에 사로잡힌다.

따라서 이러한 상속상의 속박에서 벗어나기 위해서는 잇달아 일어나는 여러 생각들이 실체로서의 자기 자신에게서 비롯되는 것이 아니라 인연에 따라서 일어났다가 사라지면서 이어지는 것임을 통찰하면서 그러한 흐름에 사로잡히지 않는 것이 필요하다. 즉 끊임없이 이어지는 생각의 흐름에 휩싸이지 않고 그러한 흐름에 대해서 거리를 취하고 관조하면서 무념의 상태에 진입하는 것이 필요한 것이다.

상속상은 쇼펜하우어에서는 의식 차원에서 일어나는 갖가지 생각을 가리킨다고 볼 수 있다. 예를 들어 우리가 어떤 이성(異性)에게 본능적으로 끌릴 때 그 이성을 자기 것으로 하기 위한 갖가지 방법을 고안해 내거나 다른 이성과 있었던 과거의 경험들을 떠올리게 되는 것을 가리킨다.

---

213 은정희, 「元曉의 『大乘起信論疏』를 통해 본 一心의 원리」, 『원효학연구』 3, 1998, 167쪽 참조.

(3) 집취상

육추상의 세 번째는 집취상이다. 집취상은 상속식에 의거하는 것으로, 자신이 좋다고 분별한 것은 어떻게든 자기 것으로 만들려고 하고 그렇지 않은 것은 멀리하려고 하는 것이다. 이렇게 집착하면서 자신이 좋아하는 것에는 즐거움을 느끼고 그렇지 않은 것에 대해서는 고통을 느낀다.

집취상은 쇼펜하우어에서는 의지가 자신이 욕망하는 대상을 자기 것으로 하려고 하면서 그것이 자신의 의지에 기꺼이 호응하면 즐거워하고 그렇지 않으면 불쾌해하는 것을 가리킨다.

(4) 계명자상

육추상의 네 번째는 계명자상이다. 앞의 집취상의 잘못된 집착 때문에 그 대상들에게 거짓된 이름을 붙이면서 그러한 이름을 실재로 생각하는 것이다.

"집착이 강하게 되면 그 대상에 평판을 붙이게 되는 것이며 싫은 것에는 나쁜 평판을, 좋은 것에는 좋은 평판을 붙인다. 평판이라고 하는 것은 임시적인 것이지만 이 임시로 붙인 이름에 점점 빠져 들어가게 된다."[214]

예를 들어 우리는 자신에게 도움이 되는 사람에게는 '착한 사람'이라는 명칭을 붙이며 자신에게 해를 끼치는 사람에게는 '나쁜 사람'이라는 명칭을 붙인다. 계명자상은 이러한 명칭을 통해 대상을 고정하며 따라

---

214 가마타 시게오, 『대승기신론이야기』, 장휘옥 옮김, 장승, 1987, 172쪽.

서 우리는 그러한 대상을 접하게 되면 조건반사적으로 좋아하거나 싫어하게 된다.

이러한 계명자상은 쇼펜하우어식으로 말하면 개념들과 이러한 개념들에 입각한 지식을 가리킨다. 여기에는 사물들에게 붙여진 이름뿐 아니라 사람들이 자신을 정당화하기 위해서 만들어 내는 온갖 이론이나 주의, 주장, 즉 많은 종교나 이데올로기들도 포함된다. 이것들은 진실을 반영할 수도 있지만 진실을 자기중심적으로 왜곡할 수도 있다.

종교와 이데올로기의 이름으로 갖가지 만행이 벌어지는 것을 보면서 쇼펜하우어는 이성에 의한 오류가 엄청난 폐해를 일으킬 수 있다고 보았다. 공산주의 이념에 사로잡힌 사람들은 모든 자본가를 악한 존재로 보거나 모든 노동자를 선한 존재로 볼 수 있으며, 나치즘에 사로잡힌 사람들은 독일 민족만을 선한 존재로 보고 유태인은 그 자체로 악한 존재로 본다. 계명자상과 관련하여 박태원은 이렇게 말하고 있다.

"언어 업력이 허상을 만들어 유지하고 발전시켜 가는 것을 불교에서는 희론 분별이라고 한다. 희론에 지배받지 않게 되는 사람은 언어 세계를 무아적으로 이해하고 경험한다. 그는 관행에 따른 일상 언어용법에 따르면서도 언어가 구축하는 세계에 실체를 상정하지 않으므로, 언어를 사용하면서도 언어 세계를 실체적으로 분할하거나 소유 대상으로 집착하지 않는다."[215]

(5) 기업상

육추상의 다섯 번째는 기업상으로서 계명자상에 지배되어 갖가지 행

---

215 박태원, 앞의 책, 197쪽 이하.

위를 일으키는 것이다.[216] 기업상은 계명자상에 의거하여 자신이 좋은 사람이라고 이름을 붙인 것에 대해서는 잘해 주고 그렇지 않은 사람이라고 이름을 붙인 것에 대해서는 해를 끼치는 행위를 한다. 언어로 자신에게 이론적인 무장을 시켜 놓고 마침내 그것을 실제의 행동으로 옮기는 것이 기업상이다. 지상, 상속상, 집취상이 신(身), 구(口), 의(意) 삼업 중 의업에 해당된다면, 계명자상은 구업에 해당되고 기업상은 신업에 해당된다고 볼 수 있다.

(6) 지상과 분별사식 그리고 오감각식 사이의 관계

원효는 이렇게 상속상 이하 기업상까지는 대상 경계가 외부에 실재한다고 생각하면서 그것들을 분별한다는 점에서 분별사식(分別事識)이라고도 부르고 있다.[217] 지상과 분별사식 그리고 '색성향미촉'이라는 다섯 가지 감각식 사이의 관계를 우리는 다음과 같이 말할 수 있을 것이다. 지상은 자신을 내세우고 자신을 자랑하기 위해서 무의식 가운데 자신에게 유리한 것과 그렇지 않은 것을 계산하고 분별한다. 이렇게 계산하고 분별한 것을 의식에 해당하는 분별사식에게 드러나게 함으로써 분별사식을 자극하여 자신에게 유리한 것은 강렬하게 바라게 하고 자신에게 불리한 것은 강렬하게 싫어하게 한다.

그다음에는 분별사식과 함께 오감각식을 자극하여 자신이 원하는 것을 성취하도록 다섯 가지 감각을 총동원한다. 그래서 눈은 원하고 바라는 대상을 보는 데 집중한다. 귀는 듣고 싶은 것을 듣는 데 집중한다. 지

---

216 원효, 앞의 책, 207쪽 이하.
217 분별사식을 유식불교에서는 요별경식이라고 부르기도 한다.

상의 욕심이 지나치게 강하면 그것의 조종을 받고 있는 분별사식과 오감각식 역시 현실적이고 객관적인 감각을 일시적으로 상실하게 된다. 그 결과 도둑질과 같은 행위를 서슴지 않게 된다.[218]

이렇게 볼 때 분별사식은 매우 수동적인 것이라고 볼 수 있다. 분별사식에 해당하는 우리의 의식작용을 우리는 보통 극히 능동적인 것이라고 보지만, 사실상 우리의 의식작용들은 아뢰야식과 말나식(지상)의 영향을 받는 생각들과 느낌들에 지나지 않는다. 뒤에서 조종하는 것이 아뢰야식과 말나식이라면 앞에서 행위하는 것이 오감각식이고 그 결과로 웃고 울고 분노하는 것이 의식이다. 이렇게 의식이 아뢰야식과 말나식의 꼭두각시 노릇을 함으로써 숙생의 업의 종자를 키우는 일에 동참하는 한 우리는 생사윤회를 멈추지 못한다.[219]

쇼펜하우어에서 분별사식은 우리의 지성과 이성 그리고 의식 차원에서 일어나는 갖가지 느낌과 욕망 그리고 행동을 가리킨다고 할 수 있다. 쇼펜하우어는 이것들은 우리가 의식하지 못하는 생존의지와 종족보존의지에 의해서 규정되어 있다고 보며 이러한 의지는 각 개인들의 성격으로 나타난다고 본다.

성격과 이러한 성격을 자신의 자아로 보면서 집착하는 것이 원효가 말하는 아뢰야식과 지상에 해당된다고 볼 수 있다. 쇼펜하우어는 우리의 지성과 이성, 의식적인 욕망과 느낌 그리고 행동뿐 아니라 신체도 결국은 성격과 성격에 대한 집착으로부터 비롯되었다고 보는 것이며 이것들의 지배를 받고 있다고 보는 것이다.

---

218 서광 스님, 앞의 책, 47쪽 이하 참조.
219 서광 스님, 앞의 책, 156쪽 참조.

(7) 업계고상

육추상의 여섯 번째는 업계고상이다. 업계고상은 기업상이 만들어 낸 행위에 의하여 괴로운 과보를 받아 자유와 평안을 상실하면서 괴로워하는 상태다. 업계고상은 인과의 법칙에 따라서 생기는 것인데, 이 경우 사람들은 자신의 행위로 인하여 그러한 과보를 받으면서도 그것을 달게 받지 않고 자신의 운명을 한탄한다.

4) 미혹의 상태로서의 불각의

마음이라는 것을 가토 도요후미는 일종의 프로젝터(환등기)와 같은 것에 비유하고 있다. 원래는 진여심이라는 하나의 마음밖에 없지만, 아무 것도 없는 스크린 위에다 여러 가지 장면을 상연하게 되면 그러한 장면을 보면서 동일한 마음이 다양하게 반응한다. 어떤 장면이 자신에게 유리할 것 같으면 즐거워하고, 자신에게 불리할 것 같으면 마음은 불쾌감에 사로잡힌다.[220]

다시 말해서 마음 자신이 움직여서(무명업상) 자신을 주관으로 생각하고(능견상) 그것에 대한 대상을 만들어 내면서도(현상) 허상에 불과한 대상을 실상으로 착각하면서 그로 인한 분별망상을 일으키며(지상) 끊임없이 생각의 꼬리를 물고 이어 가고(상속상) 집착하면서(집취상) 뜻대로 하기 위해서 일을 도모한다(기업상). 우리의 마음이 대상(망경계)을 만들어 내면서도 그러한 대상을 실상으로 착각하면서 망심을 만들어 내고

---

220 가토 도요후미, 『명상의 심리학─대승기신론의 이론과 실천』, 김세곤 옮김, 양서원, 2005, 108쪽 참조.

이러한 망심에 의해서 또한 대상이 더욱 왜곡되는 것이다. 그러면서 우리는 심신의 모든 에너지를 자신의 망심이 만들어 낸 미혹의 세계를 유지하는 데 쏟고 있다.

이를 쇼펜하우어식으로 말하면 예지적 성격이 움직이면서 신체와 경험적인 의지로 외화되고 이러한 경험적 의지가 자신의 성격을 영원하고 불변적인 실체로서의 자아라고 생각하고 신체를 자신을 떠받치는 것으로 소중히 하면서, 자아의 보존과 강화를 위해서 지성과 이성을 통해서 온갖 분별을 일삼고 분별된 것들에 집착하고 집착을 실현하기 위해서 온갖 일을 꾸민다고 할 수 있다.

5) 깨달음에 대한 원효의 사상

(1) 정법훈습

그런데 우리가 생멸심의 상태에서 철저하게 무명의 지배를 받고 있다면 우리는 어떻게 진여심을 실현할 수 있겠는가? 아니 그 이전에 우리가 무명의 지배를 받고 있다는 사실을 우리는 어떻게 알 수 있는가? 우리가 무명의 지배 아래에 있다는 사실을 알 경우에만, 다시 말해 우리가 잘못된 삶을 살고 있다는 것을 알 경우에만 무명에서도 벗어날 수 있는 것 아닌가?

쇼펜하우어가 우리의 인생이 고통 자체라는 것을 자각하는 것이야말로 그러한 고통에서 벗어날 수 있는 첫걸음이라고 보는 것처럼, 불교와 원효 역시 우리의 일상적 삶, 다시 말해 생멸심의 삶을 허망한 것으로 느끼는 것이야말로 깨달음으로 가는 첫걸음이라고 보고 있다. 불교에서는 고통의 원인을 제행이 무상하다는 데서 찾고 있다. 우리는 자신과 자신이 애착을 갖는 것들이 영원히 존속하기를 원하지만, 그것들이 자신의 뜻대로 되지 않는 무상하고 덧없는 것이라는 점에서 인생의 고통이 비롯된다는 것이 불교의 가르침이다. 쇼펜하우어 역시, 우리의 욕망은 밑 빠진 독처럼 한이 없는데 그러한 욕망이 제대로 충족되지 않는 데서 인생의 고통이 비롯된다고 본다.

그런데 우리가 생멸심에 빠져 있는 삶이 허망한 것이라고 느낄 수 있는 것은 영원한 평안과 행복에 대한 예감과 같은 것을 가지고 있기 때문에 가능하다. 다시 말해 우리 인간은 완전성에 대한 이념을 가지고 있기 때문에 우리의 인생이 불완전하다는 것을 느낄 수 있다. 이에 반해 동물에게는 이러한 완전성의 이념이 결여되어 있기 때문에 그들은 자신의 삶이 불완전한 것이라고 느낄 수도 없다. 따라서, 분명하게는 아니지만, 완전하고 영원한 행복의 이념이 우리로 하여금 우리의 인생이 허망하고 불완전하다고 느끼게 한다고 할 수 있다. 이는 우리가 진여심에 대한 막연한 예감을 가지고 있다는 것을 의미한다. 왜냐하면 완전하고 영원한 행복은 진여심에 의해서 주어지기 때문이다.

우리가 생멸심에 빠져 있는 상태에서도 진여심은 우리의 의식에 은밀하게 말을 걸고 있는 것이다. 원효는 생멸심과 진여심은 서로 분리되어 있는 것이 아니라, 생멸심은 진여심을 자신이 구현해야 할 삶의 본래적인 가능성으로서 포함하고 있다고 말하고 있다. 이렇게 생멸심에 그것의 본래적인 가능성으로서 내재하고 있는 진여심을 원효는 여래장(如來藏)이라고 부르고 있다. 원효는 무명이 진여심을 가리기도 하지만, 여래장으로서의 진여심도 수동적으로 존재하는 것이 아니라 무명에 끊임없이 영향을 미친다고 본다. 이렇게 무명과 진여심이 서로에게 영향을 미치는 것을 원효는 훈습이라고 말하고 있다.

"훈습의 뜻이란 세간의 의복이 실제로는 향기가 없지만 만약 사람이 향으로 훈습하면 그 때문에 곧 향기가 있는 것과 같이, 이도 또한 이러하여 진여정법(眞如淨法)에는 실로 염(染)이 없건만 다만 무명으로 훈습하기 때문에 곧 염상(染相)이 있으며, 무명염법에는 실로 정업(淨業)이 없으나 다만 진여로 훈습하기 때문에 정용(淨用)이 있는 것이다."[221]

여기서 원효는 원래 진여심은 청정한 것이므로 전혀 오염되지 않은 것이지만 이러한 진여심에 무명이 훈습하면서 염상, 즉 오염된 자아와 오염된 세계가 형성된다고 보고 있다. 원효는 이를 염법훈습(染法薰習)이라고 부른다. 그러나 진여심이 근본적으로 청정하고 어떠한 오염도 갖지 않는 것이기 때문에 인간은 온전히 청정한 진여심을 실현할 수 있게 된다. 진여심이 끊임없이 생멸심을 훈습함으로써 우리는 깨달음에 도달할 수 있다. 이러한 훈습을 원효는 정법훈습(淨法薰習)이라고 부르고 있다.

원효는 염법훈습을 아래와 같이 상세하게 설명하고 있다.

"'무명이 있어서 진여를 훈습한다'는 것은 근본무명의 훈습하는 뜻이다. '훈습하기 때문에 망심이 있다'는 것은 무명의 훈습에 의하여 업식심이 있는 것이며, 이 망심으로 도리어 무명을 훈습하여 그 요달하지 못함을 증가시키기 때문에 전식과 현식 등을 이루는 것이니, 그러므로 불각하여 망념이 일어나 망경계를 나타낸다고 말한다. 이 경계로 도리어 현식을 훈습하기 때문에 망심을 훈습한다고 하는 것이다. '그로 하여금 염착(念着)게 한

221 원효, 앞의 책, 276쪽.

다'는 것은 제7식을 일으키는 것이고, '여러 가지 업을 짓는다'는 것은 의식을 일으키는 것이고, '일체의 고통을 받는다'는 것은 업에 의하여 과보를 받는 것이다."[222]

원효는 여기에서 염법훈습을 무명훈습과 망심훈습, 그리고 망경계훈습으로 구별하여 상론하고 있다고 할 수 있다. 무명의 훈습작용(무명훈습)은 첫째로 망심을 초래한다. 이 경우 망심은 능견상과 현상의 근원으로서, 다시 말해 주관과 대상의 분리가 일어나는 근원으로서 업식, 즉 무명업상이라고 볼 수 있다. 둘째 이 망심이 다시 무명을 훈습하여(망심훈습) 무명을 더욱 강화시킴으로써 망령된 주관의식인 능견상과 환상적인 망경계인 현상을 만들어 낸다. 셋째, 망경계(현상)가 다시 망심을 훈습하여(망경계훈습) 망심을 더욱 심화시킴으로써 지상이 일어나면서 망경계를 분별하고 지상, 상속상, 집취상에 의해서 의업(意業)을 짓고 계명자상에 의해서 구업(口業)을 짓고 기업상에 의해서는 행업(行業)을 지어서 고통을 자초하게 된다.[223]

망심에 의해서 거짓된 세계가 만들어지면서 사람들은 이러한 세계에서 자신을 유지하는 데 급급하게 된다. 사람들은 이러한 세계에서 자신의 안전을 가장 확실하게 보장할 수 있는 것들로 보이는 재산이나 권력 혹은 명예 등에 의존함으로써 자신의 안전과 강화를 꾀한다.

인간은 어떠한 조건에 의해서도 흔들리지 않는 절대적인 안정과 힘을 원하지만, 우리가 집착하는 대상들은 항상 상대적인 안정과 힘을 제공

---

222 원효, 앞의 책, 279쪽 이하.
223 원효, 앞의 책, 278쪽 이하 참조.

하는 것에 지나지 않는 것이다. 따라서 사람들은 이런 것들을 넘어서 그리스도교에서 말하는 인격신과 같은 상상의 전지전능한 존재를 만들어 내어 그것에 의존하려고 한다. 이러한 상상의 존재는 인간에게 실로 안정과 힘을 제공해 줄지 모르지만, 그 대가로 인간은 그러한 상상적인 존재에게 예속되고 만다. 사람들은 이른바 신이 정한 율법에 충실해야 하며 그러한 신을 모시는 종교적인 조직체의 가르침과 규율에 복종해야 한다.

절대적인 행복은 자신 안에 잠재해 있는 무한한 절대성인 진여심을 구현할 경우에만 구현될 수 있다. 이 경우에만 우리는 인간을 비롯한 모든 것을 그 진정한 실상에서 볼 수 있게 된다. 그러지 않고 그것들을 우리의 복락을 위해서 이용할 수 있는 수단으로 볼 경우에는 그것들의 실상이 항상 가려지게 된다. 이 경우에 우리는 현실의 사물들을 자신의 주관적인 욕망에 따라서 좋은 것이나 나쁜 것으로 분류하고 차별하게 되는 것이며 그것의 실상을 볼 수 없게 된다.

앞에서 본 것처럼 원효는 우리가 대상들에 대한 집착에서 벗어나 진여심을 회복하는 것을 시각(始覺)이라고 부르고 있다. 시각이란 우리가 집착하는 대상들이 사실은 실체성이 없는 것이며 무명에 의해 진여심으로서의 마음이 동요하여 환영처럼 나타난 것에 불과하다는 점을 깨닫는 것이다. 이러한 시각이 가능한 것은 진여심 내지 본각이 우리에게 깨달음을 향한 동기를 끊임없이 부여하면서 그것을 완수하게 하는 힘을 주기 때문이다. 이러한 사태를 두고서 원효는 "본각이 무명을 끊임없이 훈습한다"라고 말하고 있다.

"시각이란 바로 이 심체(心體)가 무명의 연을 따라 움직여서 망념을 일으키지만, 본각의 훈습의 힘에 의하여 차츰 각의 작용이 있으며 구경(究竟)에 가서는 다시 본각과 같아지는 것이니, 이를 시각이라 말하는 것이다."[224]

원효가 말하는 시각이란 본각의 훈습력, 즉 진여법이 무명을 훈습하는 힘에 의하여 우리의 미혹한 마음이 점차로 깨달음의 작용을 갖게 되어 궁극에 이르러서는 우리에게 이미 존재하는 불성, 즉 본각과 일치하게 되는 것을 말한다. 그것은 우리를 깨달음으로 추동하는 본각의 소리에 귀를 기울이면서 자신을 닦음으로써 본각의 작용을 나타내는 것이다.

원효는 우리가 깨달음에 이를 수 있는 것은 진여심이 우리를 끊임없이 훈습하기 때문이라고 보고 있다. 우리는 사실상 진여심이 무엇인지를 알지 못한다. 우리가 구현해야 할 본각 내지 진여심은 우리가 하나의 대상처럼 눈앞에 볼 수 있는 것이 아니다. 우리가 그것을 알게 되는 것은 그것이 자신을 고지하는 식으로 우리에게 자신을 알려 오기 때문이다. 진여심은 처음에는 우리가 집착하는 것들의 허망함을 깨닫도록 훈습하며, 이러한 훈습에 응하여 우리가 존재자들에 대한 집착을 버릴 때 우리는 우리에게 본래 갖추어져 있는 가능성인 본각을 구현하게 된다.

(2) 애번뇌(愛煩惱)의 단절과 정법훈습

우리가 앞에서 보았던 상속식에서 기업상에 이르는 망상은 견애(見愛) 번뇌에 의해 사로잡혀 있다고 할 수 있다. 견애번뇌란 견번뇌와 애번뇌를 의미하는데, 견번뇌란 지적(知的)인 어리석음을 가리키고 애번뇌란

---

224 원효, 앞의 책, 142쪽.

감정적인 어리석음을 가리킨다. 그런데 견번뇌 쪽이 훨씬 끊기 쉽다.[225] 애번뇌는 너무나 거세기 때문에, 머리로는 그러한 번뇌의 헛됨을 잘 이해하고 있어도 그것을 끊기는 어렵다.

예를 들어 어떤 여성의 아름다운 얼굴에 반하여 사랑에 빠졌을 때 우리는 그 얼굴이 세월이 흐르면서 아름다움을 잃어 갈 것임을 잘 알고 있다. 그럼에도 그 여성을 향한 애타는 마음을 쉽게 끊을 수 없다. 또한 우리는 모든 사람을 똑같이 사랑하는 것이 옳다고 생각하고 입으로는 그러한 사랑을 떠들지만, 특정한 인간들에 대한 증오에 사로잡혀 있을 수 있다. 또한 우리는 우리가 집착하는 모든 것이 덧없고 허망한 것이라는 사실을 머리로는 잘 알고 있다. 그럼에도 불구하고 그것들에 대한 집착을 끊지 못한다. 우리가 집착하던 가족이나 재산을 잃게 될 때 우리는 세상이 다 무너진 듯 망연자실하게 되는 것이다. 지적으로는 그것들의 허망함을 잘 알고 있으면서도 감정적으로는 그것들을 영원한 것으로 착각하는 것이다.

쇼펜하우어 역시 이 점에서 우리의 이성이 의지의 노예라고 말하고 있다. 이성은 많은 경우 의지가 바라는 바를 정당화하고 의지가 추구하는 것을 실현할 수 있는 수단을 모색하는 역할을 할 뿐이다. 이런 맥락에서 쇼펜하우어는 윤리에 대한 지식은 윤리적인 행위와 관련해서 무력하다고 본다. 우리가 정치한 윤리학적 지식을 가진다고 해서 선하게 되지는 않는다. 이는 예술에 대해서 많은 지식을 가졌다고 해서 훌륭한 예술가가 되는 것은 아닌 것과 마찬가지다.

---

225 감산은 애번뇌를 집취상으로 보고 견번뇌는 계명자상으로 보고 있다. 감산, 『감산의 기신론 풀이』, 오진탁 옮김, 서광사, 1992, 129쪽.

이런 의미에서 쇼펜하우어는 우리가 도덕적으로 선한 인간이 되는 것은 도덕적 선에 대한 추상적인 인식을 통해서가 아니라 '우리 모두가 궁극적 실재의 차원에서 보면 하나'라는 사실에 대한 직관적인 인식을 통해서 가능하다고 보고 있다. 이러한 직관적인 인식은 고통받는 다른 사람들에 대한 동정을 포함하는 인식이다. 추상적인 인식이 궁극적으로는 생을 향한 의지에 봉사하는 역할을 하지만 그 자체로는 감정과 의지를 담지 않는 인식인 반면에, 직관적인 인식은 그 자체로 선한 의지와 감정을 담고 있는 인식인 것이다. 이는 예술가의 영감이 사물의 아름다움에 대한 경탄을 담고 있는 것과 마찬가지다.

이렇게 볼 때 쇼펜하우어도 견번뇌와 애번뇌를 구별하고 있으며, 애번뇌는 단순한 앎을 통해서 제거될 수 없다고 보고 있다고 할 수 있다. 쇼펜하우어는 애번뇌는 모든 존재가 궁극적으로는 하나라는 사실에 대한 직관적인 인식과 궁극적으로는 생을 향한 이기적 의지의 부정에 의해서만 극복될 수 있다고 본다.

원효 역시 우리를 애번뇌에서 벗어나게 할 수 있는 하나의 강력한 전기(轉機)는 단순히 우리의 지성뿐 아니라 의지와 감정까지도 모두 뒤흔들 수 있는 강력한 무엇이지 않으면 안 된다고 본다. 원효는 그것을 일차적으로는 우리로 하여금 생성 소멸하는 세계를 혐오하게 만드는 정법 훈습이라고 말하고 있다.

"이 망심에 생사의 고통을 싫어하고 열반을 구하기 좋아하는 인연이 있기 때문에 곧 진여를 훈습하여 스스로 자기의 본성을 믿어서 마음이 망령되이 움직이는 것일 뿐 눈앞의 경계가 본래 없음을 알아서 [번뇌를] 멀리 여의는 법을 닦게 된다. 이리하여 앞의 경계가 없음을 여실히 알기 때문에 여러 가지 방편으로 수순행(隨順行)을 일으켜 집착하지도 아니하고 잘못 생각하지도 아니하고, 내지 오랫동안 훈습한 힘 때문에 무명이 곧 멸하게 된다. 무명이 멸하기 때문에 마음에 일어나는 것이 없고 일어남이 없기 때문에 경계가 따라서 멸한다. 인과 연이 다 멸하기 때문에 심상(心相)이 다 없어지니, 이를 열반을 얻어 자연업(自然業)을 이룬다고 말한다."[226]

원효는 우리가 애번뇌에서 벗어나기 위해서는 무엇보다도 먼저 생사의 고통을 싫어해야 한다고 말하고 있다. 이 경우 생사의 고통이란 문자 그대로의 의미에서 태어나고 죽을 때 우리가 겪는 고통이 아니라 생멸심 속에서 살고 있는 우리의 무상한 삶 전체가 겪는 고통을 가리킨다고 볼 수 있다.

생사의 고통을 싫어한다는 것은 우리가 집착하는 존재자들의 상태에 따라서 일희일비하는 삶이 허망하고 덧없는 것임을 온몸으로 깨달아 그러한 삶에 머물고 싶어 하지 않는다는 것을 의미한다. 이는 쇼펜하우어 식으로 말하자면 생을 향한 이기적 의지에 사로잡혀 있는 삶이 무상하고 덧없으며 고통과 권태에서 오락가락하는 시계추와 같은 삶이라는 것을 깨달으면서 그러한 삶 전체에 대해서 회의와 염증을 느끼는 것을 가리킨다.

이렇게 생멸심과 생을 향한 이기적 의지가 지배하는 삶에 철저하게 염증을 느끼고 무상감에 사로잡히게 될 경우, 우리는 고통의 원인이 외부 대상에 있는 것이 아니라 우리 마음속에 있다는 것을 깨닫게 된다. 이와 함께 우리는 고통의 궁극적인 극복이 마음을 닦음으로써 생멸심과

---

226 원효, 앞의 책, 283쪽 이하.

생을 향한 이기적 의지 자체를 극복하는 데 있다는 사실을 깨닫게 된다.

바로 이것이 원효가 '망심(妄心)으로 하여금 생사의 고통을 싫어하고 열반을 구하기를 좋아하게 하는 것'이라고 말하고 있는 상태다. 사람들은 우리의 일상적인 삶이 결국은 죽음으로 끝나고, 우리가 통제할 수 없는 갖가지 우연에 의해서 고통을 당하는 덧없는 것이라는 사실을 머리로는 얼마든지 파악할 수 있다. 그러나 사람들은 그러한 삶에 진정으로 염증과 무상감을 느끼면서도 그것들로부터 벗어나려는 출구를 찾으려고 하지는 않는 것이 보통이다. 이에 반해 정법훈습에 의해서 우리가 시각의 길에서 첫걸음을 내딛는 순간이란, 일상적인 삶의 허망함을 지적으로 파악하는 것을 넘어서 그러한 삶에 염증과 무상감을 느끼면서 어떻게 하면 그것들로부터 벗어날 수 있을지를 진지하게 고뇌하는 것이다.

이러한 염증과 무상감은 우리가 그것들을 느끼고 싶어서 느끼는 것이 아니다. 우리는 사람들이 죽는다는 사실을 이미 어릴 적부터 머리로는 잘 알고 있지만, 삶에 대한 염증과 무상감은 우리가 어느 정도 철이 들고 나서 전혀 예측하지 못하는 순간에 우리를 엄습하는 것이다. 원효는 이러한 순간이야말로 진여심이 생멸심을 파고들면서 생멸심이 지배하는 일상적 삶의 허망함을 생멸심에게 보여 주는 순간이라고 말하고 있다.

쇼펜하우어 역시 어느 순간 일상적 삶의 덧없음과 고통을 깨닫게 되었는데, 그러한 깨달음은 단순한 지적 인식이 아니었다. 그러한 깨달음은 쇼펜하우어가 그것으로 인해 자신의 온 일생을 그러한 고통의 원인이 어디에 있고 그것을 어떻게 극복할 수 있는지를 탐구하는 데 바치겠다고 결심할 정도로 그의 온몸과 마음을 뒤흔드는 깨달음이었다. 그러한 깨달음이야말로 부처가 왕자의 화려한 삶을 버리고 출가의 길을 걷게 만든 깨달음이었다.

이런 의미에서 본각은 우리가 생멸심의 상태로 살고 있을 경우에는 잠재적인 상태로 존재하면서도 다른 한편으로 생멸심에 사로잡힌 삶의 무상함과 허망함을 드러내는 방식으로 생멸심을 훈습한다고 할 수 있다. 본각은 생멸심의 근원인 동시에 생멸심이 돌아가야 할 목표다. 그러한 근원으로서, 본각은 한갓 목표라는 성격을 넘어서 우리를 자신에게로 불러들이는 힘을 갖고 있다. 생멸심은 이러한 본각의 불러들임에 부응하면서 시각의 길에 들어선다. 따라서 시각은 본각의 부름에 대해서 우리의 의식, 즉 생멸심이 응답하면서 자기 자신을 본각이 구현되는 장이 되도록 하는 것이라고 할 수 있다.

원효는 진여심이 생멸심의 상태로 살고 있는 우리의 의식에 끊임없이 말을 걸어오면서 생멸심이 집착하는 것들의 허망함을 드러냄과 동시에 생멸심에 따르는 삶의 허망함을 드러낸다고 본다. 불각의의 상태에서도 진여심은 계속해서 자신을 개시하고 있기 때문에, 인간은 진정한 의미의 영원성과 무한성을 찾아서 고뇌하며 완전한 영원성과 절대적인 평안을 얻지 않고서는 만족하지 못한다.

그런데 삶의 허망함에 대한 깨달음과 관련하여 원효와 쇼펜하우어 사이에는 일정한 유사성 못지않게 차이도 존재한다. 쇼펜하우어는 우리가 개별화의 원리라는 미망의 베일을 꿰뚫어 보면서 '물자체의 차원에서는 만물은 하나'라는 직관적인 인식을 가질 수 있다고 본다. 그러나 이러한 직관적인 인식이 어떻게 해서 가능한지에 대해 쇼펜하우어는 단순히 '물자체의 차원에서는 만물은 하나'라는 사실을 근거로 제시하고 있다.

그러나 물자체로서의 의지는 쇼펜하우어가 말하는 것처럼 맹목적인 생존의지이며 더 나아가 자체적인 갈등과 모순에 사로잡혀 있다. 이러한 맹목적인 생존의지에서 우리가 모두 하나이며 서로를 형제처럼 사랑해야 한다는 직관적인 인식이 비롯된다는 사실을 이해하기는 어렵다. 쇼펜하우어는 원효가 진여심이 생멸심을 훈습한다고 말하는 것처럼 물자체로서의 의지가 우리의 의식을 훈습한다고 말할 수 없는 것이다.

따라서 쇼펜하우어는 한편으로는 이러한 직관적인 인식의 기원을 물자체로서의 의지에서 찾고 있지만, 다른 한편으로는 우리가 생을 향한 의지로부터 벗어나기 위해서는 우리의 이성이 이러한 의지에 완전히 종속되어 있지 않고 상당한 정도로 독립해 있다고 상정해야 한다. 이에 반해 원효는 우리가 집착하는 실체로서의 자기가 허상에 불과하다는 것에 대한 인식은 진여심으로부터 주어진다고 본다.

(3) 깨달음의 단계

깨달음을 향해서 나아가는 시각을 우리는 크게 두 단계로 나눌 수 있다.

시각의 첫 번째 단계는 일상적인 삶의 무상함을 깨닫고 그것에 염증을 느끼고는 있지만 아직 자기중심적인 자아와 자신이 소중히 생각하는 것에 대한 집착을 버리지 못하고 있는 상태다. 다시 말해 이 단계에서 우리는 아집과 법집에서 온전히 벗어나지 못하고 있다. 이 단계에서 우리는 그동안 집착해 왔던 목숨이나 가족의 안녕, 명예나 부의 무상함을 깨닫고 그것들에 집착하는 자신에 대해서 염증을 느끼고는 있다. 그럼에도 이것들에 대한 집착을 온전히 버리지는 못하고 있다.

예를 들어 어떤 사람이 재물의 무상함을 깨닫고 있다고 해서 자신이 가지고 있는 재산을 다 버리고서도 마음이 평안한 경지에 이른 것은 아니다. 좋은 대학에 들어가는 것이 허망하다는 것을 알고 있지만 그렇다고 해서 좋은 대학에 들어가고 싶은 생각이 전혀 없는 것은 아니며, 자신은 대학에 떨어졌는데 다른 사람이 좋은 대학에 들어갔을 때 그 사람을 흔연히 축하해 줄 수 있는 마음의 경지에 도달하지는 않았다. 이는 아직 우리에게 아집과 법집이 남아 있다는 증거다.

깨달음의 첫 번째 단계에서 사람들은 아직 아집과 법집을 온전히 버리지 못했기 때문에 열반의 길을 엉뚱하게도 아집과 법집을 존속시키거나 강화시키는 길에서 구할 수 있다. 즉 사람들은 영원불변의 절대자를 상정하고 영원히 사는 영혼을 상정함으로써 일상적인 삶에서 느끼는 허망함을 벗어나려고 할 수 있다. 이 경우 사람들은 자신들이 타고난 성격을 영원한 자기 자신이라고 착각하면서 그러한 성격의 덩어리가 절대자로부터 구원받기를 기대하고 천국에서 영원히 살기를 바란다. 또는 삶에서 느끼는 허망함을 견디지 못하여 다시 일상적인 삶에 몰입하는 길을 택할 수도 있다.

깨달음의 두 번째 단계는 일상적 세계의 고통이 아집과 법집에서 비롯되었다는 사실을 철저하게 깨닫고 아집과 법집에서 벗어나는 단계다. 이러한 단계에서 우리는 억겁에 걸쳐서 형성해 온 성격을 고정불변의 실체로서의 자아라고 착각하면서 그것에 집착한다. 그러다가 그러한 성격이 좋아하고 싫어하는 대상들에 집착하면서 그 대상들이 자신의 뜻대로 응하면 좋아하고 그러지 않으면 싫어했던 것이야말로 우리 인생이 고통의 나락으로 떨어질 수밖에 없었던 원인이라는 사실을 깨닫고 아집과 법집에서 벗어나는 것이다.

아집과 법집에서 벗어날 때 우리는 우리의 뜻대로 응하지 않고 우연에 차 있는 이 세계가 더 이상 두렵지도, 허망하지도 않다고 생각한다.

이는 그러한 세계에 대해서 우리가 지켜야 할 자기중심적인 자아가 없기 때문이다. 깨달음으로 나아가는 이 단계에서, 사람들은 그 첫 번째 단계에서 경험했던 무상감이 사실은 자신의 본질을 고립된 자아로 착각하면서 이러한 자아를 유지하고 강화하는 데 자신의 에너지를 쏟은 결과로 생긴 것이라는 사실을 깨닫는다.

사람들은 자신의 이러한 자아를 자신의 신체나 직위 혹은 어떤 정치적·종교적인 신념과 동일시하면서 그것들이 무너지면 자신의 자아도 무너진다고 생각했던 것이다. 그러나 그 모든 것은 인연에 따라서 생기고 인연에 따라서 사라지는 무상한 것들이며 결국 우리의 자아를 지켜줄 수 없는 것들이다. 따라서 그것들의 무상함이 드러나면서 사람들은 자신의 자아가 위협받는다고 느꼈던 것이다. 그러나 깨달음의 두 번째 단계에서 우리는 자신의 본질을 더 이상 고립된 자아에서 찾지 않고, 모든 것을 받아들이면서 모든 것의 진리를 드러내는 거울과 같은 것으로 생각하게 된다.

이와 함께 우리는 인연에 따라서 생성 소멸하는 세계를 있는 그대로 받아들인다. 따라서 불교에서 무상을 강조하는 것은 불교를 비판하는 사람들이 흔히 주장하는 것처럼 불교가 염세주의적이기 때문이 아니며, 세계를 무시하고 내면의 평안으로만 도피할 것을 촉구하기 위한 것도 아니다. 그것은 오히려 사람들을 아집과 법집에서 벗어나게 하면서, 무상한 현실을 그 자체로서 받아들이는 넉넉한 마음을 갖도록 촉구하기 위한 것이다.

이렇게 무상한 현실을 있는 그대로 받아들일 때, 세계는 더 이상 무상하고 덧없는 것으로 나타나지 않고 모든 것이 빛을 발하는 아름답고 충만한 세계로 나타난다. 이때 다른 인간들과 존재자들은 더 이상 우리가 이용하고 지배하는 수단이나 우리를 위협하는 장애물로 나타나지 않는다. 세계의 모든 존재자를 서로 배타적으로 분리시키던 실체의 벽이 없어지면서 세상의 모든 존재자가 서로를 향해 열려 있게 되는 것이다.[227]

깨달음으로 향하는 두 번째 단계에서 우리가 경험하는 마음의 상태를 쇼펜하우어는 우리가 생을 향한 이기적 의지를 부정하면서 신비주의적 평온과 기쁨의 상태로 진입하는 것으로 보고 있다. 그러나 쇼펜하우어는 이러한 신비주의적인 평온과 기쁨의 상태에서 세계가 어떻게 보일지에 대해서는 분명하게 말하지 않고 있다. 그는 이러한 상태에서는 현상계로서의 세계가 사라져 버린다고 말하는 것 같다. 이러한 세계는 물자체로서의 의지가 나타난 거짓된 환상에 불과하기 때문이다. 이에 반해 불교에서는 우리가 생멸심에 사로잡혀 있을 때 이 세계는 허망한 것으로 나타나지만, 생멸심에서 떠나 이 세계를 포용할 때 이 세계는 더 이상 허망한 것이 아니라 아름다운 것으로 나타난다고 말하고 있다. 즉 모든 존재자가 자신의 불성을 드러내는 법계 연기(法界 緣起)의 세계로 드러난다는 것이다.

깨달음의 상태에서 세계가 어떻게 드러나는지에 대해서 쇼펜하우어

---

227 박태원, 앞의 책, 102쪽 참조. 이런 상태를 박태원은 이렇게 말하고 있다.

  "'본래적 깨달음'의 자리에서 보는 존재들은 실체적 개인이 아니라, 서로를 향해 열려 있으면서 끊임없이 변화하는 '관계와 변화의 시스템적 현상'이다. 그렇다고 해서 식별할 수 없는 단일적 통합물은 아니다. 상호 식별이 가능한 일련의 인과적 연쇄계열들이 각자의 인과계열을 전개하면서, 동시에 서로를 향해 개방되어 서로 얽히며 상호 작용하고 있다. '사람/동물, 남자/여자, 한국인/중국인, 박씨/김씨' 등은 그 식별 가능한 각각의 인과계열들을 분류하고 담아내기 위해 편의상 부여한 부호들이다. 그러나 그 언어 부호에 해당하는 실체적 개체는 어디에도 존재하지 않는다. 언어나 부호에 의해 '개인/개체'로서의 차별적인 현상 또는 통합적 정체성을 구분하고 식별하기는 하나, 그 언어나 부호에 상응하는 불변의 독자적 실체는 없다." 박태원, 앞의 책, 125쪽 이하.

는 그것을 심미적 관조에서 세계가 드러나는 방식에 대한 분석을 통해서 간접적으로 보여 주고 있다. 심미적 관조에서 주관은 더 이상 다른 존재자에 대해서 자신을 내세우는 개별적인 의지로 존재하지 않고 그러한 의지에 속박된 상태에서 벗어난 순수하면서도 보편적인 인식주관이 된다. 이 경우 그것은 세계를 있는 그대로 비추는 거울 같은 것이 된다. 이러한 상태에서 주관은 세계와 대립하지 않고 세계를 그대로 받아들이면서 그것과 하나가 된다.

우리는 위에서 시각의 과정을 두 단계로 나누어 보았는데, 이는 원효가 말하는 분별사식훈습(分別事識熏習)과 의훈습(意熏習)에 상응한다고 할 수 있다. 정법훈습이 진여심이 생멸심을 훈습하는 것이라면, 분별사식훈습과 의훈습은 생멸심이 이러한 정법훈습의 자극을 받아서 아뢰야식 속의 진여심, 즉 여래장에 훈습하는 것이다. 즉 이 상태에서의 생멸심은 정법훈습에서처럼 진여심의 훈습을 받는 소훈(所熏)에 그치지 않고, 진여심에 적극적으로 훈습하는 능훈(能熏)이 되어 진여심의 작용력을 적극적으로 발현시키려고 한다. 깨달음은 진여심이 생멸심을 훈습하는 것으로는 부족하며, 생멸심이 진여심의 작용에 적극적으로 응하면서 진여심의 작용력을 극대화하는 것을 필요로 하는 것이다.

분별사식훈습에서 중생은 우리들의 일상적인 삶의 허망함을 깨달으면서 아무런 의미도 목표도 없이 부침하는 생멸의 세계에 직면하게 되지만, 이러한 세계를 고통스러운 것으로 생각하면서 이 세계가 아닌 다른 곳에 열반이 있다고 생각한다. 그는 자신의 신체와 성격을 고정불변의 실체로 여기며 그것들에 집착하고, 그것들을 세계에 대해서 주장하려는 데서 자신의 고통이 비롯된다는 사실을 깨닫지 못하고 있다. 그는 자신의 고통이 자신의 마음에서 비롯된 것이라는 사실을 깨닫지 못하고 자기 외부의 세계에서 비롯된 것이라고 생각하면서 역시 구원도 자기 마음 밖의 다른 곳에서 찾는 것이다.

이에 반해 의훈습은 업식훈습이라고도 하는데, 마음을 높은 경지에까지 닦은 사람들은 모든 대상이 마음에서 비롯되는 것임을 알기에 열반을 마음 밖에서 찾지 않고 자신의 마음을 정화하는 데 몰두한다. 이 경우 이러한 훈습이 아직 주객이 나뉘지 않은 무명업상 내지 무명업식에까지 미쳐서 마음을 온전히 정화하므로 그것을 업식훈습 혹은 의훈습이라고 한다.[228] 그것은 무명업식을 훈습한다는 의미에서 업식훈습이라고 불리며, 심의식(心意識) 중 의에 해당하는 지상에까지 미친다는 점에서 의훈습이라 불린다. 심의식 중 심은 제8식인 아뢰야식, 의는 제7식인 말나식 내지 지상, 식은 제6식인 분별사식에 해당한다.

깨달음을 실현한다는 것은 바로 허망분별하는 생멸심이 허망분별에서 벗어나 진여심으로 귀환하는 것이기 때문에 그 과정에서 깨달음을 향한 생멸심의 노력이 중요한 역할을 하게 된다. 특히 깨달음의 과정에서 가장 중요한 역할을 하는 것은 제6식인 분별사식이다. 불각의의 상태에서 분별사식은 아뢰야식과 말나식의 조종을 받는 꼭두각시에 불과하지만, 분별사식은 진여심의 훈습을 받고 그것에 응함으로써 우리가 집착하는 현실에 대해서 염증을 느끼고 열반을 구하고자 생각할 수 있다.

더 나아가 그것은 수행을 결심하고 부처의 가르침을 잊지 않고 기억하며 집중하고, 어떤 것이 수행에 도움이 되고 그렇지 않을지를 잘 구별하여 수행에 도움이 되지 않는 것은 멀리할 수 있다. 또한 분별사식은

---

228 원효, 앞의 책, 286쪽 참조.

무의식의 상태에서 진행되는 말나식과 아뢰야식의 미세한 작용까지 알아차려서 그것들에 조종되지 않게 되고 오히려 과거 경험과 기억의 종자들이 일어나고 사라지는 모습을 중도적 입장에서 지켜볼 수 있다.[229] 진여심은 원래 깨달아 있는 본각으로 존재하기에 진여심에 대해서는 '깨쳤다'든가 '못 깨쳤다'라고 말할 수 없다. 깨치고 못 깨치고는 생멸심에서 일어나는 일이며, 특히 생멸심 중에서 분별사식에서 일어나는 일이라고 할 수 있다.[230]

분별사식이 이렇게 아뢰야식과 말나식의 조종을 받는 수동적인 처지에서 벗어나 깨달음을 향한 능동적인 노력을 할 수 있다는 사실은, 쇼펜하우어에서 이성이 보통 생을 향한 이기적 의지의 지배를 받지만 이러한 상태에서 벗어나 오히려 의지를 제어하고 부정할 수도 있다는 사실에 상응한다고 할 수 있다. 다만 쇼펜하우어가 이성의 궁극적인 근원으로 보는 물자체로서의 생을 향한 맹목적인 의지가 전적으로 비이성적인 성격을 갖기 때문에 이성이 어떻게 해서 의지의 도구라는 성격을 넘어서 의지를 지배하고 부정할 수 있는지가 쇼펜하우어에서는 의문으로 남게 된다. 또한 쇼펜하우어에서 의지야말로 생명력의 원천이기 때문에 이성이 의지를 부정하고 나서도 어떻게 해서 생명력을 가질 수 있는지가 의문으로 남게 된다.

이에 반해 원효에서는 실질적으로 존재하는 것은 진여심뿐이고 생멸

---

229 서광 스님, 앞의 책, 63쪽 이하 참조.
230 "심진여문에서는 '깨닫지 못하여 벌어지는 일탈과 동요'(불각의 생멸)를 설정하지 않기 때문에, '깨닫지 못함'을 극복하는 '비로소 깨달아 감'(시각)이나 '깨달음'(시각/본각)이 의미가 없다. '깨닫지 못함'(불각)이나 '깨달음'(시각/본각)을 거론하는 것은 어디까지나 심생멸문에서 일어나는 일이다." 박태원, 앞의 책, 96쪽.

심은 진여심에 근거하여 파생된 것이라고 보기 때문에 생멸심이 진여심으로 전환될 수 있는 현상은 무리 없이 설명될 수 있다. 원효는 아뢰야식과 말나식을 비롯하여 분별사식까지도 기본적으로는 진여심에서 비롯된 것으로 보기 때문에, 분별사식이 아뢰야식과 말나식의 작용에서 벗어나 오히려 아뢰야식과 말나식에게까지 진여심의 작용력을 미치게 하여 그것들의 성격을 온전히 변화시킬 수 있게 되는 것이다. 즉 수억겁에 걸쳐서 쌓아 온 기억과 경험의 축적에 불과했던 아뢰야식은 모든 것을 있는 그대로 비추는 대원경지(大圓鏡智)로, 그리고 모든 것을 자기중심적으로 차별하던 말나식은 모든 것에 자비심을 품으면서 그것들을 평등하게 대하는 평등성지(平等性智)로 변화될 수 있다.

쇼펜하우어에서는 이성이 모든 생명력의 근원인 의지를 부정할 경우에 이성이 어떻게 생명력을 가질 수 있는지가 의문으로 남는다. 이에 반해 원효에서는 생멸심과 진여심을 서로 대립하는 것으로 보지 않고 생멸심이 진여심에 근거하고 있고 모든 생명력의 근원이 진여심에 있다고 보기 때문에, 생멸심이 진여심으로 전환할 경우에 생멸심이 부정되는 것이 아니라 그것의 성격이 변화된다고 보는 것이다.

우리는 위에서 시각의 과정을 크게 둘로 나누어 보았다. 즉 진여심의 훈습을 받아서 일상적인 삶과 세계에 대해 염증을 느끼면서 진정한 영원을 희구하지만 아직 자기중심적인 자아는 벗어나지 못한 상태와, 이러한 자기중심적인 자아마저도 온전히 벗어나서 세계 전체와 하나가 되는 상태로 나누었다. 그런데 원효는 『대승기신론』에 의거하여 궁극적 깨달음에 이르는 과정을 불각(不覺), 상사각(相似覺), 수분각(隨分覺), 구경각(究竟覺)의 네 단계로 나누고 있다.[231] 이 경우 각 단계는 미망의 현실을 형성하는 원인인 망념을 얼마나 철저히 배제하였는가에 따라서 나뉜다.

시각의 첫 번째 단계는 불각 내지 범부각(凡夫覺)이다. 그전에는 몸과 입에 의한 일곱 가지 악업인 살생(殺生)·투도(偸盜, 도둑질)·사음(邪淫, 불륜)·악구(惡口, 남을 화내게 하는 나쁜 말)·양설(兩舌, 두말하는 것)·망어(妄語, 거짓말)·기어(綺語, 교묘하게 꾸미는 것), 즉 멸상(滅相)을 일으켰지만, 그것들이 나쁜 과보를 낳았다는 것을 깨닫고 그러한 악업을 짓지 않는 단계이다. 일곱 가지 악업이 나쁜 것임을 알고 다시는 그 악업을 짓지 않는다는 점에서는 깨달음의 단초가 되는 것이므로 시각의 첫 단계가 되며 나쁜 생각을 멸하는 범부의 각이다. 이는 선한 생각을 하고 악한 생각을 멀리하는 마음이지만 아직 마음의 근원을 깨달은 것은 아니다. 그것은 자신이 집착하는 대상들의 무상함을 깨닫지 못한 채 아직은 그것들에 대한 집착에서 벗어나지 못하고 있으며 이러한 대상들이 자신의 마음이 만들어 낸 허상이라는 것까지는 깨닫지 못하고 있는 것이다.

이러한 단계는 쇼펜하우어가 말하는 정의로운 사람의 마음상태라고 할 수 있다. 이러한 상태에서는 가능한 한 남에게 해를 끼치지 않고 남의 권리와 소유를 존중하는 태도를 보인다.

시각의 두 번째 단계는 상사각으로, 탐진치(貪瞋癡) 등의 무수한 번뇌를 일으키면서 주관과 객관을 분별하고 그것들에 집착하던 상태로부터 벗어나는 단계다. 상사각의 단계에서 마음은 실재 자체가 차별적으로 존재하는 것이 아니라 마음의 생각, 관념, 개념이 차별적이라는 사실을 깨달아서 차별적인 생각, 관념, 개념에서 벗어난다. 이 단계는 모양과 이름에 따라서 분별하고 차별하고 집착하는 데서는 벗어났지만 아직 자아에 대한 집착을 완전히 버리지는 못했기 때문에 상사각이라 불린다.

---

231 원효, 앞의 책, 147쪽 이하 참조.

이 단계에서는 좋고 나쁜 것을 분별하면서 탐욕과 분노 등을 일으키는 추분별집착상(麤分別執着相)은 버렸으나 아직 무분별각(無分別覺)은 얻지 못했다.

이러한 단계는 쇼펜하우어 철학에서는 정의로운 상태를 넘어서 고통받는 사람들에 대해 동정심을 내는 상태라고 할 수 있다. 이러한 상태에서는 의식 수준에서는 차별심에서 벗어났고 망념이 일어나는 움직임을 뚜렷이 알 수 있게 되지만, 무의식 수준에서는 아직 그러한 차별적인 이미지들에 여전히 집착하는 상태이며 그러한 차별적인 이미지들에 따라서 분별망상하는 습관과 기억이 작용하고 있는 것이다.

시각의 세 번째 단계는 수분각이다. 수분각은 모든 분별의 원천인 지상, 즉 말나식을 온전히 극복하는 것을 의미한다. 이와 함께 말나식에 부착되어 있는 아견, 아치, 아애, 아만이 완전히 극복된다. 말나식은 무의식 차원에 존재하는 자기의식이기 때문에, 수분각에서는 의식 수준에서뿐 아니라 무의식 수준에서도 모든 분별을 떠났다. 그러나 이 단계는 말나식은 넘어섰지만 아뢰야식에 존재하는 주객분리의 분별지의 단초가 남아 있기 때문에 수분각이라고 한다. 쇼펜하우어로 보자면 이 단계는 예지적 성격에 대한 집착이 사라진 상태라고 할 수 있다.

시각의 마지막 단계는 구경각이다. 가장 미세하고 알기 어려운 무의식적 무명이 홀연히 일어나는 업식을 극복하는 것을 의미한다. 앞선 단계들에서는 마음이 무명에 의하여 업상, 능견상, 현상을 가지게 되어 이 때문에 마음이 동요되었으나, 이 단계에서는 무명업상 등의 미세념(微細念)까지 완전히 없애게 된다. 구경위(究竟位)에 이르러서는 무명이 영구히 없어지고 다시는 생각이 일어나지 않게 되어 마음이 상주한다. 이렇게 무념의 상태가 되면 마음이 만들어 내는 망상들이 생겨나서 머무르고 변해 가고 소멸되는 생멸심 자체가 처음부터 존재하지 않았다는 사실을 깨닫게 된다. 여기서는 마음의 본성을 보아서 본래 마음에 변화가 없는 줄 깨달았으므로 고요히 쉬는 것마저도 없어지게 된다. 또한 여기서는 더 나아갈 바가 없으며 시각은 본각과 동일하게 되므로 구경각이라고 한다.

구경각과 함께 수행이 완성되면 진여심과 생멸심의 화합식(和合識)인 아뢰야식 중의 생멸심이 없어지고 마음의 본성인 불생불멸의 진여심이 드러나게 된다. 이때 무명업상·능견상·현상 등의 미세한 상(相)마저도 사라지면서 순정(純淨)한 지혜를 이루게 된다. 쉽게 말해서 마음을 가렸던 망심과 번뇌가 제거되면 원래 밝고 맑았던 마음, 즉 진여심이 자신을 드러내는 것이다. 이와 동시에 마음은 원래 자신의 진리를 환히 드러내고 있었던 사물들로 하여금 그 자신을 환히 드러내게 한다.

구경각에서는 분별사식이라는 표층의식과 아뢰야식이라는 심층의식에 존재하는 모든 관성적 성향들이 소멸된다.[232] 이런 의미에서 구경각은 쇼펜하우어 철학에서는 예지적 성격마저도 완전히 소멸된 상태, 즉 생을 향한 의지 자체가 완전히 부정된 상태라고 할 수 있다.

2. 쇼펜하우어와 원효의 차이

우리는 앞에서 쇼펜하우어와 원효의 사상을 주로 그 유사성에 초점을 두고서 살펴보았다. 물론 양자의 유사성을 살펴보면서도 양자 사이

---

232 박태원, 앞의 책, 235쪽 참조.

에 존재하는 차이도 언급하곤 했다. 이제부터는 쇼펜하우어와 원효의 차이를 보다 심도 있게 살펴보려고 한다. 그러나 양자 사이의 차이에 대한 우리의 고찰은 양자의 차이를 단순히 나열하는 식으로 행해지지 않고, 쇼펜하우어 철학이 갖는 내적인 모순을 원효의 사상이 어떤 식으로 극복하고 있는지를 살펴보는 식으로 행해질 것이다.

앞에서 우리는 쇼펜하우어와 불교의 차이를 살펴보면서 쇼펜하우어 철학이 여러 약점과 문제점 그리고 내적인 모순을 갖고 있다는 사실을 보았다. 이 장에서는 쇼펜하우어 철학이 갖는 내적인 모순을 보다 상세하게 살펴본 후, 불교의 다양한 흐름을 원효가 대표하는 것으로 보면서 원효가 이러한 내적인 모순을 어떻게 해결하고 있는지를 고찰할 것이다. 이러한 고찰은 사실상 앞에서도 필요한 경우에 이미 행하였으나 여기서는 이러한 고찰을 종합적이면서도 체계적으로 수행할 것이다.

1) 쇼펜하우어 철학의 내적인 모순

쇼펜하우어는 자신이 하나의 통일적인 사상을 전개했다고 자부했다. 그러나 우리가 위에서 본 바와 같이 그의 체계에는 해소되기 어려운 모순점이 존재한다. 바로 이런 점 때문에 쇼펜하우어는 그의 철학적 체계의 우수성보다는 오히려 "자유로운 탐구와 솔직한 질문, 전통적인 관념들에 대한 도전과 그것들의 파괴 등에서 지속적인 중요성을 인정받았다"라고 할 수 있다.[233] 니체가 자신의 초기 작품에 속하는 『반시대적 고

---

233 크리스토퍼 제너웨이, 『쇼펜하우어』, 신현승 옮김, 시공사, 2001, 170쪽 참조. 그러나 필자는 이러한 장점 외에 종교나 예술을 비롯한 여러 현상들에 대한 쇼펜하우어의 분석은 참으

찰』중 「교육자로서의 쇼펜하우어」라는 글에서 쇼펜하우어를 높이 평가한 점도 바로 이 때문이었다. 쇼펜하우어는 근대철학을 지배해 온 그리스도교적인 신 관념을 과감하게 폐기했을 뿐 아니라 인간의 비이성적인 측면과 신에 의해서 다스려진다고는 도저히 보기 어려운 세계의 부정적인 현상들을 부각시킨 것이다.

쇼펜하우어는 현상계에서 모든 개별자가 충족되지 않는 욕망에 사로잡혀 서로 투쟁하는 현실을 생각해 보면, 그러한 현상계의 근저에 있는 물자체로서의 근원적인 우주적 의지도 자체 내에서 불만과 고통에 시달린다고 볼 수밖에 없다고 말하고 있다. 즉 근원적인 우주적 의지 자체가 자기 자신에 대한 내적인 갈등으로 가득 차 있다는 것이다. 따라서 이러한 근원적인 의지가 현상계에 자신을 드러낼 때도 그것은 존재자들 간의 투쟁과 대립으로 나타나게 된다.

그런데 현상계의 근원인 물자체가 결국 이러한 성격을 갖고 있다면 우리 인간이 고통에서 벗어나는 것은 불가능한 일 같다. 전통적으로 우리의 욕망을 통제하는 능력으로 알려진 이성도 쇼펜하우어가 말하는 것처럼 결국 의지에서 비롯되고 의지의 도구에 지나지 않는다면, 우리를 고통에서 구할 수 있는 것은 아무것도 없게 된다. 그러나 쇼펜하우어는 이성은 의지의 지배를 받기도 하지만 다른 한편으로 의지를 통제하고 더 나아가 의지를 부정할 수 있는 힘을 가졌다고 보면서, 우리는 이성의 힘에 의해서 고통에서 벗어날 수 있다고 보고 있다.

쇼펜하우어는 한편으로는 모든 현상계가 물자체로서의 '생을 향한 맹

로 탁월한 면이 있다고 생각한다. 그러한 분석은 각 현상들에 대한 예리하면서도 깊이 있는 현상학적 통찰을 담고 있다.

목적이고 무한한 의지'의 표현이고 이러한 물자체 스스로가 내적인 고통에 사로잡혀 있다고 보기 때문에 우리가 고통에서 벗어날 길은 없는 것처럼 말하고 있다. 더구나 그는 우리의 이성도 이러한 의지의 표현이기에 그것은 의지의 도구에 불과할 뿐 의지를 통제할 수 없다고 보는 것이다. 즉 이 경우에 쇼펜하우어는 삶 자체가 고통이라는 식으로 말하고 있는 것이며, 플라톤에서 헤겔에 이르는 서양의 고전적 형이상학의 전통과 대립되는 철저한 염세주의자로서 말하고 있다.

그리고 사실상 쇼펜하우어 체계가 일관성을 유지하려면 물자체로서의 의지가 비합리적인 맹목적 의지인 한 그러한 의지에서 비롯된 이성도 결국은 이러한 의지의 노예로 존재한다고 보아야 할 것이다. 더구나 비합리적인 맹목적 의지에서 비롯된 이성이 자신의 근원에 해당하는 것을 부정한다는 것은 사실 자신의 존립근거를 파괴한다는 의미이기 때문에 그것은 있을 수 없는 일인 것 같다.

그러나 쇼펜하우어는 다른 한편으로 이성의 힘으로 의지를 부정하는 금욕주의의 예에서 보는 것처럼 이성이 자신의 근원인 의지를 부정할 수 있는 것처럼 말하고 있다. 이 경우 쇼펜하우어는 우리가 이성의 힘으로 욕망의 노예상태에서 벗어나 행복을 얻을 수 있는 것처럼 말하고 있는 것이다. 그런데 이렇게 이성에 의한 욕망의 부정을 주창할 때 쇼펜하우어는 본의 아니게 이성과 욕망을 서로 대립하는 것으로 보았던 서양의 이원론적 입장을 받아들이고 있는 셈이다. 이와 함께 쇼펜하우어는 이성을 욕망의 도구로 보는 자신의 독자적인 사상을 포기하게 되는 것이다. 그러나 쇼펜하우어의 체계에서 의지가 모든 것의 근원이라면, 의지가 부정된 생이란 결국은 죽은 것이나 마찬가지 아닐까?

또한 쇼펜하우어의 체계에서 행복이라는 것이 결국 고통의 소멸에 불과하고, 고통이 소멸하면 새로운 욕망이 일어나기 전에는 곧 권태가 찾아올 뿐이라면 사람들의 고통을 줄여 주는 동정의 행위가 무슨 의미를 가지고 있느냐는 의문이 제기될 수 있다. 그것도 결국 다른 사람들을 권태에 빠지게 하거나 새로운 욕망에 사로잡히게 하는 것이 아닌가?

필자는 바로 이러한 점들에서 쇼펜하우어의 철학은 심각한 모순을 포함하고 있다고 생각한다. 이제부터는 쇼펜하우어의 철학이 안고 있는 모순들을 보다 체계적으로 정리하고자 한다.

첫째로, 물자체로서의 의지가 현상계 전체의 근원이고 그것 자체가 내적인 갈등과 모순으로 차 있다면 우리가 고통으로부터 벗어날 길은 없게 된다. 그러나 의지로부터 이성의 독립성을 인정하면서 이성에 의한 의지의 부정을 주창할 경우에 쇼펜하우어는 이성이 물자체로서의 '생을 향한 맹목적 의지'에서 비롯되었다는 자신의 근본테제를 부정하게 되는 셈이다. 그리고 의지 일원론으로 출발했던 쇼펜하우어의 철학은 의지로부터의 이성의 독립 가능성을 인정하면서 의지와 이성을 대립적인 것으로 보는 이원론적인 성격을 띠게 된다. 쇼펜하우어의 철학은 이 점에서 심각한 내적 모순을 포함하고 있다.

둘째로, 쇼펜하우어는 인간은 이성에 의해서 의지를 철저하게 부정함으로써만 궁극적으로 고통에서 벗어날 수 있다고 본다. 그런데 다른 한편 쇼펜하우어가 말하는 것처럼 의지가 생명의 근원이고 생명의 본질을 형성한다면, 의지가 부정된 생이란 결국은 죽은 것과 마찬가지가 된다.

셋째로, 쇼펜하우어는 행복이란 어디까지나 고통이 사라진 소극적인 상태에 지나지 않는다고 본다. 즉 우리가 경험하는 행복이란 사실은 우리의 욕망이 충족되는 과정에 불과하며, 우리가 욕망에 사로잡혀 있을 때 느끼는 고통이 소멸해 가는 과정에 불과하다. 예를 들어 우리가 오래

전부터 먹고 싶어 했던 자장면을 먹게 될 때 경험하는 행복감이란 자장면을 먹고 싶었던 우리의 욕망이 충족되는 과정에 불과하며 그것은 이러한 욕망이 충족됨에 따라서 점차로 사라지는 것이다. 따라서 쇼펜하우어는 우리가 어떤 사람에게 사랑을 베푼다는 것도 그 사람에게 어떤 적극적인 행복을 가져다준다기보다는 그 사람의 고통을 덜어 주거나 제거해 주는 동정에 지나지 않는다고 말하고 있다.[234] 그리고 쇼펜하우어는 인생은 "욕망과 권태 사이에서 오락가락하는 시계추와 같다"라고 말하면서 고통이 소멸되고 나면 곧 권태가 찾아온다고 말하고 있다.[235]

그런데 쇼펜하우어가 말하는 것처럼 행복이라는 것이 한갓 고통의 소멸에 불과하고 고통이 소멸하면 권태가 찾아올 뿐이라면, 사람들의 고통을 줄여 주는 동정의 행위가 무슨 의미를 가지고 있느냐는 의문이 제기될 수 있다. 그것도 결국 다른 사람들을 권태에 빠지게 하거나 새로운 욕망에 사로잡히게 하는 것이 아닌가? 선한 행위란 남의 고통을 줄여 주는 행위라고 보는 쇼펜하우어의 윤리적인 입장은 그의 염세주의적인 인생관의 토대에서는 본의 아니게 윤리적인 행위의 무익함과 불필요성을 주장하는 것이 된다.

넷째로, 쇼펜하우어는 우리가 다른 사람들이나 생물들에 대해 동정을 가질 수 있는 근거를 현상계의 분리된 개체들의 근저에 있는 물자체가 하나라는 데서 찾고 있다. 그러나 물자체가 하나이기에 우리가 서로 동질성을 느낄 수 있고 다른 사람들이나 생물에게 동정을 느낄 수 있다는 주장은, 물자체가 자체 내에서 분열과 갈등에 사로잡혀 있다는 쇼펜하우어의 주장과 모순된다.

다섯째로, 쇼펜하우어는 물자체로서의 의지를 '생을 향한 맹목적 의지'로 간주하면서 그것이 그 자체로 내적인 모순과 갈등에 차 있는 것으로 보고 있다. 그런데 물자체로서의 의지를 그렇게 볼 경우에는 그것에서 비롯되는 모든 것도 결국은 내적인 모순과 갈등에 사로잡힐 수밖에 없게 되며 고통으로부터의 해방도 불가능한 것이 된다. 그럼에도 쇼펜하우어가 고통으로부터 벗어날 수 있는 가능성을 인정할 경우 그는 모순에 빠지게 된다.

쇼펜하우어 철학이 갖는 이러한 내적인 모순들은 필자를 포함한 쇼펜하우어에 대한 연구자들이 지적해 온 모순들이다. 그런데 쇼펜하우어뿐 아니라 쇼펜하우어와 불교를 비교하는 많은 연구들이 주장하는 것처럼 쇼펜하우어의 사상이 불교 사상과 본질적으로 동일하다면 불교 사상도 쇼펜하우어의 사상과 마찬가지로 내적인 모순을 안고 있는 셈이다. 그러나 필자는 오히려 불교 사상, 특히 원효 사상은 이러한 내적인 모순들을 극복할 수 있는 단서를 제공하고 있다고 생각한다. 원효 사상이 쇼펜하우어 사상의 내적인 모순을 어떻게 극복하고 있는지를 살펴보기 전에, 쇼펜하우어의 인간관을 에리히 프롬의 인간관과 비교하면서 쇼펜하우어의 사상이 갖고 있는 내적인 모순을 극복할 수 있는 사상적 방향은 어떤 것일 수 있는지를 살펴볼 것이다.

2) 쇼펜하우어 사상의 내적인 모순을 극복할 수 있는 방향[236]

(1) 인간의 실존적 욕망

쇼펜하우어의 체계에 포함되어 있는 내적인 모순은 어떤 식으로 극복될 수 있는가? 여기서는 특히 쇼펜하우어의 인간관이 포함하고 있는 내적인 모순을 극복하는 길을 쇼펜하우어의 인간관과 에리히 프롬의 인간관을 비교하는 방식으로 모색해 볼 것이다.

쇼펜하우어가 파악한 인간은 자기보존과 종족보존에의 욕망, 즉 식욕과 성욕 등의 감각적 욕망으로만 가득 찬 인간이다. 그런데 인간은 과연 감각적인 욕심으로만 가득 찬 존재인가? 오히려 인간은 의미 있는 삶을 위해 감각적인 만족을 넘어서 자신의 목숨도 버릴 수 있는 존재가 아닌가? 감각적인 만족을 느끼게 된 후 곧 권태를 느끼게 되는 것은, 인간이 감각적인 만족을 추구하는 것 이상의 존재임을 의미하는 것은 아닐까?

쇼펜하우어가 인생은 결국 고통이라고 보았을 때 분석의 실마리로 삼은 인간은 행복을 감각적인 쾌락과 동일시하는 인간이다. 이렇게 행복을 감각적인 쾌락과 동일시하는 인간은 분명히 쇼펜하우어가 말하는 것처럼 욕망과 권태 사이를 오고 가는 시계추처럼 살다가 죽을 것이다. 그러나 인간에게는 감각적인 쾌락을 만족시키는 것을 넘어서는 보다 고차적인 욕망이 있는 것은 아닐까? 그리고 사람들의 궁극적인 불행은 이러한 보다 고차적인 욕망이 제대로 충족되지 않는 데서 비롯되는 것은 아닐까? 사람들은 고차적인 욕망이 제대로 충족되지 않는 데서 오는 공허감을 감각적인 쾌감을 통해서 메우기 위해서 더 많은 감각적인 쾌감과 이것을 충족시키기 위한 부를 쫓는 것은 아닐까?

따라서 불행의 극복은 쇼펜하우어가 말하는 것처럼 의지나 욕망의 부정이 아니라 감각적인 쾌감에 대한 욕구를 넘어서는 보다 고차적인 욕

---

236 이 부분은 졸고 「쇼펜하우어의 형이상학적 욕망론에 대한 고찰」(『철학사상』 36, 2010), 110~
115쪽의 내용을 수정 보완한 것임을 밝혀 둔다.

구를 진정하게 충족시키는 방안을 강구하는 데 있다. 에리히 프롬은 인간은 감각적 쾌감을 누리고 싶어 하는 욕망을 넘어서 결합에의 욕망, 초월과 창조에의 욕망, 헌신의 대상과 지향의 틀에 대한 욕망과 같이 다른 동물들에게는 존재하지 않는 욕망을 갖는다고 본다. 쇼펜하우어는 인간과 동물이 근본적으로 동일한 생존에의 욕망에 의해서 규정되는 존재라고 보고 있는 반면에, 프롬은 인간과 동물을 근본적으로 다른 존재라고 보면서 인간은 동물과는 전적으로 다른 성격의 욕망들을 갖는다고 보는 것이다.[237]

동물은 자연조건에 대응하는 적응능력을 자연으로부터 부여받는다. 동물이 갖는 그러한 능력을 우리는 보통 본능이라고 부른다. 이에 반해 인간에게는 자연에 대한 본능적 적응능력이 결여되어 있다. 인간에게는 추위를 막아 주는 털도 없으며, 하늘을 날 수 있는 날개도 없고, 두더지같이 땅을 파고 들어갈 수 있는 발톱도 없다. 이러한 사실을 고려해 볼 때, 인간은 생리학적인 측면에서는 가장 연약한 존재이며 생존하기에 가장 불리한 존재이다. 따라서 인간은 자신의 삶을 주체적으로 형성하지 않으면 안 된다. 인간이 이렇게 자신의 삶을 주체적으로 형성할 수 있는 능력은 보통 '이성'이라고 불린다.

인간 각자는 약화된 본능 대신에 이성을 가지고 있기 때문에 자신의 삶을 가능성에 가득 찬 희망의 삶으로 경험할 수도 있지만, 자신의 삶을 궁극적으로 책임져야 할 사람은 자기 자신이라는 사실 앞에서 고독감과 함께 무력감을 느낄 수도 있다. 다시 말해서 인간은 자신이 어떻게 살아야 할지가 분명하게 보이지 않는 세계 안에 무력하게 홀로 던져져 있다

---

237 에리히 프롬, 『건전한 사회』, 김병익 옮김, 범우사, 1975, 31쪽 이하 참조.

고 느낄 수도 있는 것이다. 이러한 고독감과 무력감은 우리가 죽음을 의식할 때 가장 첨예해진다.

인간은 철이 들면서부터는 자신의 삶이 죽음으로 끝난다는 사실을 자각한다. 그리고 인간은 죽음 앞에서 자신이 철저하게 무력한 존재이며 또한 자신의 죽음은 어느 누구도 대신해 줄 수 없고 홀로 겪어야 한다는 사실을 의식한다. 아울러 우리는 또한 죽음을 생각하면서 우리의 삶은 우리의 모든 노력에도 불구하고 결국은 죽음으로 끝나는 무의미한 것이라는 생각을 하게 되면서 허무감에 빠질 수 있다.

인간의 삶은 이성적인 존재로서의 인간만이 빠져들 수 있는 이러한 '고독감'과 '무력감' 그리고 '허무감'에서 벗어나 자신의 삶을 충만하고 활기 있는 삶으로 만들려는 몸부림이라고 할 수 있다. 이 점에서 우리는 인간의 삶을 근본적으로 규정하는 것은 식욕이나 성욕이 아니라 인간에게만 특유한 다음과 같은 욕망이라고 할 수 있다. 그것은 다른 인간들과 사물들 그리고 세계와의 결합을 통해서 고독감에서 벗어나고, 자신이 거주하는 세계를 자신이 그 안에서 활기와 의미를 느낄 수 있는 곳으로 변형시킴으로써 무력감과 허무감에서 벗어나려는 욕망이다.

이러한 욕망은 첫째로 고독감에서 벗어나기 위해서 결합과 합일을 원하는 욕망으로, 둘째로 무력감에서 벗어나기 위해서 세계를 자신이 원하는 대로 변형시키려는 창조와 초월에의 욕망으로, 그리고 셋째로 허무감에서 벗어나기 위해서 삶의 의미를 갖고 싶어 하는 욕망으로 나타난다.

그런데 우리는 이러한 욕망들을 보통 긍정적이고 생산적인 방식으로 충족시키기보다는 부정적이고 비생산적으로 충족시킨다.

무력감에서 벗어나고 싶은 욕망, 다시 말해서 초월과 창조의 욕망을 사람들은 보통 자신보다 약한 자들을 괴롭히는 방식으로 충족한다. 이러한 현상은 어린아이의 세계에서 가장 노골적으로 보인다. 아이들이 별생각 없이 약한 아이들을 왕따시키고 괴롭히는 것은 무력감에서 벗어나 자신의 힘을 느끼고 싶어 하는 욕망의 표출이라고 볼 수 있다. 성인의 세계에서도 무력감에서 벗어나고 싶어 하는 욕망은 자주 야비하고 잔인한 형태로 실현된다. 자신이 갑이라고 생각하면서 을을 함부로 대하고 무시하고 심지어 폭행을 가하는 행태로 나타나는가 하면, 국가 간에는 강대국이 약소국을 무자비하게 약탈하고 짓밟는 행태로 나타나기도 한다.

고독감에서 벗어나려는 욕망, 다시 말해서 결합에의 욕망 역시 많은 경우 부정적이고 비생산적으로 구현된다. 사람들은 어떤 특정한 종교집단이나 정치집단에 자신을 예속시키면서 그 집단의 교리나 이념을 광신적으로 신봉한다. 그리고 자기 집단이야말로 최고의 진리를 구현하고 있다고 주장하면서 다른 집단을 배척하는 방식으로 자신들의 결속을 다진다. 또는 사람들은 자기의식을 마비시키는 방식으로, 다시 말해서 술이나 마약에 빠지는 방식으로 고독감에서 벗어나려고 한다. 현대사회에서 흔히 볼 수 있는 알코올 중독이나 마약 중독 같은 것들도 사실은 고독감에서 벗어나려는 몸부림이라고 할 수 있다.

허무감에서 벗어나 삶의 의미를 갖고 싶어 하는 욕망 역시 많은 경우 부정적이고 비생산적으로 실현되고 있는바, 오늘날에도 세계에는 종교와 정치적 이데올로기의 이름으로 수많은 투쟁과 전쟁이 일어나고 있다. 종교나 정치적 이데올로기 혹은 철학이 우리 삶에 의미를 부여하는 것으로 나타나지만, 이것들은 인간이 성장하는 데 도움이 되기보다는 인간을 오히려 자신들의 노예로 만들어 버리는 경우가 많다. 이와 관련하여 프롬은 우리 삶에 의미를 부여하는 종교와 정치적 이데올로기를 권위주의적인 것과 인본주의적인 것으로 나누었지만 대부분의 종교와 정치적 이데올로기가 권위주의적 성격을 띠고 있다고 보았다.

권위주의적 종교나 정치적 이데올로기는 특정한 교리나 이론체계에 대한 맹목적인 믿음과 특정한 예식에 대한 무조건적인 복종을 요구한다. 그리고 그것들은 이러한 맹목적인 믿음과 무조건적인 복종을 거부하면 지옥에 떨어질 것이라고 위협하든가 아니면 강제수용소로 보낼 것이라고 위협한다. 권위주의적 종교와 정치적 이데올로기는 구체적인 교리와 예식 면에서는 차이가 나겠지만 그것들이 보이는 본질적 양상은 동일하다. 그것들은 여호와나 히틀러나 스탈린만을 신으로 숭배해야지 다른 신을 섬겨서는 안 된다고 주장한다. 그리고 자신들이 주창하는 교리 이외에는 모두 거짓으로 배척한다.

그럼에도 불구하고 사람들이 권위주의적 종교들과 이데올로기들을 신봉하는 이유는 결국 자기 자신을 위해서다. 사람들이 그것들을 신봉하는 이유는 신을 믿어야 자신이 천국에 간다고 생각하기 때문이며 그 정치지도자를 섬겨야 출세하기 때문이며, 그것들을 진리라고 무조건 신봉할 때 정신적인 안정을 얻을 수 있기 때문이다. 인간은 진리보다는 정신적 안정을 추구하는 경향이 있는 것이다. 권위주의적 종교와 정치적 이데올로기는 인간들을 정신적으로 성숙시키기보다는 오히려 권위에 대해서 무비판적으로 만들고 또한 자신이 신봉하는 종교나 이데올로기만이 절대적으로 옳다고 생각하는 독선적이고 배타적인 인간으로 만든다.

이에 반해 인본주의적인 종교나 철학은 교리나 예식을 인간의 성장과 성숙을 위한 수단으로 볼 뿐이지 무조건적으로 신봉해야 할 진리로 보지 않는다. 인본주의적인 종교나 철학은 사랑과 지혜와 같은 인간의 이성적 잠재력을 충분히 실현하는 것을 목표할 뿐이다. 프롬은 그리스도교에는 인본주의적 교리와 권위주의적 교리가 함께 존재한다고 보았다. 그리스도교에는 한편으로는 예수를 하느님의 독생자로 믿는 사람만이 천국에 간다는 권위주의적인 교리도 존재하지만, 다른 한편으로는 이웃을 사랑하는 것이야말로 하느님을 진정으로 섬기는 것이라는 인본주의적 교리도 존재하는 것이다.

이러한 인본주의적 교리에서는 하느님을 무조건적인 사랑의 하느님이라고 부른다. 무조건적인 사랑의 하느님은 그리스도교를 믿는다고 해서 특별히 천국에 보내 주고 그리스도교를 믿지 않는다고 해서 지옥으로 보내지는 않는다. 그렇게 되면 그 하느님은 무조건적인 사랑의 하느님이 아니라 조건적인 사랑의 하느님이 되기 때문이다. 무조건적인 사랑의 하나님을 만나는 가장 좋은 방법은 우리 스스로가 사랑의 마음으로 가득 차게 되고 사랑을 실천하는 것이다.

그리스도교는 위와 같이 권위주의적 교리와 인본주의적 교리 양자를 함께 가지고 있는데, 이 양자는 서로 모순되는 것이기 때문에 공존할 수 없다. 우리는 둘 중의 하나를 택해야 한다. 다시 말해 신을 여호와라는 이름으로 부르고 예수를 신의 독생자로 믿고 정기적으로 예배에 참석하고 십일조를 내는 사람만을 구원하겠다는 조건적인 사랑의 하느님과 무조건적인 사랑의 하느님 중에서 하나를 택해야 하는 것이다.

프롬은 그리스도교와 달리 불교는 교리상으로는 철저하게 인본주의적 성격을 갖고 있다고 본다. 불교는 교리나 예식을 모두 인간이 정신적으로 완성된 존재가 되는 데, 다시 말해 인간이 깨달음을 얻는 데 도움이 되는 방편으로 본다. 그것들은 어디까지나 방편에 불과하기 때문에 인간이 깨달음을 얻는 데 방해가 되면 언제든지 폐기될 수 있는 것으로 간주된다. 따라서 불교는 부처를 섬기지 않고 부처의 가르침을 무조건적으로 신봉하지 않으면 지옥에 떨어진다고 말하지 않는다. 불교는 우리가 스스로의 노력에 의해서 정신적 완성에 도달할 수 있다고 말한다.

에리히 프롬은 고독감과 무력감 그리고 허무감을 극복하는 데는 항상 '사랑'이 바탕이 되어야 한다고 본다. 사랑은 항상 상대방에 대한 존중을 포함해야 한다. 존중을 포함하지 않는 사랑은 자칫 소유욕으로 전락하게 된다. 그리고 진정한 사랑은 항상 상대방에 대한 책임의식을 포함한다. 상대방의 삶이 잘못되더라도 그 사람의 삶을 함께 책임지려는 자세가 필요하다. 또한 진정한 사랑은 상대방의 장점뿐 아니라 단점도 꿰뚫어 보면서 단점을 고쳐 줄 수 있는 성숙한 지혜를 포함한다.

프롬은 이러한 사랑만이 우리를 고독감에서 벗어나게 하고 결합에의 욕망을 긍정적이고 생산적으로 충족시킬 수 있다고 본다. 또한 프롬은 이렇게 사랑에 토대를 둔 창조적인 행위만이 우리를 무력감에서 벗어나게 하고 초월과 창조에의 욕망을 긍정적이고 생산적으로 충족시킬 수 있다고 본다. 상대방이 성숙하는 것을 도와줄 수 있을 때 우리는 우리의 힘을 느낄 수 있다. 예술적인 창조를 할 때도, 그리고 식물이 스스로 자라는 것을 옆에서 도울 때도 우리는 무력감을 초월하면서 우리의 창조적인 힘을 느낄 수 있다.

그리고 프롬은 사랑과 지혜라는 인간의 능력을 성숙시키는 종교나 철학만이 우리를 진정으로 허무감에서 벗어나게 하면서 우리 삶에 진정한 의미를 부여할 수 있다고 본다. 어떠한 종교나 철학 그리고 정치적 이데올로기도 그것들이 만약 사랑과 지혜라는 덕의 성숙을 방해한다면 우리는 그것들을 모두 허위적인 것으로 보아야 한다는 것이다.

결합에의 욕망과 초월에의 욕망 그리고 삶의 의미에 대한 욕망은 인간이 자신이 고독하고 무력하게 낯선 세계에 던져져 있다고 생각하면서 내가 어떻게 살 것이냐를 고뇌하는 실존적인 존재로서 갖게 되는 욕망들이다. 따라서 우리는 그러한 욕망들을 식욕이나 성욕과 같은 생리적인 욕망을 넘어서는 실존적 욕망이라고 부를 수 있을 것이다.

그러한 욕망들은 실존적인 존재로서의 인간 존재에서 비롯되는 욕망이기에 생리적 욕망들이 만족된 후에 비로소 나타나는 것은 아니다. 아니, 인간의 경우에는 식욕이나 성욕과 같은 생리적인 욕망들마저도 사실상은 실존적인 욕망과 긴밀하게 얽혀 있으며 나름대로의 실존적인 성격을 띠고 있다고까지 할 수 있다. 사랑 없는 섹스는 씁쓸함을 남기고, 먹기 위해서 산다는 느낌은 우리를 공허 속에 빠지게 한다.

따라서 그러한 실존적인 욕망들이야말로 인간 삶의 근본적인 추동력이며 인간의 모든 사고와 행동을 근본적으로 규정하는 것이라고 할 수 있다. 실제로 사람들은 단순히 성적 만족을 얻을 수 없거나 굶주리고 있기 때문에 자살하는 경우는 거의 없지만, 그러한 실존적 욕망들이 부정적이고 비생산적인 형태로 나타나는 이성(異性)에 대한 집착이나 권력이나 명성에 대한 욕망 혹은 복수에 대한 욕망을 실현할 수 없었기 때문에 자살을 택해 왔다.

물론 생활고 때문에 자살하는 사람들도 있지만 이 경우에도 단순히 생활고 자체 때문에 자살하는 것은 아니고 그것이 초래하는 무력감과 고독감 그리고 열등의식 때문에 자살한다고 볼 수 있다. 예를 들어 말하자면 한국전쟁 직후의 우리나라처럼 대부분의 사람들이 생활고에 시달릴 때에는 생활고 때문에 자살하는 사람은 드물었다. 이에 반해 요즘처럼 많은 사람이 물질적인 풍요를 누리는 상황에서 생활고는 단순한 생활고를 넘어서 열등의식과 무력감 그리고 고독감을 낳기 때문에 사람들은 생활고를 계기로 자살을 하게 된다.

결합에의 욕망과 초월에의 욕망 그리고 삶의 의미에 대한 욕망이 만물에 대한 사랑이라는 성스러운 형태로 나타나든 혹은 다른 인간들이나 사물들에 대한 지배와 파괴라는 악마적인 형태로 나타나든 그것은 자연과 동물의 영역을 초월하는 것이다. 인간에게만 고유한 욕망은 성스럽거나 악마적인 것의 영역에 속한다. 따라서 인간의 복잡한 심리나 욕망은 식욕이나 성욕과 같은 본능적인 동인으로 환원하여 설명할 수 없다.[238]

이런 의미에서 프롬은 콘라트 로렌츠식의 시도나 프로이트의 이론, 그리고 행태주의가 인간 삶의 본질을 잘못 파악하고 있다고 보고 있다. 이는 콘라트 로렌츠는 동물의 행태로부터 인간의 행동을 설명하려 하고, 프로이트는 성본능을 삶의 가장 근본적인 동인으로 보며, 행태주의는 인간을 단순히 환경에 수동적으로 반응하는 존재로 보기 때문이다.

결합에의 욕망과 초월에의 욕망 그리고 삶의 의미에 대한 욕망이 긍정적인 형태로 나타날 경우에 그것들은 사랑, 친절, 연대, 자유, 그리고 진리를 구하려는 욕망으로 나타나지만, 부정적인 형태로 나타날 경우에는 편협한 이기주의나 지배욕과 소유욕 혹은 맹목적인 민족주의나 인종주의와 같은 이데올로기나 광신적인 종교에 자신을 예속시키는 것으로 나타난다. 그리고 그러한 욕망을 실현하는 긍정적인 방식은 보다 큰 힘, 기쁨, 자아의 통합, 활력의 감각을 낳는 반면에, 부정적인 방식은 생

---

238 에리히 프롬, 『희망이냐 절망이냐』, 편집부 옮김, 종로서적, 1983, 21쪽.

명력의 저하, 슬픔, 분열과 파괴를 낳는다. 전자의 방식은 생명지향적인 성격을 갖는 반면에, 후자는 생명을 파괴하는 성격을 갖는 것이다.

그러나 우리가 보통 악이라고 부르는 후자의 방식도 전자의 방식과 마찬가지로 인간에게만 특유한 욕망을 실현하는 하나의 방식일 뿐이다. 가장 잔인하고 파괴적인 자까지도 성자와 동일한 욕망을 갖는 인간이지만, 그는 그러한 욕망을 실현하는 보다 나은 해답을 발견할 수 없었기에 비뚤어지고 병들게 된 인간이다. 이런 의미에서 악은 철저하게 인간적인 현상이며 인간이 약화된 본능 대신에 이성을 갖고 있기 때문에 생기는 현상이다. 따라서 흔히 주장되는 것처럼 악의 존재를 인간에게 공격적인 본능이나 파괴적인 본능이 존재한다고 봄으로써 설명하려는 것은 잘못된 것이다.

(2) 쇼펜하우어 철학의 내적 모순을 극복하기 위한 사상적 방향

우리 내부에서는 이성과 욕망이 갈등하는 것이 아니라 프롬이 말하는 실존적인 욕망들이 나타날 수 있는 생산적이거나 비생산적인 형태들이 서로 갈등한다. 구체적으로 말해서 우리에게는 다른 사람들이나 사물들과 진정한 의미의 사랑에 의해서 결합하고 싶어 하는 욕망도 있지만, 다른 한편으로는 손쉽게 술과 마약에 의해서 결합을 실현하고 싶어 하는 욕망도 있다. 우리는 다양한 창조적 활동을 통해서 자신의 힘을 느끼고 싶어 하는 욕망도 갖지만, 다른 한편으로는 다른 인간들이나 사물들을 지배하고 정복함으로써 자신의 힘을 확인하고 싶어 하는 욕망도 갖는다. 이러한 욕망들 중 생산적인 것들은 우리의 삶에 진정한 활력과 충만한 의미를 부여하기 때문에 이성적인 욕망이라고 불린다.

이에 반해 비생산적인 것들은 우리에게는 외관상으로는 활력과 충만한 의미를 부여하는 듯 보이지만 사실은 우리의 삶을 병들게 하고 공허 속에 남겨 두기 때문에 비이성적인 욕망이라고 불린다. 이렇게 볼 때 이성과 욕망이 우리 안에서 싸우는 것이 아니라 이성적인 욕망과 비이성적인 욕망이 서로 싸우는 것이다.

따라서 쇼펜하우어가 원래는 이성을 의지의 도구로 보면서도 이성에 의한 의지의 부정을 주창할 때는 욕망을 이성과 대립적인 것으로 보는 반면에, 프롬은 욕망과 이성이 서로 대립되는 것이 아니라 병적인 욕망과 그것과 긴밀하게 결부된 병적인 이성에 대해서 건강한 욕망과 그것과 긴밀히 결부되어 있는 건강한 이성이 서로 대립되어 있다고 본다. 즉 프롬에 의하면 우리 내부에서는 이성과 욕망이 서로 대립하는 것이 아니라 병적인 이성과 병적인 욕망에 입각한 병적인 삶에의 경향성과 건전한 이성과 건전한 욕망에 입각한 건강한 삶에의 경향성이 서로 싸우고 있다는 것이다.

프롬은 쇼펜하우어가 말하는 것처럼 새로운 욕망을 낳거나 기껏해야 권태로 이어지는 욕망은 욕망의 전체가 아니라 오직 병적인 욕망일 뿐이라고 본다. 감각적인 쾌락을 가져다주는 사물들에 대한 욕망이나 알코올 혹은 마약에 대한 욕망 혹은 이성(異性)에 대한 맹목적인 집착은 결합과 합일에의 욕망의 병적인 형태이며, 자신에게 힘을 준다고 생각되는 재산과 명예에 대한 욕망은 초월과 창조에의 욕망의 병적인 형태인 것이다.

아울러 프롬은 이러한 병적인 욕망으로부터의 탈출구로서 쇼펜하우어가 제시하는 모든 종류의 욕망에 대한 부정과 세상으로부터의 도피는 병적인 욕망들의 진정한 극복이 아니라 인간들의 창조력을 마비시키는 것으로 볼 것이며, 쇼펜하우어의 철학 자체를 하나의 병적인 현상이라

고 볼 것이다.[239]

프롬은 무상한 외적인 대상들을 소유하고 향유하는 것을 바람직한 삶으로 보지 않고, 인간의 정신 자체가 갖고 있는 건강하고 생산적인 잠재력들을 충분히 실현하는 삶이야말로 바람직한 삶이라고 본다. 프롬은 사랑, 친절, 연대, 개방성의 능력과 진리를 통찰할 수 있는 감성적·지적 잠재력들을 제대로 구현할 경우에만 우리는 진정으로 행복할 수 있으며, 외적인 대상들에 대한 욕망에 사로잡혀 있는 삶은 쇼펜하우어가 그리고 있는 삶처럼 끊임없는 욕망과 권태 사이에서 고통스러워할 수밖에 없는 삶이라고 본다.

행복은 이처럼 건강하고 생산적인 이성적 잠재력을 최대한 구현하는 상태에서 우리가 느끼는 만족감과 희열이다. 따라서 상대방에 대한 진정한 사랑은 쇼펜하우어에서 보는 것처럼 상대방의 고통을 덜어 주는 동정이 아니라 상대방이 그러한 잠재력을 충분히 발휘할 수 있도록 도와주는 것이다.

필자는 프롬의 인간관에 대체로 동의하는 편이다. 그러나 프롬이 자신의 인간관을 정초하는 방식에 대해서는 세부적인 면에서 문제가 있다고 본다. 프롬은 인간이 처해 있는 특유의 조건, 즉 본능이 약화되고 이성에 의해서 자신의 삶을 개척해 나아가야 한다는 조건으로부터 인간의 특유한 실존적 욕망들이 나타난다고 보았다. 즉 우리는 본능이 약화되고 이성이 눈뜬 상태에서 우리가 낯설고 무력한 세계에 고독하게 던져져 있다는 사실을 자각하면서 위와 같은 실존적 욕망들을 갖게 된다는

---

239 니체 역시 이런 맥락에서 쇼펜하우어의 철학을 힘에의 의지가 병든 데서 비롯된 것이라고 본다.

것이다.

그러나 우리는 인간의 실존적 상황에 대한 프롬의 서술이 과연 정확한 것인지에 대해서 의문을 가질 수 있다. 우리는 프롬이 말하는 것처럼 일차적으로 낯설고 무력한 세계에 고독하게 던져지는 것이 아니라 일차적으로 특정한 사회적 규범이나 가치 그리고 관습이 지배하는 세계에 던져진다.

사람들은 사회적으로 인정받기 위해서 이러한 사회적 규범이나 가치 그리고 관습에 열심히 따른다. 하이데거는 이렇게 사회적 규범이나 가치 그리고 관습에 열심히 따르면서, 사회에서 남보다 우월한 지위를 차지하기 위해서 노골적으로든 은밀하게든 서로 경쟁하는 삶을 '세상 사람의 삶'이라고 부르고 있다. 다시 말해 그러한 삶은 우리가 주체적으로 영위하는 삶이라기보다는 익명의 세상 사람이 추구하는 가치에 의해서 규정된 삶이라는 것이다.[240]

그러나 어느 순간 우리는 우리가 그동안 본능 대신에 의존해 왔던 사회적 규범이나 관습에 대해서 회의를 느끼면서 갑자기 자신이 낯선 세계에 고독하고 무력하게 던져진 것으로 느끼게 되는 경우가 있다. 하이데거는 이러한 느낌을 불안이라고 부르고 있다. 그리고 하이데거는 이렇게 불안이라는 기분이 우리를 엄습하는 사건을 삶의 진정한 가능성이 우리에게 자신을 고지하는 사건이라고 해석하고 있다.[241] 즉 우리는 세상 사람의 삶에 의해서 억압되고 왜곡되어 있던 우리 삶의 진정한 가능성이 우리가 그동안 추구했던 사회적 가치를 무의미한 것으로 드러내는

---

240 M. Heidegger, *Sein und Zeit*, Max Niemeyer Verlag, 1972(12판), 126쪽 이하 참조.
241 M. Heidegger, 앞의 책, 190쪽 이하, 271쪽 이하 참조.

방식으로 자신을 고지한다는 것이다.

프롬식으로 말해서 우리가 이 세상을 낯설고 무의미한 것으로 느낄 수 있는 것은 바로 우리가 일상적으로 살고 있는 세상 사람의 삶이 우리 삶이 구현해야 할 진정한 삶의 가능성, 프롬식으로 말해서 지혜와 사랑이라는 이성의 생산적 잠재력을 온전히 구현한 삶이 실현되는 것을 방해하는 거짓된 삶이기 때문이다. 이러한 거짓된 삶에서 사람들은 사회적 가치를 실현함으로써 사회적으로 더 인정받고 다른 사람들 우위에 서기 위해서 서로 경쟁한다. 불안이라는 기분은 이러한 삶이 허망한 삶이라는 사실을 고지하면서 우리로 하여금 진정한 삶의 가능성을 찾도록 촉구하는 기분이다.

프롬은 우리 인간이 본능이 약화되고 이성을 갖게 됨으로써 처하게 되는 독특한 상황을 인간의 실존적 욕망들, 즉 결합에의 욕망과 초월과 창조에의 욕망 그리고 삶의 의미에 대한 욕망의 기원으로 간주하고 있다. 이에 반해 필자는 우리가 삶의 진정한 가능성을 근본적으로 지향하고 있기 때문에 우리가 일차적으로 던져져 있는 세상 사람의 삶을 낯설고 무의미한 삶으로서 경험할 수 있다고 본다.

프롬처럼 우리의 실존적인 욕망들이 우리 인간이 처해 있는 독특한 상황으로부터 비롯된다고 볼 경우에는, 우리가 왜 그러한 욕망들이 병적이고 비생산적으로 실현될 때는 자신의 삶에 만족할 수 없고 그것들이 건강하고 생산적으로 실현될 때만 우리 자신의 삶에 만족할 수 있는지는 설명되지 않는다. 우리는 우리 인간에게 근본적으로 존재하는 욕망은 프롬이 말하는 것처럼 어떤 중립적인 결합과 합일의 욕망이나 초월과 창조에의 욕망, 그리고 삶의 의미에 대한 욕망이 아니라, 사실은 살아 있는 모든 것과의 진정하고 생산적인 결합과 합일에의 욕망, 그리고 자신의 잠재력과 아울러 살아 있는 다른 모든 것의 잠재력도 함께 구현하는 초월과 창조에의 욕망이며, 살아 있는 모든 것을 성스럽게 보는 이념에 대한 욕망이라고 보아야 할 것이다. 이 경우에만 우리는 그러한 욕망들이 병적이고 비생산적으로 실현될 때 불만을 느끼게 된다고 볼 수 있다.

이와 함께 우리는 우리가 이 세계에 낯설게 던져져 있다고 생각하면서 자신의 삶을 허망하고 무의미한 것으로 느끼게 되는 사건도 프롬과는 달리 설명해야 할 것이다. 이러한 사건은 우리가 세상 사람의 삶을 살면서 망각하고 있던 사랑과 지혜 같은 건강하고 생산적인 이성적 잠재력이 자신을 고지하는 사건이라고 보아야 할 것이다. 다시 말해서 우리가 낯설고 무의미한 세계에 던져져 있다고 경험하는 사건은 우리가 세상 사람의 삶을 무의미한 것으로 경험하면서 참된 삶의 가능성을 구현하려는 실존적인 도약이 시작되는 사건인 것이다.

사실상 프롬에게도 필자와 같은 시각이 존재한다. 앞에서 언급한 것처럼 프롬은 가장 잔인하고 파괴적인 자까지도 성자와 동일한 욕망을 갖는 인간이지만 이러한 욕망을 실현하는 보다 나은 해답을 발견할 수 없었기에 비뚤어지고 병들게 된 인간이라고 말하고 있다. 이 점에서 프롬은 악의 기원을 인간에게 존재하는 공격적인 본능이나 파괴적인 본능에서 찾는 이론들에 대해서 비판적인 입장을 취하고 있다. 프롬도 우리에게는 실존적 욕망을 생산적이고 건강하게 실현하고 싶어 하는 참된 경향성이 본래 존재하지만, 자신을 세계와 대립된 자아로 보는 그릇된 경향 때문에 그러한 참된 경향성을 제대로 실현하지 못하고 있다고 보는 것이다.

자신을 세계와 대립된 자아로 보는 경향 때문에 우리는 다른 인간이나 사물을 지배하거나 자신이 속한 집단을 위해서 다른 집단을 희생시키거나 자신이 신봉하는 정치적·종교적 교의만을 진리로 보는 것과 같은 방식들을 통해서 무력감과 고독감 그리고 허무감을 극복하고 싶어 한다.

즉 프롬도 다른 한편으로는 실존적 욕망을 생산적이고 건강하게 실현하고 싶어 하는 경향이 삶의 근본적인 경향성으로서 존재하고 있고, 실존적 욕망을 비생산적이고 병적으로 실현하는 경향은 그러한 경향성에 근거하고 있다고 보는 것이다. 그리고 바로 이 때문에 프롬은 실존적 욕망을 비생산적이고 병적으로 실현하는 경향도 실존적 욕망을 생산적이고 건강하게 실현하는 경향에 의해서 궁극적으로 극복될 수 있다고 본다. 불교식으로 말하자면 프롬도 생산적이고 건강한 생을 향한 근본적인 경향성이 무명에 의해서 은폐되고 있다고 보는 것이며, 무명만 제거하면 이러한 근본적인 경향성이 구현될 수 있다고 보는 것이다.

필자는 프롬의 인간관은 쇼펜하우어의 인간관에 대한 유력한 대안이 될 수 있다고 본다. 물론 쇼펜하우어의 인간관은 쇼펜하우어 특유의 형이상학에 입각하고 있기 때문에 쇼펜하우어의 인간관에 대한 대안은 쇼펜하우어와는 다른 형이상학에 입각해야 할 것이다. 필자는 이러한 인간관뿐 아니라 형이상학을 원효가 제공하다고 있다고 본다.

원효가 말하는 생멸심과 진여심 각각은 프롬에서는 인간의 실존적 욕망을 병적으로 실현하는 삶과 건강하게 실현하는 삶에 상응한다고 생각한다. 원효는 오직 청정한 진여 자성만이 실제로 존재하는 것일 뿐 우리들이 겪는 온갖 망상과 번뇌는 무명에 의해서 초래된 실재의 왜곡상태라고 본다. 이는 무명에서 비롯된 망념뿐 아니라 무명조차도 사실은 자상(自相), 즉 독립된 존재를 갖지 않고 진여 자성에 의존해서만 존재할 수 있다는 것을 의미한다. 무명은 그 자체로 존재하는 것이 아니라 유일하게 존재하는 것인 진여에 대한 오해에 불과한 것이며 우리가 그러한 오해를 품과 동시에 사라진다는 것이다.[242]

그런데 원효가 말하는 진여는 모든 현상의 근원이며 최대의 전체이자 가장 미세한 존재자들 안에도 깃들어 있다고 할 수 있다. 원효는 진여를 대승이라고 말하면서 그것에 대해서 이렇게 말하고 있다.

"크다고 말하고 싶으나 안이 없는 것에 들어가도 남음이 없고, 작다고 말하고 싶으나 밖이 없는 것을 감싸고도 남음이 있다. 유(有)로 이끌려고 하나 진여(眞如)도 이를 써서 공(空)하고, 무(無)에 두려고 하나 만물이 이(대승의 체)를 타고 생기니, 무엇이라고 말해야 될지 몰라 억지로 이름하여 대승이라고 한다."[243]

진여를 이렇게 모든 현상의 근원으로 본다는 점에서 원효의 철학은 인간관을 넘어서 하나의 형이상학이라고 할 수 있다.

3) 원효의 사상은 쇼펜하우어 철학의 내적 모순을 어떻게 극복하는가

여기서는 쇼펜하우어와 원효의 차이를 원효의 사상이 쇼펜하우어 철학의 내적 모순을 어떻게 극복하느냐와 관련하여 고찰하려고 한다.

쇼펜하우어 철학이 부딪히는 모순은 궁극적으로는 물자체로서의 우

---

242 원효, 앞의 책, 187쪽 참조.
243 원효, 앞의 책, 19쪽.

주적인 의지를 '생을 향한 맹목적 의지'로 간주하면서 그것이 그 자체로 내적인 모순과 갈등에 차 있는 것으로 보는 데서 비롯된다. 우주적인 의지를 그렇게 볼 경우에는 그것에서 비롯되는 모든 것도 결국은 내적인 모순과 갈등에 사로잡힐 수밖에 없게 되며 고통으로부터의 해방도 불가능한 것이 된다. 그럼에도 쇼펜하우어가 고통으로부터 벗어날 수 있는 가능성을 인정할 경우 그는 모순에 부딪히게 된다. 즉 그의 철학은 앞에서 언급했듯이 이성에게 파생적인 지위밖에 인정하지 않는 의지 일원론에서, 이성에게 의지와 대등하거나 경우에 따라서는 의지를 압도할 수 있는 힘까지 인정하는 의지와 이성의 이원론이 되는 것이다.

이와 함께 쇼펜하우어에게는 세계도 두 개로 나뉘게 된다. 그 하나는 자기보존과 종족보존에의 욕망이 지배하는 세계이며, 다른 하나는 이러한 욕망이 부정된 내면적인 평화가 지배하는 세계다. 쇼펜하우어 철학에서는 이 두 세계 사이에 매개가 존재하지 않고 단절만이 존재한다.

자기보존과 종족보존에의 욕망이 지배하는 세계는 모든 것이 각각 자신을 다른 것들에 대해서 대립되는 실체로 여기는 유(有)의 세계이자 속(俗)의 세계라고 할 수 있다. 이에 반해 자기보존과 종족보존에의 욕망을 부정한 세계는 모든 것에 대해서 자신을 내세우는 실체들을 허구로 보면서 부정하는 무(無)의 세계이자 진(眞)의 세계다. 쇼펜하우어에서는 이러한 유와 무, 속과 진이 서로 대립해 있다. 유와 속의 세계는 우리가 사람들과 관계 맺으면서 먹고 마시고 일하는 일상적인 세계다. 이러한 세계의 본질을 쇼펜하우어는 자기보존과 종족보존에의 욕망에 의해서 철저하게 규정되어 있는 세계로 본다. 이에 반해 쇼펜하우어에서 무와 진의 세계는 사람들과 관계 맺으면서 먹고 마시고 일하는 일상적인 세계로부터 분리된 내면적인 정적의 세계다.

이렇게 유와 무, 속과 진을 서로 대립시키고 있기에 쇼펜하우어는 번 뇌세상 자체가 이미 열반세상이며 열반세상이 번뇌세상을 떠나서 따로 존재하지 않는다는 선불교의 가르침을 이해할 수 없었을 것이다. 쇼펜 하우어와 달리 원효는 진정한 깨달음을 일상적인 유의 세계에 대해서 자신을 폐쇄하는 것이 아니라 유의 세계에서 아무것도 분별하고 차별하 지 않는 공성(空性)의 마음으로 모든 것과 관계하는 것으로 본다. 원효는 『금강삼매경론』에서 이렇게 말하고 있다.

"마음이 무(無)에 머무른다는 것은 비록 몸은 윤회세계를 건너다니지만 마 음은 항상 이(理)로서의 무(無), 즉 이무(理無)에 머무른다는 뜻이다. 이무(理 無)란, 이(理)에서 윤회세계의 상(相)이 끊어졌다는 말이다."[244]

상(相)이 끊어졌다는 것은 사물들의 귀천이나 미추를 분별하는 분별 심이 사라졌다는 것을 의미한다. 이렇게 분별심을 버린 상태를 원효는 무에 머무르는 것이라고 말하고, 이러한 무를 진리로서의 이(理)라고 부 르고 있다. 그러나 이렇게 무에 머무르는 상태는 윤회세상과 관계를 끊 는 것을 의미하지 않는다. 원효는 오히려 윤회세상에 들어가 중생들과 함께 먹고 자고 일하면서 중생을 교화할 것을 촉구한다. 다만 원효는 이 렇게 윤회세상에서 중생들과 함께 살되 어떠한 상에도 집착하지 않는 무의 상태를 유지할 것을 요구한다. 원효는 유와 무, 속과 진의 융합을 설파하고 있는 것이다.[245]

원효는 유와 무 그리고 속과 진을 대립시키며 유와 속의 세계를 헛된

---

244 원효, 『금강삼매경론』, 은정희·송진현 역주, 일지사, 2000, 196쪽 이하.

것으로 보면서 내면의 정적, 즉 무와 진의 세계 속으로 도피하는 것을 공에 집착하는 것이라 하여 악취공(惡取空)이라고 비판하고 있다. 원효의 입장에서 보면 쇼펜하우어는 일종의 악취공에 빠져 있다고 할 수 있다. 쇼펜하우어는 깨달음의 세계, 즉 열반세상은 우리가 다른 사람들 및 사물들과의 모든 관계로부터 도피해 들어가는 내면세계에 있는 것이 아니라, 오히려 모든 집착을 벗어난 상태에서 다른 사람들과 관계 맺고 먹고 마시고 일하는 일상적인 삶의 현장에 존재한다는 사실을 이해할 수 없었을 것이다.

쇼펜하우어 철학은 한편으로 의지 일원론을 주장하면서도 의지의 부정을 설파하는 과정에서 부지불식간에 의지에 대해서 이성을 대립시키는 이원론으로 귀착될 수밖에 없었다. 이러한 모순을 원효는 우주의 근원적인 본질을 진여로 보고 인간의 참된 본성을 진여심 내지 여래장으로 보면서 인간이 삶에서 겪는 고통을 자성(自性)을 갖지 않는 무명에서 비롯된 것으로 봄으로써 극복하고 있다. 원효는 진여만이 참으로 존재한다고 보며, 자기보존과 종족보존에의 욕망과 같은 이기적인 욕망은 무명의 소멸과 함께 사라지는 허망한 것으로 본다. 이 점에서 원효는 진여 일원론을 주장한다고 할 수 있다.

이렇게 이기적인 욕망을 허망한 것으로 보면서 원효는 세계의 실상은

---

245 이런 의미에서 김영미는 이렇게 말하고 있다.

"진정한 자유로움은 생사에서 벗어나고 열반에서도 벗어남을 뜻한다. 원효가 주장하는 열반은 얽매인 경지가 아니고 진속 이제에서의 작용에 자유로운 대반야(大般若)이다. 대반야는 원융(圓融)하고 그 경지는 공하며, 공에는 둘이 없어서 무이(無二)가 된다." 김영미, 「『금강삼매경론』의 무이중도(無二中道) 사상 연구」, 『동아시아불교문화』 30, 2017, 139쪽. 여기서 '무이'란 진속이 융합된 경지를 가리킨다.

모든 것이 이기적인 욕망에 사로잡혀 투쟁하는 상태가 아니라 모든 것이 서로 상의상자하고 있는 상태라고 본다. 인간이 모든 존재자가 서로 대립 갈등한다고 보는 것은, 무명에 사로잡혀 자신을 다른 존재자들로부터 고립된 주체로 생각하면서 다른 존재자들에 대해서 자신을 주장하려고 하기 때문이다. 다시 말해 인간이 삶에서 겪는 고통은 쇼펜하우어가 파악하듯이 물자체로서의 의지 자체에 존재하는 갈등과 모순 때문에 생긴 것이 아니라, 인간이 세계와 자기 자신에 대한 근본적인 오해, 즉 무명에 사로잡혀 있기 때문에 생긴다.

그러나 이러한 무명은 어떤 독자적인 실체성을 갖지 않고 어디까지나 인간이 세계와 자기 자신의 본성에 대해서 갖는 오해에 불과한 것이다. 따라서 우리는 무명을 얼마든지 극복할 수 있으며 그러한 무명에 사로잡혀 있는 생멸심과 이러한 생멸심에 수반되는 고통과 고뇌를 극복할 수 있다. 원효에서 고통으로부터의 해방은 세계와 인간이 자신의 참된 실상을 회복하는 것이기에, 그것은 쇼펜하우어에서 보는 것처럼 세계와 인간의 본질과 모순되는 것이 아니다.

아울러 원효에서 우리의 본성은 진여심이기에, 쇼펜하우어가 말하듯이 한갓 자기보존충동이나 종족보존충동이 인간의 가장 근본적인 충동이 아니라 진여심을 실현함으로써 상락아정(常樂我淨)의 상태에 도달하려는 열정이 가장 근본적인 충동이 된다. 상락아정의 상태는 진여심의 마음상태로서, 생멸심과 비교할 때 진여심은 불생불멸이라는 의미에서 상(常)이며, 마음에서 괴로움이 완전히 사라지고 항상 즐겁다는 의미에서 낙(樂)이며, 외적인 인연들에 의해서 흔들리지 않고 도처에서 주인으로 존재한다(隨處作主)는 의미에서 아(我)이며, 마음에서 모든 오염이 사라지고 청정하다는 의미에서 정(淨)이다.

물론 생멸심은 쇼펜하우어가 말하는 것처럼 보통은 자기보존과 종족 보존에의 충동에 의해서 크게 규정되어 있다고 볼 수 있지만, 생멸심이 궁극적으로 지향하는 것도 자기보존과 종족보존이 아니라 자신이 궁극적으로 평안을 얻을 수 있는 상락아정의 상태, 즉 진여심을 구현한 상태다. 생멸심을 근원적으로 몰아대는 욕망은 상락아정의 상태를 구현하려는 욕망이며 진여심을 실현하려는 욕망인 것이다. 그럼에도 불구하고 생멸심이 자기보존과 종족보존에의 충동에 의해서 사로잡혀 있는 것은, 생멸심이 무명에 빠져 있어서 상락아정의 상태가 자기보존이나 종족보존에 의해서 구해질 수 있다고 착각하기 때문이다.

이와 같이 인간의 근본적인 충동과 열정을 쇼펜하우어처럼 자기보존과 종족보존에의 충동으로 보는 것이 아니라 진여심의 마음상태인 상락아정의 상태를 실현하려는 열정으로 봄으로써, 원효는 쇼펜하우어의 인간관과 행복관 그리고 윤리관이 봉착하는 모순에서 벗어나게 된다. 위에서 보았지만 쇼펜하우어는 한편으로는 인간의 이성은 자기보존과 종족보존에의 욕망에 의해서 철저하게 규정되어 있다고 보지만, 다른 한편으로는 궁극적인 행복은 인간이 이성에 의해서 욕망을 부정하는 것에 의해서 성취된다고 보면서 이성이 욕망에 대해서 독립적인 힘을 가지고 있는 것으로 보고 있다.

그러나 원효는 상락아정의 상태를 향한 근원적인 욕망은 우선 대부분의 경우에는 쇼펜하우어가 말하는 것처럼 자기보존이나 종족보존을 향한 욕망으로 나타나지만, 이러한 욕망은 쇼펜하우어가 말하는 것처럼 맹목적인 것이 아니라 세계와 인간에 대한 나름대로의 이해에 입각해 있다고 본다. 즉 그것은 인간과 세계의 궁극적인 본질은 자기보존과 종족보존에 있다는 식의 이해다. 그러나 생멸심은 자기보존과 종족보존에도 불구하고 상락아정을 경험하지 못하기 때문에 자신의 삶에 대해서 권태와 공허감을 느끼게 되며 자기보존충동이나 종족보존의 충동을 넘어서 자신의 진정한 가능성인 진여심을 실현하려고 노력할 수 있게 된다.

쇼펜하우어와 달리 원효는 인간의 근원적인 욕망을 자기보존이나 종족보존에의 욕망이 아닌 상락아정에 대한 욕망으로 보고, 이러한 욕망은 결국 진여심이 실현됨으로써 비로소 충족될 수 있다고 본다. 이러한 진여심은 사랑과 지혜와 같은 인간의 생산적이고 건강한 잠재력의 총체라고 볼 수 있는바, 진여심이 실현되는 과정은 이성이 욕망을 부정하고 근절해 가는 과정이 아니라 우리의 욕망이 정화되고 우리의 통찰력이 증대되는 과정이다. 즉 그것은 우리의 능력 중의 어느 한 부분인 이성이 다른 부분인 의지를 압도하고 제거하는 과정이 아니라 우리의 생산적이고 건강한 잠재력의 총체가 구현되어 가는 과정인 것이다.

따라서 원효는 쇼펜하우어처럼 욕망을 맹목적인 것으로 보면서 이성을 욕망의 도구로 보거나 아니면 이성을 욕망과 대립적인 것으로 보지 않는다. 원효는 상락아정의 상태를 향한 욕망이 실현되는 과정을 인간에게 존재하는 이성적 통찰력이 최대한으로 구현되어 가는 과정으로도 보고 있다. 욕망과 이성은 수단과 도구의 관계가 아니라 인간의 욕망은 항상 이성적인 욕망, 즉 세계와 인간에 대한 일정한 이해를 포함하고 있는 욕망인 것이다. 따라서 상락아정의 욕망이 진정으로 실현되는 과정은 세계와 인간에 대한 우리의 이성적인 이해가 건강해지고 심원해져 가는 과정이고, 또한 이렇게 이성적인 이해가 건강해지고 심화되는 과정은 욕망이 근절되어 가는 과정이 아니라 정화되어 가는 과정이다.[246]

아울러 쇼펜하우어가 말하는 것처럼 인간이 궁극적으로 자기보존과 종족보존에의 욕망에 의해서 규정되어 있다면, 다른 사람에 대해서 연민을 품으면서 윤리적으로 선한 행위를 하는 것은 불가능하게 된다. 따라서 쇼펜하우어는 윤리적으로 선한 행위를 가능한 것으로 만들기 위해서는 다시 이성을 욕망과 대립되는 것으로 상정할 수밖에 없었다. 또한 쇼펜하우어는 고통으로부터의 구원은 욕망 자체에서 비롯되는 것으로 보기 때문에 욕망을 제거하는 것에 의해서만 구원이 가능하다고 본다. 그러나 욕망이 생명의 근원이라면 욕망을 근절하는 것은 죽음과 같은 상태로 들어가는 것이 된다.

생멸심의 근원적인 욕망이 상락아정을 향한 욕망이고 이러한 욕망이 생멸심의 잠재적인 가능성인 진여심의 실현을 통해서만 구현될 수 있다면, 진여심의 실현은 현실에서 벗어나 내면적인 평화로 도피하는 것을 의미하지 않는다. 진여심과 생멸심은 서로 대립되는 것이 아니라 진여심이 생멸심의 잠재적이고 근원적인 가능성이기 때문에, 진여심을 실현한다는 것은 현실세계로부터 도피하는 것이 아니라 현실세계와 새로운 관계를 맺게 되는 것을 의미한다. 진여심을 실현한다는 것은 생멸심처럼 다른 존재자들에 대해서 자신의 허구적인 자아를 주장하는 것이 아니라 존재자들의 진리를 드러내고 그것들을 사랑하는 것을 자신의 본질로 갖는다.

다시 말해서 진여심의 실현은 생멸심의 포기가 아니라 생멸심의 정화이고 그것의 긍정적인 잠재력을 극대화하는 것이며 그것을 다른 존재자

---

246 케첨 역시 의지의 부정을 주창하는 쇼펜하우어에 반해서 깨달은 자가 의지를 상실하게 된다고 말하기는 어렵다고 주장하고 있다. 이는 깨달은 자도 여전히 살아가고 의도하고 행동하기 때문이다. 다만 그는 집착하지 않을 뿐이다. Christopher Ketcham, "Schopenhauer and Buddhism—Soulless Continuity," *Journal of Animal Ethics* 8(1), 2018, 21쪽 참조.

들에 대한 사랑과 자비로 충만한 지혜로 전환시키는 것이다. 생멸심이 항상 다른 존재자들과 인간들과의 관계 속에서 사는 한, 깨달음이란 생멸의 세계인 삶을 떠나서 고립된 내면의 정적이나 공허한 무 속으로 도피해 들어가는 것이 아니다. 따라서 그것은 쇼펜하우어에서 볼 수 있는 것처럼 생명의 본질인 욕망을 제거하는 것이 아니라 생명의 본질인 욕망이 추구하는 바를 진정하게 구현하는 것이며 가장 활발한 생명의 상태를 구현하는 것이다.

진여심에서 인간이 경험하는 평정은 죽음과 같은 평정이 아니라 가장 활발한 생명력과 결합되어 있는 평정이다. 진여심에서는 평정과 가장 활발한 생명력이 역설적으로 통일되어 있는 것이다. 이 점에서 불교를 현실로부터 내면적인 평화로 침잠하는 철학이라고 보는 쇼펜하우어나 니체의 불교 이해는 궁극적으로 잘못되었다는 것이 드러난다.

원효에서 깨달음이란 우리의 이성 내지 생멸심을 부정하고 무로 돌아가는 것이 아니라 그러한 생멸심의 진정한 가능성을 구현하는 것을 의미한다. 깨달음이란 생멸심이 자신을 완전히 제거하는 것이 아니라 자신에게 잠재되어 있는 근원적인 무한한 능력을 온전히 구현하게 되는 것이다. 깨달음의 상태에서 선(善)이란 다른 사람의 세간적인 욕구를 충족시켜서 고통을 덜어 주는 것이 아니라 그 사람이 자신의 진여심을 구현하여 자신의 진정한 잠재력을 실현하게 하는 것이다. 물론 이 경우 다른 사람의 세간적인 욕구를 충족시켜 주는 것도 그것이 그 사람이 깨달음을 향해 갈 수 있는 생존의 토대를 마련해 주는 것인 한에서는 의미를 갖는다.

이에 반해 쇼펜하우어는 선이라는 것을 결국 다른 사람의 고통을 줄여 주는 것이라고 보고 있지만, 인생을 욕망과 권태 사이에서 오락가락하는 시계추와 같은 것으로 보는 쇼펜하우어의 염세주의적 인생관에서는 결국은 도와주어 봤자 소용없다는 결론밖에 나오지 않는다. 욕망이 실현되지 않아서 괴로워하고 있는 사람을 도와주어 봤자 이 사람은 이제 권태에 빠지게 될 뿐이다. 따라서 쇼펜하우어는 인간은 윤리적으로 선한 행위를 해야 한다고 주장하지만, 그의 철학체계로부터는 실은 어떠한 선한 행위도 사실은 쓸데없다는 결론이 나오게 된다.

쇼펜하우어 철학이 부딪히고 있는 이러한 난점도 원효의 철학 내에서는 무리 없이 해소된다. 원효에서 선행의 목적은 다른 사람이 그 자신의 진여심을 깨닫도록 정신적으로, 그리고 필요하다면 물질적으로도 도와주는 것이기 때문이다. 이렇게 해서 다른 사람이 진여심을 깨닫게 될 경우 그것에 수반되는 환희는 얼마 안 가 권태로 전환되는 성질의 것이 아니다.

또한 쇼펜하우어는 욕망과 이성을 서로 대립되는 것으로 보기 때문에 다른 사람을 돕는 것은 자신의 욕망을 억누르고 남을 위해서 자신을 희생하는 이타적인 성격을 갖게 된다. 이에 반해 원효에서 남을 돕는다는 것은 자신의 진여심을 구현하는 것이고, 이렇게 진여심을 구현하는 과정에서 우리는 오히려 상락아정의 환희를 맛보기에 그것은 자신을 희생하는 것이 아니라 자신을 실현하는 것이다. 따라서 원효에서 남을 돕는다는 것은 단순히 이타적인 것에 그치지 않고 자신에게도 이로운 것이 된다. 즉 그것은 자리이타(自利利他)의 성격을 갖게 되는 것이다. 원효뿐 아니라 불교에서 자비심을 낸다는 것은 자기희생이 아니라 자기실현이다.

장타이옌이나 김진을 비롯한 연구자들은 쇼펜하우어의 동정 개념과 불교의 보살 정신이나 자비 개념이 유사성을 갖는다고 보면서 양자 사이의 차이에는 주목하지 않고 있다.[247] 김진은 이렇게 말하고 있다.

"실천적 수행의 문제와 관련하여 쇼펜하우어가 추구하는 동정심의 윤리는 불교의 회향과 보시, 연민과 자비의 사상과 많은 유사성을 가지고 있다."[248]

필자는 쇼펜하우어의 동정 개념과 불교의 보살 정신 사이에 일정한 유사성이 존재한다는 것을 인정하면서도 양자 사이에는 간과할 수 없는 차이가 존재한다고 본다. 이러한 차이는 양자가 서 있는 형이상학적인 지반이 근본적으로 다르다는 데서 비롯된다.

쇼펜하우어는 동정의 근거를 '물자체의 차원에서는 모든 것들이 하나'라는 데서 찾고 있다. 불교 역시 보살 정신의 근거를 자타불이의 정신으로 보기 때문에 언뜻 보기에 쇼펜하우어가 말하는 동정과 불교가 말하는 보살 정신은 동일한 근거에 입각해 있는 것으로 보인다.

케첨과 같은 사람도 부처의 보살 정신과 쇼펜하우어가 말하는 동정은 모든 것의 연속성에 근거하고 있다고 말하고 있다. 쇼펜하우어도 모든 것이 물자체로서의 의지에서는 하나라고 보고 있으며, 불교는 자기 동일적인 실체를 부정하면서 모든 것이 연속되어 있다고 보고 있다는 것이다.[249] 케첨은 불교와 쇼펜하우어의 윤리학은 모든 존재의 연속성에 입각한 보편적인 윤리를 주창한다는 점에서 일치한다고 말하고 있다.[250]

그러나 쇼펜하우어가 말하는 물자체는 그 자체로 선한 것도 아니며

---

247 김영진, 앞의 글, 242쪽 참조.
248 김진, 앞의 글, 168쪽 참조.
249 Christopher Ketcham, 앞의 글, 22쪽 참조.
250 Christopher Ketcham, 앞의 글, 13쪽 참조.

자체적인 갈등과 자기 자신에 대한 불만으로 가득 차 있다. 따라서 이러한 물자체가 동정이라는 사랑의 행위의 근거가 되기는 어렵다. 이에 반해 불교에서는 자타불이의 근거를 한편으로는 아집과 법집에서 벗어난 마음의 상태에서는 모든 것이 상의상자하는 것으로 나타난다는 데서 찾지만, 더 나아가 모든 것이 불성을 갖고 있다는 데서도 찾고 있다. 깨달은 자의 눈에는 모든 것이 성스러운 것으로 나타나는 것이다.

불교는 깨달은 자의 눈에 모든 것이 성스러운 것으로 나타나게 되는 근거를 모든 것이 불성을 갖고 있다는 데서 찾고 있다. 필자는 도덕적 행위의 궁극적 근거는 '모든 것의 성스러움에 대한 인식에 입각한' 자타불이의 정신이라고 본다. 그러나 물자체를 자신에 대한 불만에 가득 찬 맹목적인 의지로 보는 쇼펜하우어의 철학에서는 모든 사물의 성스러움을 말할 수 없게 된다.

필자는 모든 것의 연속성이 우리가 모든 것에 대해서 선을 행해야 할 충분한 근거가 되기는 어렵다고 본다. 그것은 모든 것이 연결되어 있기 때문에 다른 것들을 존중하지 않는 것은 결국 나에게도 해로운 결과를 초래할 수 있으므로 다른 것들도 존중해야 한다고 생각하는 이기주의적인 윤리의 근거가 될 뿐이다. 필자는 우리가 살아 있는 모든 것에 대해서 선을 행해야 할 충분한 근거가 될 수 있는 것은 오직 모든 생물이 가질 수 있는 신성 내지 성스러움뿐이라고 생각한다. 신성한 것 내지 성스러운 것은 그 자체로 우리의 존중을 요구하는 것이다.

불교는 모든 생물의 불성 내지 성스러움을 인정하는 반면에, 쇼펜하우어는 '모든 것이 하나'라는 것을 인정할 뿐 모든 것의 성스러움을 인정하는 것은 아니다. 불교는 모든 생물의 성스러움을 인정하기 때문에 어떠한 생물도 죽여서는 안 된다고 본다. 이에 반해 쇼펜하우어는 모든 생물의 성스러움을 인정하지 않기 때문에, 인간처럼 신경이 예민하게 발달한 존재와 그러지 않은 동물들 사이에 고통의 정도에서 차이가 있다고 보면서 인간이 겪는 고통을 줄이기 위해서 다른 동물을 죽일 수 있다고 본다.

따라서 필자는 김진이나 케첨과 같은 사람들과 달리 쇼펜하우어의 동정과 불교가 말하는 보살 정신은 근본적으로 다른 형이상적 토대 위에서 있으며 이 때문에 양자가 구현되는 방식도 달라질 수밖에 없다고 본다. 쇼펜하우어의 동정이 다른 존재자가 겪는 목전의 고통을 줄여 주는 것을 목표한다면, 불교는 다른 존재자가 깨달음에 도달하도록 돕는 것을 목표한다.

원효는 자비심을 일으켜 중생과 고락을 함께하지 않고 수행에만 몰두하는 것도 경계하지만, 다른 한편으로는 수행을 통해 생멸심을 극복하지 않은 상태에서 중생과 고락을 함께하는 자비심만 일으킨다면 범부의 우환에 떨어지게 된다고 본다.[251] 자비심이 없는 깨달음은 자리(自利)에만 빠져 옹색하고, 깨달음이 없는 자비심은 중심을 결여한 채 이타에만 흘러 또 다른 번뇌를 일으키게 된다는 것이다. 이렇게 진과 속을 융합한 삶을 원효는 무이중도(無二中道)라고 부르는데, 김영미는 원효의 삶이야말로 무이중도를 구현한 삶이라고 보면서 이렇게 말하고 있다.

"원효는 항상 머물렀지만 머문 상(相)이 없었고, 정해진 머문 곳이 없어서 모든 곳에 머무름이 가능했다. 『금강삼매경론』에 일관되게 흐르는 무이중도는 '원효스러운 자유로움'이었다. 무이중도는 원효만의 근본 있는 자유

---

251 원효, 앞의 책, 504쪽 참조.

로운 경지를 설명하기에 아주 적합한 사상이다. 원효의 삶 자체가 무이중
도를 실천한 수행이었고, 그의 포용력은 모든 것을 받아들여 열반의 상조
차도 녹인다. 열반에도 얽매이지 않는 원효의 무이중도였다. 원효는 무이
중도로 지금도 중생들 곁에 머물러 있다."[252]

이상에서 우리는 원효와 쇼펜하우어의 차이를 주로 양자의 인간관에
초점을 맞추어 고찰했다. 필자는 이러한 인간관의 차이는 궁극적으로는
양자의 형이상학의 차이에 근거하고 있다고 본다. 쇼펜하우어는 현상계
와 본체계를 서로 구별하고 있는데, 원효에서도 생멸심은 현상계에, 진
여심은 본체계에 해당된다고 볼 수 있다. 쇼펜하우어와 원효에서 현상
계와 본체계 사이의 관계를 파도와 바다의 관계에 비유할 수 있다고 생
각한다. 특히 원효 자신이 현상계와 본체계 사이의 관계를 파도와 바다
의 관계에 비유하고 있다.

"불생불멸이란 위에서의 여래장을 말하며, 이 생멸하지 않는 마음이 움직
여서 생멸을 일으켜 서로 버리거나 여의지 않음을 '더불어 화합한다'고 이
름하니, 이는 아래의 글에서 '마치 큰 바닷물이 바람에 의하여 물결이 일어
나지만 물의 모양과 바람의 모양이 서로 버리거나 여의지 아니함과 같다'
고 하고 널리 설한 것과 같다. 이 중에서 바닷물의 움직임은 풍상(風相)이
요, 움직일 때의 젖어 있는 것은 수상(水相)이다. 바닷물 전체가 움직이므
로 바닷물이 풍상을 여의지 않았고, 움직이는 것마다 젖어 있지 않음이 없
기 때문에 움직이는 물결이 수상을 여의지 않는다. 마음도 이와 같아서 생

252 김영미, 앞의 글, 151쪽.

멸하지 않는 마음 전체가 움직이기 때문에 마음이 생멸상을 여의지 않고, 생멸의 상이 영묘한 알음알이(神解)가 아닌 것이 없기 때문에 생멸이 심상 (心相)을 여의지 아니하는 것이니, 이와 같이 서로 여의지 않기 때문에 '더불어 화합한다'고 이름하는 것이다."[253]

여기서 원효는 진여심을 바다와 같은 것에 비유하고 있으며 생멸심은 파도에 비유하고 있다. 바다와 파도는 서로 다르면서도 서로 다른 것이 아니다. 우리는 일상적으로 파도만을 실재한다고 보면서 파도의 출렁임에 정신이 팔려 정신이 요동한다. 이것이 일상적인 범부의 마음인 생멸심이다. 이러한 생멸심은 파도만이 실재한다고 보고 파도의 출렁임에 집착하면서 바다를 망각해 버린다. 여기서 원효가 바다에 비유하고 있는 진여심은 우주의 본체이기도 한 진여라고도 할 수 있다. 원효는 다만 동물들 중에서 인간의 마음만이 이러한 진여를 그대로 반영할 수 있는 마음으로 존재할 수 있다고 보는 것이며, 인간의 마음에 존재하는 그러한 가능성을 진여심이라고 부르고 있는 것이다.

쇼펜하우어에서도 현상계와 본체계 사이의 관계를 파도와 바다 사이의 관계에 비유할 수 있지만, 쇼펜하우어는 이러한 바다를 원효처럼 조용한 바다가 아니라 자신에 대한 끊임없는 불만과 갈등 속에서 요동치는 바다라고 보고 있다. 쇼펜하우어는 본체계 자체가 자기갈등과 고통에 차 있다고 보는 것이다. 쇼펜하우어의 염세주의는 본체계에 대한 이러한 염세주의적 파악에 근거하는 형이상학적 염세주의의 성격을 띠고 있다.

---

253 원효, 『대승기신론 소·별기』, 123쪽.

이에 반해 원효에서 본체계는 진여심이다. 이는 세계 자체가 이미 열반의 성격을 띠고 있다는 것을 의미한다. 그야말로 한 생각만 돌려서 우리가 다른 인간들과 사물들로부터 고립된 실체가 아니라 자타불이의 진여라는 사실을 깨닫기만 하면 우리가 살고 있는 이 세계는 이미 열반세계인 것이다. 이 점에서 원효의 철학은 근본적으로 형이상학적 낙천주의의 성격을 띠고 있다고 할 수 있다. 원효와 쇼펜하우어 사이의 차이는 근본적으로 이러한 형이상학적인 견해의 차이에 근거한다고 볼 수 있다.

원효에서는 깨달음을 통해서 열반세계에 도달한다는 것은 진여심의 세계라는 본래의 세계로 귀환하는 것을 의미한다. 그러나 쇼펜하우어에게 본래 세계는 열반세계가 아니라 그 자체로 고통에 차 있는 의지의 세계이며, 이러한 의지 이전에 어떤 완전한 상태가 존재하지 않는다. 김영진에 따르면, 장타이옌은 이러한 사실을 고려하면서 쇼펜하우어의 열반은 『대승기신론』처럼 자성청정심을 상정하는 여래장 사상보다는 그런 것을 전혀 상정하지 않고 고(苦)나 무명에서 논의를 시작하는 초기 불교의 방식과 닮았다고 말하고 있다.[254]

그러나 필자는 열반에 대한 쇼펜하우어의 논의가 과연 초기 불교의 방식과 유사한지에 대해서는 회의적이다. 초기 불교가 자성청정심이나 여래장을 언급하지 않는 것은 사실이지만, 초기 불교 역시 깨달음에 대해서 말할 수 있기 위해서뿐 아니라 사람들에게 깨닫도록 촉구하기 위해서는 깨달음의 가능성을 담지하면서 깨달음을 가능하게 하는 어떤 능력이 인간에게 존재한다고 상정하지 않을 수 없다. 또한 초기 불교 역시 무명을 하나의 착각에 불과한 것으로 보기 때문에, 초기 불교는 깨달음

---

254 김영진, 앞의 글, 246쪽 이하 참조.

의 가능성으로서의 진여심 내지 여래장이 우리의 본래 면목에 해당한다고 보는 사상과 모순되지 않는다.

이에 반해 쇼펜하우어의 형이상학 체계에서 물자체는 맹목적인 의지의 성격을 갖고 있고, 이성은 의지의 도구로서 간주되고 있다. 따라서 엄밀하게 말해서 쇼펜하우어의 체계 내에서는 자체적인 모순을 범하지 않고서는 맹목적인 의지의 지배에서 벗어난 상태인 깨달음이나 깨달음의 가능성에 대해서 말하는 것은 불가능하다. 영(Julian Young) 역시 의지로부터의 구원이 가능하기 위해서는 의지가 물자체여서는 안 된다는 입장을 취하고 있다.[255] 따라서 열반에 대한 초기 불교의 논의와 쇼펜하우어의 논의 사이에 유사성이 존재한다는 장타이옌의 주장은 설득력을 갖기 힘들다고 여겨진다.

열반과 관련하여 쇼펜하우어 철학이 갖는 이러한 모순점 때문에 장타이옌 역시 궁극적으로는 "제1원질로 의지나 욕망이 아니라 순수 청정을 성격으로 갖는 심성을" 제시할 수밖에 없게 된다.[256] 즉 그는 『대승기신론』에 의거하여 본래 청정한 심성에서 무명의 발생을 설명하게 되는 것이다. 그런데 다른 한편으로 장타이옌은 쇼펜하우어가 말하는 맹목적 의지를 십이연기의 무명 개념과 대응시키고 있다.[257] 그러나 필자는 불교는 초기 불교든 대승불교든 무명과 맹목적 의지를 등치시키지 않으며 오히려 무명에서 맹목적 의지가 비롯된다고 생각한다.

---

255 Julian Young, *Schopenhauer*, Routledge, 2005, 99쪽 참조.
256 김영진, 앞의 글, 240쪽 참조.
257 김영진, 앞의 글, 239쪽 참조.

1. 불교 관련 문헌

가마타 시게오, 『대승기신론이야기』, 장휘옥 옮김, 장승, 1987.

가와이 하야오, 『불교와 심리치료』, 최정윤·이재갑 옮김, 시그마프레스, 2004.

가토 도요후미, 『명상의 심리학―대승기신론의 이론과 실천』, 김세곤 옮김, 양서원, 2005.

감산, 『감산의 기신론 풀이』, 오진탁 옮김, 서광사, 1992.

고형곤, 『선의 세계』, 운주사, 1996.

권오민, 『인도철학과 불교』, 민족사, 2004.

길희성 외, 『오늘에 풀어보는 동양사상』, 철학과현실사, 1999.

김동화, 『불교학개론』, 보연각, 1984.

김종욱, 『불교에서 보는 철학, 철학에서 보는 불교』, 불교시대사, 2002.

다카사키 지키도, 『유식입문』, 이지수 옮김, 시공사, 1989.

다케무라 마키오, 『유식의 구조』, 정승석 옮김, 민족사, 1989.

명법 스님, 『미술관에 간 붓다』, 나무를심는사람들, 2014.

미네시타 히데오, 『서양철학과 불교』, 김승철 옮김, 황금두뇌, 2000.

박용희, 「독일 불교학자들의 불교인식―불교연구 초기단계 두 독일 문헌학자를 중심으로」, 『독일연구』 36, 2017.

박찬국, 「윤명로 선생의 『현상학과 유식론』(시와 진실, 2006)에 대한 서평」, 『인문논총』 58, 2007.

박태원, 『정념(正念)과 화두―그 동일 지평에 관한 연구』, 울산대학교출판부, 2005.

사이구사 미쓰요시, 『세친의 삶과 사상』, 송인숙 옮김, 불교시대사, 1993.

서광 스님, 『현대심리학으로 풀어본 대승기신론』, 불광출판부, 2004.

_____,『현대심리학으로 풀어본 유식 30송』, 불광출판부, 2004(4판).

스태프니, J. 외,『서양철학과 禪』, 김종욱 옮김, 민족사, 1994.

심재룡,『중국불교철학사』, 철학과현실사, 1994.

안옥선,『불교윤리의 현대적 이해─초기불교에의 한 접근』, 불교시대사, 2002.

_____,『불교와 인권』, 불교시대사, 2008.

야나기 무네요시,『미의 법문─야나기 무네요시의 불교미학』, 최재목·기정희 옮김, 이
    학사, 2005.

오다 규기,『불교의 심층심리』, 정병조 옮김, 현음사, 1992.

요코야마 고우이치,『유식철학』, 묘주 옮김, 경서원, 2007.

요한슨, 루네 E.,『불교 심리학』, 박태섭 옮김, 시공사, 1996.

윤원철,「선불교에서 마음의 전개─마음을 가져와라」,『마음, 어떻게 움직이는가』, 박찬
    욱 기획/김종욱 편집, 2009.

이덕진,「선불교의 욕망이해─욕망의 바다에서 유영하기」,『욕망, 삶의 동력인가, 괴로
    움의 뿌리인가』, 박찬욱 기획/김종욱 편집, 운주사, 2008.

이동희,「근대독일철학자의 대립적 불교 이해와 수용」,『헤겔연구』29, 2011.

이중표,『붓다가 깨달은 연기법』, 전남대학교출판부, 2015.

이홍우,『대승기신론 통석』, 김영사, 2006.

정준영,「초기불교의 욕망이해─욕망의 다양한 의미」,『욕망, 삶의 동력인가, 괴로움의
    뿌리인가』, 운주사, 2008.

정철호,「허무주에 대한 니이체와 초기 불교의 연관성」,『니이체 철학의 현대적 이해와
    수용』, 세종출판사, 1999.

정호영,『여래장 사상』, 대원정사, 1993.

콘즈, E.,『한글세대를 위한 불교』, 한형조 옮김, 세계사, 1990.

_____,『인도불교철학사』, 안성두·주민황 옮김, 민족사, 1988.

콘즈, E. 외,『불교사상과 서양철학』, 김종욱 옮김, 민족사, 1993.

한자경,「유식불교에서 마음의 전개─마음 활동의 두 층위」,『마음, 어떻게 움직이는
    가』, 박찬욱 기획/김종욱 편집, 운주사, 2009.

_____, 「유식불교의 욕망이해―욕망세계의 실상과 그 너머로의 해탈」, 『욕망, 삶의 동력인가, 괴로움의 뿌리인가』, 운주사, 2008.

_____, 『불교철학과 현대윤리의 만남』, 예문서원, 2008.

_____, 『불교의 무아론』, 이화여자대학교출판부, 2006.

_____, 『유식무경』, 예문서원, 2002.

한종만, 「원효의 각〈宗要序〉에서 본 현실관」, 『원효학연구』 5, 2001.

_____, 「『대승기신론』에 대한 원효의 화엄학적 이해」, 『원효학연구』 6, 2001.

_____, 「元曉의 圓融會通사상」, 『원효학연구』 2, 1997.

허인섭, 「대승기신론별기(大乘起信論別記)에 나타난 원효의 '여래장' 개념 이해」, 『철학사상』 9, 1999.

2. 원효 관련 문헌

1) 원효의 저작

『대승기신론 소·별기』, 은정희 역주, 일지사, 1991.

『금강삼매경론』, 은정희·송진현 역주, 일지사, 2000.

2) 원효에 관한 2차 문헌

고승학, 「『대승기신론』에서 깨달음과 薰習의 관계」, 『불교학 연구』 4, 2002.

고영섭, 『나는 오늘도 길을 간다―원효, 한국 사상의 새벽』, 한길사, 2009.

_____, 「원효 일심의 신해성 연구」, 『불교학연구』 20, 2008.

_____, 「원효의 통일학」, 『한국의 사상가 10인 원효』, 고영섭 편저, 예문서원, 2002.

_____, 「원효의 화엄학」, 『원효학연구』 5, 2000.

고익진, 「원효의 『기신론소·별기』를 통해 본 진속원융무애관과 그 성립이론」, 『한국의 사상가 10인 원효』, 예문서원, 2002.

_____, 『한국의 불교사상』, 동국대학교출판부, 1988.

김상현, 『원효연구』, 민족사, 2000.

김영미, 「삼론학의 不二中道와 원효의 無二中道 고찰」, 『신라문화』 50, 2017.

_____, 「『금강삼매경론』의 無二中道 사상 연구」, 『동아시아불교문화』 30, 2017.

김영태, 「'열반경종요'에 나타난 화회의 세계」, 『한국의 사상가 10인 원효』, 예문서원, 2002.

김영필, 「원효의 자아론에 대한 서양철학적 이해」, 『원효학연구』 11, 2006.

김원명, 「원효『기신론해동소』에 나타난 원음(圓音)의 현대적 이해에 관한 연구」, 『불교학연구』 19, 2008.

_____, 「현대 문명 위기 극복을 위한 원효와 하이데거의 존재이해」, 『하이데거연구』 15, 2007.

김현준·이죽내, 「元曉의 心性論에 관한 分析心理學的 硏究」, 『神經精神醫學』 34(2), 1995.

_____, 「元曉가 본 阿黎耶識의 分析心理學的 考察」, 『神經精神醫學』 33(2), 1994.

김형효, 『원효의 대승철학』, 소나무, 2006.

남동신, 「원효의 기신론관과 일심사상」, 『韓國思想史學』 22, 2004.

_____, 『영원한 새벽-원효』, 새누리, 1999.

류제동, 「초월적 실재로서의 일심(一心)-월프레드 캔트웰 스미스의 불교관에 비추어본 대승기신론 이해」, 『불교학연구』 9, 2004.

박쌍주, 「원효(元曉)의 훈습론(熏習論) 연구」, 『教育學研究』 34(1), 1996.

박종홍, 『한국사상사-불교사상편』, 서문당, 1999(개정판).

박찬국, 『원효와 하이데거의 비교 연구』, 서강대학교출판부, 2010.

박태원, 「원효의『금강삼매경』6品 해석학」, 『철학논총』 77, 2014.

_____, 『원효-하나로 만나는 길을 열다』, 한길사, 2012.

_____, 「원효의 선(禪)사상-『금강삼매경론』을 중심으로」, 『철학논총』 68, 2012.

_____, 『원효와 의상의 통합 사상』, 울산대학교출판부, 2004.

_____, 「『대승기신론』 사상을 평가하는 원효의 관점」, 『한국의 사상가 10인 원효』, 예문서원, 2002.

_____, 「『金剛三昧經』·『金剛三昧經論』과 원효사상 (2)」, 『원효학연구』 6, 2001.

_____, 「『金剛三昧經』·『金剛三昧經論』과 원효사상 (1)」, 『원효학연구』 5, 2000.

_____,『대승기신론사상연구 (I)』, 민족사, 1994.

박해당,「元曉의 障碍理論」,『泰東古典硏究』 8, 1992.

석길암,「원효의 화쟁을 둘러싼 현대의 논의에 대한 시론적 고찰」,『불교연구』 28, 2008.

_____,「眞如·生滅 二門의 關係를 통해 본 元曉의 起信論觀」,『불교학연구』 5, 2002.

송진현,「元曉의 心識說 硏究—大乘起信論 疏·別記를 中心으로」,『동양철학』 1, 1990.

신오현,『원효 철학 에세이』, 민음사, 2003.

신옥희,『일심과 실존』, 이화여자대학교출판부, 2000.

윤용섭,「起信論疏를 통해본 元曉의 敎育觀」,『원효학연구』 7, 2002.

윤종갑,「원효 사상의 철학적 체계」,『密敎學報』 7, 2005.

은정희,「金剛昧經論의 不住涅槃說」,『원효학연구』 11, 2006.

_____,「원효의『二障義』 연구」,『원효학연구』 8, 2003.

_____,「元曉의『大乘起信論疏』를 통해 본 一心의 원리」,『원효학연구』 3, 1998.

_____,「元曉의『大乘起信論 疏·記』에 나타난 信觀」,『원효학연구』 2, 1997.

_____,「원효의 본체·현상 불이관(不二觀)」,『철학연구』 18(1), 1996.

_____,「元曉의 中觀·唯識說」,『서울교육대학교 논문집』 18, 1985.

_____,「원효의 삼세(三細)·아려야식설(阿黎耶識說)」,『철학』 19(1), 1983.

_____,「대승기신론(大乘起信論)의 진여연기설(眞如緣起說)」,『철학연구』 4(1), 1978.

이기영,『대승기신론강의 상권』, 한국불교연구원, 2004.

_____,『대승기신론강의 하권』, 한국불교연구원, 2004.

_____,「원효의 윤리관」,『한국의 사상가 10인 원효』(고영섭 편저), 예문서원, 2002.

_____,『원효사상 1—세계관』, 홍법원, 1967.

이도흠,「원효의 화쟁사상과 탈현대철학의 비교연구」,『원효학연구』 6, 2001.

이부영,「一心의 分析心理學的 照明—元曉 大乘起信論 疏·別記를 中心으로」,『불교연구』 11·12, 1995.

이부키 아츠시「원효와『금강삼매경』」,『원효학연구』 11, 2006.

이종익,「원효의『십문화쟁론』 연구」,『한국의 사상가 10인 원효』(고영섭 편저), 예문서원, 2002.

이종철,「선종 전래 이전의 신라의 선 —금강삼매경론에 보이는 원효의 선학」,『선학』2, 2002.

이죽내,「원효의 여래장 개념에 대한 분석심리학적 고찰」,『심성연구』14, 1999.

정영근,「원효의 사상과 실천의 통일적 이해」,『한국의 사상가 10인 원효』, 예문서원, 2002.

_____,「『大乘起信論』의 無明 理解」,『태동고전연구』4, 1988.

정천구,「원효의 『금강삼매경론』연구—반야공을 중심으로」,『민족사상』6(1), 2012.

최유진,「『金剛三昧經論』의 心識說」,『원효학연구』11, 2006.

_____,「원효와 노자」,『원효학연구』9, 2004.

_____,「원효에 있어서 화쟁과 언어의 문제」,『한국의 사상가 10인 원효』, 예문서원, 2002.

_____,『원효 사상 연구—화쟁을 중심으로』, 경남대학교출판부, 1998.

_____,「『금강삼매경론(金剛三昧經論)』에 나타난 원효의 일심(一心)」,『인문논총』11, 1998.

한국사상사대계간행위 편,『원효의 사상과 그 현대적 의미』, 한국정신문화연구원, 1994.

허인섭,「대승기신론별기(大乘起信論別記)에 나타난 원효의 '여래장' 개념 이해」,『철학사상』9, 1999.

황영선 편저,『원효의 생애와 사상』, 국학자료원, 1996.

3. 쇼펜하우어 관련 문헌

1) 쇼펜하우어의 저작

Werke in Zehn Bänden, Arthur Hübscher hg., Diogenes, Zürich, 1977.

1권: Die Welt als Wille und Vorstellung I, Erster Teilband

2권: Die Welt als Wille und Vorstellung I, Zweiter Teilband

3권: Die Welt als Wille und Vorstellung II, Erster Teilband

4권: Die Welt als Wille und Vorstellung II, Zweiter Teilband

6권: Über die Freiheit des menschlichen Willens, Über die Grundlagen der Moral

7권: Parerga und Parlipomena I, Erster Teilband

8권: Parerga und Parlipomena I, Zweiter Teilband

9권: Parerga und Parlipomena II, Erster Teilband

10권: Parerga und Parlipomena II, Zweiter Teilband

「의지와 표상으로서의 세계」(『세상을 보는 방법』에 수록됨), 권기철 옮김, 동서문화사, 2005.

「삶의 예지」(『세상을 보는 방법』에 수록됨), 권기철 옮김, 동서문화사, 2005.

『인생론』, 원창엽 옮김, 영홍문화사, 1976.

2) 쇼펜하우어에 관한 2차 문헌

김진, 『쇼펜하우어의 《의지와 표상으로서의 세계》 읽기』, 세창미디어, 2013.

뫼부스, 수잔네, 『쉽게 읽는 쇼펜하우어―의지와 표상으로서의 세계』, 공병혜 옮김, 이학사, 2004.

박범수, 『쇼펜하우어의 생애와 사상』, 형설출판사, 1984.

박은미, 『삶이 불쾌한가―쇼펜하우어의 의지와 표상으로서의 세계』, 삼성출판사, 2006.

박찬국, 「쇼펜하우어의 형이상학적 욕망론에 대한 고찰」, 『철학사상』 36, 2010.

아벤트로트, 발터, 『쇼펜하우어』, 이안희 옮김, 한길사, 1998.

윅스, 로버트 L., 『쇼펜하우어의 『의지와 표상으로서의 세계』 입문』, 김효섭 옮김, 서광사, 2014.

자프란스키, 뤼디거, 『쇼펜하우어 전기―쇼펜하우어와 철학의 격동시대』, 정상원 옮김, 꿈결, 2018.

제너웨이, 크리스토퍼, 『쇼펜하우어』, 신현승 옮김, 시공사, 2001.

프롬, 에리히, 『사랑의 기술』, 황문수 옮김, 문예출판사, 1979.

_____, 『건전한 사회』, 김병익 옮김, 범우사, 1975.

_____, 『소유냐 존재냐』, 최혁순 옮김, 범우사, 1978.

Ackermann, Frank, *Schopenhauer—kritische Darstellung seines Systems*, Blaue Eule, 2001.

Ausmus, Harry J., *A Schopenhauerian critique of Nietzsche's thought—toward a restoration of metaphysics*, E. Mellen Press, 1996.

Birnbacher, Dieter hg., *Schopenhauer in der Philosophie der Gegenwart*, Königshausen & Neumann, 1996.

Cartwright, David E., *Historical dictionary of Schopenhauer's philosophy*, Scarecrow Press, 2005.

Fleischer, Margot, *Schopenhauer als Kritiker der Kantischen Ethik—eine kritische Dokumentation*, Königshausen & Neumann, 2003.

_____, *Schopenhauer*, Herder Verlag, 2001.

Fromm, Erich, *Die Pathologie der Normalität—Zur Wissenschaft vom Menschen*, Rainer Funk hg., Beltz Verlag, 1991.

Geistering, Johann J., "Schopenhauer und Indien," Wolfgang Schirmacher hg., *Ethik und Vernuft—Schopenhauer in unserer Zeit*, Passagen Verlag, 1995.

Heidegger, M., *Sein und Zeit*, Max Niemeyer Verlag, 1972(12판).

Heimsoeth, Heinz, *Metaphysik der Neuzeit*, R. Oldenbourg Verlag, 1967.

Jacquette, Dale, *Schopenhauer, philosophy, and the arts*, Cambridge University Press, 1996.

Janaway, Christopher, *Self and World in Schopenhauer's Philsophy*, Oxford University Press, 1989.

Janaway, Christopher ed., *The Cambridge Companion to Schopenhauer*, Cambridge University Press, 1999.

_____, *Willing and nothingness—Schopenhauer as Nietzsche's educator*, Clarendon Press, 1998.

Kopij, Marta, Wojciech Kunicki hg., *Nietzsche und Schopenhauer—Rezeptionsphänomene der Wendezeiten*, Leipziger Universitätsverlag, 2006.

Magee, Bryan, *The Philosophy of Schopenhauer*, Clarendon Press, 1997.

Neeley, G. Steven, *Schopenhauer—a consistent reading*, E. Mellen Press, 2003.

Salaquarda, Jörg hg., *Schopenhauer*, Wissenschaftliche Buchgesellschaft, 1985.

Schirmacher, Wolfgang hg., *Ethik und Vernuft—Schopenhauer in unserer Zeit*, Passagen Verlag, 1995.

_____, *Schopenhauer, Nietzsche und die Kunst*, Passagen Verlag, 1991.

Simmel, Georg, *Schopenhauer und Nietzsche—ein Vortragszyklus*, Duncker & Humbolt, 1907.

Spaemann, Robert/Reinhard Löw, *Die Frage Wozu?—Geschichte und Wiederentdeckung des teleologischen Denkens*, Piper Verlag, 1985.

Spierling, Volker, *Arthur Schopenhauer zur Einführung*, Junius, 2002.

_____, *Arthur Schopenhauer—eine Einführung in Leben und Werk*, Reclam, 1998.

Spierling, Volker hg., *Materialien zu Schopenhauers ›Die Welt als Wille und Vorstellung‹*, Suhrkamp, 1984.

Zentner, Marcel, *Die Flucht ins Vergessen—die Anfänge der Psychoanalyse Freuds bei Schopenhauer*, Wissenschaftliche Buchgesellschaft, 1995.

4. 쇼펜하우어와 불교를 비교하는 문헌

김문환, 「쇼펜하우어 미학사상—미적 무욕성과 열반」, 『불교연구』 1, 1985.

김영진, 「중국 근대 장타이옌(章太炎)의 쇼펜하우어 철학수용과 열반론」, 『불교학보』 7, 2017.

김진, 「쇼펜하우어와 초기불교의 존재 이해」, 『동서철학연구』 30, 2003.

____, 『라이프니츠, 헤겔, 쇼펜하우어와 불교』, 울산대학교출판부, 2004.

드르와, 로제-폴, 『철학자들과 붓다』, 신용호·송태효 옮김, 심산출판사, 2006.

르누아르, 프레데릭, 『불교와 서양의 만남』, 양영란 옮김, 세종서적, 2002.

박찬국, 「쇼펜하우어와 불교의 인간이해의 비교연구—쇼펜하우어와 원효의 비교연구를 토대로」, 『현대유럽철학연구』 32, 2013.

이규성, 『의지와 소통으로서의 세계—쇼펜하우어의 세계관과 아시아의 철학』, 동녘, 2016.

이동희, 「근대독일철학자의 대립적 불교 이해와 수용」, 『헤겔연구』 29, 2011.

Abelsen, Peter, "Schopenhauer and Buddhism," *Philosophy East and West* 43, 1993.

App, Urs, "Schopenhauers Begegnung mit dem Buddhismus," *Schopenhauer Jahrbuch* 79, 1998.

Berger, Douglas L., *The veil of Māyā—Schopenhauer's system and early Indian thought*, Global Academic Publishing, 2004.

Cross, Stephen, "Schopenhauer and the European Discovery of Buddhism," *Middle Way* 89(2), 2014.

Dauer, Dorothea W., *Schopenhauer as Transmitter of Buddhist Ideas*, P. Lang, 1969.

Eckert, Karl Hubertus, "Grundveränderung in unserem Wissen und Denken—Arthur Schopenhauers Prognose einer indischen Renaissance in Europa," *Schopenhauer Jahrbuch* 69, 1988.

Eckert, Michael, "Ästhetische Übergänge in Metaphysik und Mystik—Einflüsse buddhischen Denkens in der Philosophie Schopenhauers," 『철학·사상·문화』 5, 2007.

Glasenapp, Helmuth von, "Die Weisheit Indiens bei Schopenhauer und in der neueren Forschung," *Jahrbuch der Schopenhauer-Gesellschaft*, 1961.

Kamata, Yasuo, "Schopenhauer und der Buddhismus," *Schopenhauer Jahrbuch* 65, 1984.

Ketcham, Christopher, "Schopenhauer and Buddhism—Soulless Continuity," *Journal of Animal Ethics* 8(1), 2018.

Kiowsky, Hellmuth, "Parallen und Divergenzen in Schopenhauers Ethik zur buddhistischen Erlösungslehre," *Schopenhauer Jahrbuch* 77, 1996.

Kishan, B. V., "Schopenhauer and Buddhism," *Schopenhauer Jahrbuch* 53, 1972.

Lack, Tony, "Aesthetic Experience as Temporary Relief from Suffering—Schopenhauer, Buddhism, Mu Qui's Six Persimmons," *Rupkatha Journal on interdisciplinary Studies in Humanities* 6(3), 2014.

Li, Wenchao, "Der Wille ist meine Vorstellung—Kritische Bemerkungen zu Schopenhauers

314

Philosophie und der Lehre Buddhas," Dieter Birnbacher hg., *Schopenhauer in der Philo-sophie der Gegenwart*, Königshausen & Neumann, 1996.

Lütkehaus, Ludger hg., *Nirwana in Deutschland—von Leibniz bis Schopenhauer*, Deutscher Taschenbuch Verlag, 2004.

Maharaj, Ayon, "Swami Vivekananda's Vedāntic Critique of Schopenhauer's Doctrine of the Will," *Philosophy East & West* 67(4), 2017.

Mistry, Freny, "Der Buddhist liest Schopenhauer," *Jahrbuch der Schopenhauer-Gesellschaft*, 1983.

Nanajivako, Bhikkhu, "Buddhismus—Religion oder Philosophie?," *Schopenhauer Jahrbuch* 60, 1979.

_____, *Schopenhauer and Buddhism*, Buddhist Publication Society, 1970.

Nicholls, Moira, "The Influences of Eastern Thought on Schopenhauer's Doctrine of the Thing-in-Itself," Christopher Janaway ed., *The Cambridge Companion to Schopenhauer*, Cambridge University Press, 1999.

Son, Giok, *Schopenhauers Ethik des Mitleids und die indische Philosophie—Parallelität und Differenz*, K. Alber, 2001.

Vecciotti, Icilio, "Schopenhauer im Urteil der modernen Inder," Jörg Salaquarda hg., *Schopenhauer*, Wissenschaftliche Buchgesellschaft, 1985.

Wöhrle-Chon, Roland, *Empathie und Moral—eine Begegnung zwischen Schopenhauer, Zen und der Psychologie*, P. Lang, 2001.

Young, Julian, *Schopenhauer*, Routledge, 2005.

쇼펜하우어와 원효